本书受贵州财经大学 2020 年度第二批学术专著出版基金资助

帮助型正犯研究

Research on the Principal of Helping Type

陆　敏◎著

人民出版社

前　言

刑法分则规定了一类特殊的犯罪，其实行行为具有"帮助之性质"，统一称作帮助型正犯。随着刑法修正案的出台，帮助型正犯的各罪呈现规模化扩张，主要分布于国家安全、公共安全以及社会秩序等犯罪领域，突出反映了刑法对社会问题的积极回应以及刑法社会功能的进一步强化，只因"认同法律是适应社会需要的产物的观念"。针对这类立法现象泛化的问题，先后有学者从立法必要性与合理性的向度展开研究，主要围绕"为什么分则将帮助行为单独定罪、反思此种立法模式的推行会产生什么样的利弊"等核心议题进行探讨，形成一些独特的观点，也由此产生学说的分野。赞成论的主要代表有张明楷、于志刚、刘仁文、于冲、陈毅坚、白洁等学者，他们基于部分犯罪帮助行为的社会危害性、独立性以及共犯归责的局限性等维度，论证帮助行为正犯化的必要性。而反对论者主要从刑法谦抑性、我国犯罪参与模式的优越性等视阈，就整个立法现象或者部分犯罪的帮助行为正犯化提出批评意见及解决方案，刘艳红、阎二鹏、江溯、郑伟等学者的观点比较典型。总的看来，共犯行为正犯化立法模式的采用，与当前犯罪形势不无关系。从根本上看，法益保护的严苛化和前置化是最根本的内在动因。

然而，目前既有的相关研究还存在如下三个方面的问题：其一，只集中关注或者强调共犯行为正犯化现象，没有进一步区分出分则中非共犯帮助性行为入罪化的情形。也未就二者之间的关系进行系统的探讨，导致部分研究将二者混同起来，不做区分地认为是共犯正犯化现象，抑或者仍然将其认为是共犯帮助行为在分则的特殊存在形式。其二，按照文义理解"正犯化"仅为正犯成行的过程，此过程最终能发展为何种结果是当前研究极少涉猎的。

由此，造成在该问题的研究上呈现出多种分析理论的交叉适用，并且不分伯仲，如以共犯视角、正犯概念的维度、刑事政策的向度等进行阐释。这会因逻辑前提的不确定性，造成仅拘泥于立法的正当性阐释，不重视司法适用的问题，最终未能展开系统而全面的研究。其三，帮助型正犯的研究不是为了满足理论的自洽，更重要的是澄清司法实践带来的现实困惑，以提出完善性的见解。既有论述无限放大了此种立法在量刑均衡上的作用，忽视其将会带来的相关实践问题，如此类犯罪的基本构成与修正构成上的特殊性、罪数形态和刑罚适用等问题。因此，帮助型正犯的研究一方面是以正犯为逻辑的起点，建立其生成路径、组成结构以及正犯性原理的内在勾连，为其具体问题的展开做理论铺垫和价值预设。另一方面从对帮助型正犯各罪的认定和刑罚的处遇上，展开系统而全面的探讨。对此，全书拟围绕如下几个核心问题进行论述：

其一，帮助型正犯是什么的问题，以及它的生成路径、结构组成与正犯性原理之间是什么关系的问题。从整体上看，刑法分则规定了部分犯罪之实行行为具有"帮助之性质"，称为帮助型正犯。根据组成其实行行为的来源及其运行机制，主张将非共犯帮助性行为入罪化和帮助行为正犯化分别看作帮助型正犯的两条生成路径。由此，产生了入罪化的帮助型正犯和正犯化的帮助型正犯两种表现形式，称为帮助型正犯的二元组成结构。结构二元组成决定了二者的正犯性原理将有所差别，也就是正犯性的区分论证。入罪化的帮助型正犯采用形式客观说的标准，而正犯化的帮助型正犯以外观到内在的方法对正犯性进行说明，单从具体实施刑法分则基本构成要件行为的犯罪人来看，与入罪化的帮助型正犯同是形式客观的判断。然而，碍于正犯化的帮助型正犯的特殊性，又不得不在此基础上求诸于更为充分的理由，对其正犯性予以补强。考量我国对犯罪参与人的主从作用划分，实质客观论的"重要作用说"是最为适当且易于被接受的理论，也就是形式客观说为基础，辅以"重要作用说"的补强。从刑法分则规定的现实状况来看，正犯化的帮助型正犯又可以分为彼罪共犯的帮助行为转化为此罪正犯的实行行为和同罪共犯的帮助行为直接提升为该罪的实行行为两种情形，如图0—1所示。

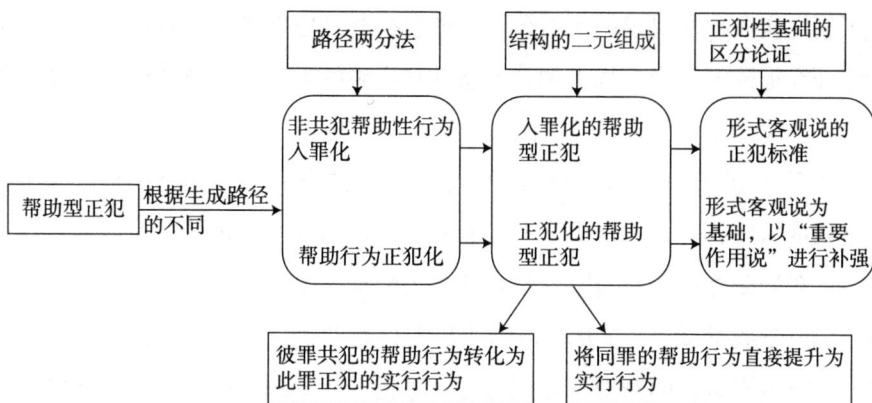

图 0—1　帮助型正犯的组织结构图

　　其二，有关帮助型正犯的基本根基与合理界限的问题。在历经多次刑法修正案后，帮助型正犯在危害公共安全和扰乱社会秩序等犯罪领域得以迅速扩张，反映了刑法在应对安全和防范风险问题上的功能性强化。据此认为，帮助型正犯的正当性基础主要来自三个方面的考量，即刑事政策的理由、共同犯罪归责的现实困惑以及刑法实质化的基本诉求。首先，帮助型正犯各罪的规模之所以在立法上得以扩大，与刑事政策强调的"犯罪预防、严密法网"不无关系，毋宁说是犯罪圈扩大化的具体表现。毕竟，应把"规范性的内在变量和刑事政策同时作为建构刑法制度的重要参数"。其次，受限制从属性的制约，共犯的认定是以正犯主行为作为决定的基准。即共犯之所以为共犯，乃因其是具有特定条件的行为，以依附于实行构成要件的正犯主行为之上。倘若欠缺此种依附关系，即使对正犯实施构成要件的行为有加功作用，仍旧无法将其认定为共犯。故而，非共犯帮助性行为因共犯从属性这一"桎梏"（依附关系），被拒斥于共犯评价体系之外。又因其社会危害性达到刑罚处罚的程度，只能通过入罪化的立法方式，固定于分则规范之中。而将原本属于共犯的帮助行为直接规定为正犯的实行行为，不是在共犯认定上倒向独立性的立场，恰恰是从属性的反向证明。帮助行为正犯化在一定意义上，克服了参与人主从作用分类法不重视行为定性的弊端。最后，帮助型正犯的立法分布在一定程度上表明了对社会防御系统的刑法强化，这实际上迎合了刑法实质化所追求的实质公正、社会福利之应然逻辑。具体来看，正犯性论证在形式客观说立场上融合实质客观理论的做法，以及从构成要件到罪责的实质化外露，都表现出与刑法实质化发展的暗合。

尽管帮助型正犯的立法范围已经具有一定的规模，却始终不可能处于无限增长的状态，这是由刑事资源的有限性、谦抑性所决定的。可以说，仅单向关注犯罪圈之扩张是对宽容精神的不当贬抑，易助长背离刑法文明、谦抑道路的"刑罚冲动"。非共犯帮助性行为只能发生在不得已且具有法益侵害现实危险或者威胁的情形下才能考虑入罪化，而共犯帮助行为应该严格限制其正犯化的范围。这样看来，对帮助型正犯的合理性反思总体上应保持一种谨慎和克制的态度，其主要表现为对刑法基本原则的检视、规范内部一致性的拷问和质疑以及警惕"罪名"的空洞化和虚置化。

其三，帮助型正犯的实践困惑以及如何化解的问题。首先，应立足于功能主义刑法观的基本视角，展开帮助型正犯的基本构成问题研究。其主要从积极的"入罪"和消极的"出罪"两个方面进行论述，"入罪"问题主要针对帮助型正犯各罪的构成要件、违法性及有责性进行层层阐释。探讨其客观构成要件要素与主观构成要件要素所特有的问题，又围绕大量存在于帮助型正犯各罪的罪量要素进行重点说明。将复杂的情节问题通过机能的考量，合理识别帮助型正犯各罪中不法构成机能的定罪情节和处罚机能的量刑情节。值得注意的是，"出罪"也应是犯罪基本构成的题中之义，与积极的犯罪成立具有同样重要的地位。帮助型正犯的"出罪"机制是一个复杂的多面体，除了关注与其他类型犯罪的共性出罪机制，更是重点强调其"出罪"的特殊性。借以可罚性的理论，将分别从"不构成犯罪"与"将有罪归于无罪"的两条运行轨迹展开"出罪"问题的叙述。"不构成犯罪"因"不法的不可罚"和"责任的不可罚"出罪，主要依托实体法的规定；而"将有罪归于无罪"则是因"客观的不可罚"出罪，以实体法和程序法为载体。其次，进一步对帮助型正犯的修正构成作精细化的研究。这不仅与处罚扩大化、提早化的立法意图相互呼应，更为重要的是处理实行着手、未遂认定以及共犯形态等实践困扰，同时厘清存在于帮助型正犯之错综复杂的一罪与数罪问题。探讨的重点在于"实行着手"的判断，是以行为人表现出敌对法的意思与对法益侵害的紧迫危险为内容的主客观综合论，同时联系共犯的着手进行考量，并根据现实的审判经验，以罪质的轻重来决定未遂的处罚。共犯形态重点关注正犯化的帮助型正犯所引起的连锁效应，这无疑缩短了间接教唆、间接帮助等行为与处罚中心的距离。罪数的研究重心是常见于帮助型正犯的法条竞合、想象竞合以及牵连犯的一罪。最后，帮助型正犯的刑罚适用困境和完善也是经常发生在实践中的问题。在宏观层面，提出刑罚适用的四个基本原则，即法定性原则、罪刑均衡与刑罚个别化的统一原则、全面评价原则以及效率和效益原则。在微观层面，探讨了帮助型正犯各罪的"量刑情节"之规范适用与其对基准刑的调节，具体到法定量刑情节与酌定量刑情节规范适用的运用和分析，最终提出完善性的原则指导及其具体性的见解。

　　总体来看，帮助型正犯的研究具有鲜明的特点和重要的价值。通过正犯判断的形式和实质理论建立与正犯的内在联系，进而确立正犯的基础地位。此外，借鉴现有共犯行为正犯化的研究经验，对帮助型正犯成立范围进行正当性和合理性的反思。再者，理论的自省反作用于实践的运行，实践的展开又反映了理论问题。从帮助型正犯的基本构成、修正构成以及刑罚适用等维度，进行系统而深入的研究。

目　录

导　论

一、研究背景

帮助型正犯大量存在于刑法规范之中，系正犯的类型之一，至《刑法修正案（十一）》止，形成了分则 36 个罪名的规模，根据现有理论展开的帮助型犯罪、帮助行为正犯化、从犯主犯化等问题的探讨，表明这一立法现象已然引起了理论界的重视。然而，现有研究在这一问题上呈现出"时而正犯或时而共犯"的理论乱象，导致评价其立法价值的片面论断。单纯拘泥于因量刑适当的刑法追求，以及排除从犯的法定减免事由适用之维度，并不能全面而系统地揭示帮助型正犯的内在特质。早在 1979 年《刑法》就有帮助型正犯的相关立法，如渎职犯罪一章里第 185 条规定的介绍贿赂罪就是其中之一。随之在 1991 年全国人大常委会通过了《关于严禁卖淫嫖娼的决定》，其确立了两个有关帮助型正犯的罪名，即协助组织卖淫罪、帮助犯罪分子逃避处罚罪，并一直沿用至 1997 年《刑法》。理论上较早的研究是 1989 年高铭暄教授在《中国刑法学》一书中，提出介绍贿赂是在行贿人和受贿人之间沟通关系、撮合条件，使贿赂行为得以实现的行为。此行为既非受贿行为，亦非行贿行为，且难以评价为共犯行为，独立成罪方能严密法网。[①] 至《刑法修正案（九）》出台，帮助型正犯的各罪规模继续扩大，主要理由在于：一方面是出于对国家安全的考量，针对当前部分地区严重暴力恐怖案件和网

---

① 　参见高铭暄:《中国刑法学》，中国人民大学出版社 1989 年版，第 615 页。

络犯罪呈现的新特点之应对，统筹好刑法与有关反恐、维护网络安全等法律的衔接，进行刑法相关的修改和完善。[①] 与此同时，也表明国家在相关犯罪的治理上，加强国际合作的决心。另一方面是旨在确立其正犯的基础性地位，消除司法实践在相关犯罪的未遂形态、共犯形态、罪数形态等问题的现实困惑。此外，通过理论和实践对帮助型正犯之刑罚现状的双重检视，指出不足以提出完善的建议。

经梳理发现，既有的研究进路主要从以下几个方面展开。其一，共犯视角的肯定论和否定论同时存在。肯定论提出，刑法分则为协助组织卖淫行为规定单独的法定刑，确定为一个罪名并无不当，其原因是该行为在组织犯罪中的常态化。[②] 否定论认为，刑法将部分为实现实行行为而存在的帮助行为规定为单独的犯罪，又与实行行为成立共同犯罪，与法理不符，进而动摇了共同犯罪的根基[③]。其二，从拟制正犯的维度探讨其成立的范围和对正当性的说明。[④] 其三，从对帮助行为正犯化的价值审视和教义学省思，形成必要性说和反对意见的分野。共犯正犯化有存在的正当性和必要性，既实现了刑罚的扩张，也符合积极的一般预防目的。[⑤] 通过还原共犯的本来面目，并不存在任何逻辑困境与罪刑失衡的问题，无须采用共犯正犯化的立法模式。[⑥] 值得注意的是，帮助行为正犯化和共犯正犯化路径有极大的相似性，但后一种只针对共犯行为正犯化现象，不包括非共犯性帮助行为的考量。

基于上述思考，现阶段有关帮助型正犯的理论成果颇为丰富，没有局限于单一面向和一元视角。既有从正面肯定其独立价值的观点，也有结合我国

① 参见赵秉志、袁彬：《刑法最新立法争议问题研究》，江苏人民出版社 2016 年版，第 9 页。
② 参见茹士春：《论帮助行为单独定罪：以协助组织卖淫罪与组织卖淫罪的切分为例》，《中国刑事法杂志》2011 年第 1 期。
③ 郑伟：《就这样动摇了共同犯罪的根基：论组织卖淫罪与协助组织卖淫罪的怪异切分》，《法学》2009 年第 12 期。
④ 参见白洁：《拟制正犯范围之限制》，《法学杂志》2013 年第 7 期。
⑤ 参见陈毅坚、孟莉莉：《"共犯正犯化"立法模式正当性评析》，《中山大学法律评论》2010 年第 2 期。
⑥ 参见阎二鹏：《共犯行为正犯化及其反思》，《国家检察官学院学报》2013 年第 3 期。

现有语境，反对这一立法的生动诠释。然而，其中的不足和缺陷仍旧需要注意。一方面总体上呈现"时而正犯或时而共犯"的理论乱象，导致评价其立法价值的片面论断；另一方面拘泥于量刑适当的刑法追求以及排除适用从犯法定减免事由之维度，并不能全面而系统地揭示帮助型正犯的内在特质。因此，以正犯的理论基础为起点，建立路径二分法、组织结构二元论以及正犯性论证区分说之间的逻辑勾连，确立其正犯的基础性地位。在此基础上，展开立法的正当性与司法实践的问题研究，包括罪与非罪、犯罪形态以及刑罚适用的全面分析。

二、理论价值和现实意义

本书将立足于正犯理论的视阈，围绕"什么是帮助型正犯，帮助型正犯存在的正当性基础是什么到司法实践该如何具体适用"的核心议题，对作为理论整体的帮助型正犯进行系统而全面的专题性探讨，力图勾勒出帮助型正犯的理论实质和实践逻辑。本书认为，帮助型正犯是正犯类型的扩容，以正犯的基础理论为起点，通过对实行行为来源的考察，区分为入罪化的帮助型正犯和正犯化的帮助型正犯两种类型，并以此分别进行正犯性原理和立法理由的阐释。对于帮助型正犯的研究，更为重要的是其解决实践问题的能力，最终回归定罪和量刑的问题。在此原则下，进行"入罪"与"出罪"的思考、犯罪形态的聚焦以及刑罚适用的关注。

研究帮助型正犯具有重要的理论价值和现实意义。

1. 理论价值

第一，有助于对分则所规定的"帮助性实行行为"之犯罪，有基本的定位和正确的认识。作为正犯类型的扩容，与正犯的其他类型一样，消除逻辑的自洽性障碍，保持理论的一致性。澄清理论研究在这一问题上"时而属于正犯时而以共犯视之"的混乱，坚定正犯的基本立场。以正犯理论为起点对帮助型正犯进行系统的研究，同时汲取共犯的分析范式。

第二，从正犯的基础理论出发，深入其内部结构的分析，分别探讨立法的必要性和合理性。反对不加以区分实行行为来源的做法，将所有"帮助性实行行为"的分则规定都在共犯行为正犯化的内容中进行探讨。澄清非共犯帮助性行为与帮助行为在刑法意义上的不同，前者不能纳入共犯评价体系，后者是共犯的评价对象。唯有在厘清二者关系的基础上，才能清楚地把握帮助型正犯的内在结构、理论类型和立法价值。

第三，有助于揭示帮助型正犯的立法规律，强化刑法在应对安全和防范风险的功能，进而复归"秩序与自由"的价值主题。在刑事政策的目的性指引下，强化刑法的秩序价值，维护公共社会的安全与稳定，发挥其特有的社会功能。具体针对有关帮助型正犯立法的批评性观点，展开合理性的评估，以实现该问题正面论证和反面说理的结合，并进行范围合理性的阐明。

2.现实意义

第一，有助于我们明确帮助型正犯的实定法范围以及正确理解帮助型正犯立法的真实意图，撇清"绝对罪刑均衡论"的片面论断，扩大处罚范围同样是其重要目的。以此，把握立法的发展态势以及对部分犯罪领域的重点关注。

第二，有助于我们发现帮助型正犯各罪在司法实践的典型困惑以及解决办法。在罪质的阶层式分析和罪量要素的探索中，构建帮助型正犯"入罪"与"出罪"的体系性，合理界定罪与非罪、此罪与彼罪等困惑。围绕犯罪形态的未遂、共犯和罪数展开精细化研究，直接指向的是司法过程犯罪认定的疑难问题。而关注刑罚适用的问题，旨在量刑的症结上进行有效性完善。

第三，有助于通过案例的实效，深入检视帮助型正犯的立法效果。摘除虚置化立法、情绪性立法等极端论断，阐明立法的正当性。与此同时，理应清楚地认识到帮助型正犯的扩张必须要控制在合理的范围。

三、国内外研究综述

随着社会的变迁，犯罪异化的现象愈发凸显，相继出台的刑法修正案为了回应社会生活的需要，特别是《刑法修正案（九）》的颁布实施，引起了学术界前所未有的重视，理论研究也随之深入，问题延伸域越来越广。正如《刑法修正案（九）》立法指导思想在强调刑法要坚持正确的政治方向、坚持问题导向和宽严相济刑事政策的同时，创造性地提出要"坚持创新形式立法理念，进一步发挥刑法在维护社会主义核心价值观、规范社会生活方面的引领和推动作用"那般，帮助型正犯可谓是创新立法理念的生动体现。尽管当下学者的研究，并没有在广泛意义上承认帮助型正犯或者说对此未形成系统深入的探讨。然而，不可否认的是，在其相关的研究中已经或多或少对帮助型正犯有所涉猎。但碍于理论上的帮助行为、实行行为与正犯之间存在逻辑的冲突，因而没有正面认可这一模式的立法。

（一）国外研究综述

帮助型正犯不是一个规范意义上的概念，这就决定了其与域外刑法对间接正犯的规范认定及其共谋共同正犯的判例认可上存在根本的差别。通过梳理和分析文献得知，域外有关帮助型正犯的研究并不多见，这可与其罕见的分则规定有着密切的关系。具体来看，德、日、韩、意大利刑法有关帮助型正犯各罪的分则规定并不如我国刑法那般的规模，立法范围很小。如《德国刑法典》第 180 条促使未成年人为性行为（给予或者设法提供机会）、第 181 介绍娼妓、第 216 条受嘱托杀人、第 257 条庇护、第 259 条窝赃。《日本刑法典》第 79 条帮助内乱罪、第 82 条援助外患、第 197 条之二向第三者提供贿赂、第 206 条现场助势。《韩国刑法典》第 95 条提供设施利敌、第 87 条提供物品利敌、第 130 条提供贿赂予第三人、第 147 条协助脱逃、第 148 条看守人员协助脱逃、第 151 条窝藏犯人、第 155 条湮灭证据、第 242 条介绍卖淫、第 252 条受托杀人。《意大利刑法典》第 270 条—3 协助结社者、第 270 条—4 为恐怖主义包括国家恐怖主义目的招募人员、第 270 条—5 为恐怖主义包括国际恐怖主义目的进行训练活动、第 378 条人身包庇、第 379 条物品包庇、第 386 条协助脱逃、第 390 条帮助他人不执行刑罚、第 391 条帮助他人不执行监禁性保安处分、第 418 条帮助集团成员、第 580 条帮助自杀。不难发现，域外理论直接涉猎帮助型正犯的研究是鲜少的，与之相关的主要是如下几个问题的论述。

1.关于正犯概念的界定。有关正犯概念的探讨，事关帮助型正犯概念能否成立，因此，有必要围绕正犯概念形成的理论进一步厘清。(1) 单一的正犯概念，也称为统一的正犯概念。Kienapfel 认为，将正犯理解为所有共同加功于犯罪实行之人，量刑的依据是各个参与人对犯罪实行的加功程度及其性质。另外，仅为了量刑的目的，也可能在形式上区别共同正犯、教唆犯和帮助犯。[①] (2) 扩张正犯概念的产生及其理解并不统一。有学者认为扩张正犯概念是 1929 年德国刑法学者 Zimmerl 所提倡，意在说明正犯与共犯是否该区分，其中不区分的观点就称之为扩张正犯概念。[②]

而在学者 E.Schmidt、E.Mezger 看来，扩张正犯概念源自因果关系论当中的条件说，之所以被提出，是为了解决限制正犯概念无法将间接正犯纳入正犯概念的问题，正犯就是对构成要件结果给予某种条件的人。在这一观点看来，结果的发生是行为人亲自实施的或者通过他人行为而实现的并不重要。[③] 在学者前田雅英看来，正犯不限于通过自己之手直接实行之人，能与此等同视之的人也是正犯。[④] (3) 限制的正犯概念是以构成要件理论为正犯限缩的成立域。也就是说，只有亲自实施了该当构成要件行为的人才能成为正犯，而实施了教唆行为之教唆犯以及实施了帮助行为之帮助犯，并非亲自实施构成要件行为以致结果实现，故不能成为正犯。[⑤]

统一正犯概念的问题在于，法官在量刑时对各种参与程度、种类等进行

[①] See W.Dietz.*Täterschaft und Teilnahme im auslandischen Strafrecht*.1957, S.108,110,128. 转引自陈子平:《正犯与共犯之概念》,《政大法学院评论》1993 年第 56 期。*See Kienapfel. Der Einheitstäter im Strafrecht*, 1971,S.17. 转引自柯耀程:《参与论：参与结构与参与制度》,《月旦法学杂志》2011 年第 162 期。

[②] 参见许玉秀:《当代刑法思潮》,中国民主法制出版社 2005 年版, 第 570—571 页。

[③] 参见大塚仁:《共同正犯の本质》,《法学教室》1989 年, 第 109 页; 转引自陈子平:《正犯与共犯之概念》,《政大法学院评论》1993 年第 48 期。

[④] 参见前田雅英:《刑法总论讲义》(6 版), 曾文科译, 北京大学出版社 2017 年版, 第 287 页。

[⑤] 参见大塚仁:《刑法概说:总论》(3 版), 冯军译, 中国人民大学出版社 2009 年版, 第 275 页。

评价，不符合构成要件维系的法治国构图。同时仅以因果性、法益侵害之惹起理解犯罪之本质，系完全忽视犯罪类型所具有之行为无价值，特别是与举动犯所形成之正犯者相互矛盾。[①] 而扩张正犯概念忽视构成要件和实行行为类型性之意义，不应被采纳。限制正犯概念始终以构成要件为基础，限制了司法裁量的肆意，符合法治国的基本要求，同时也是建构区分制参与体系的基础。区分制参与体系至今仍被多数国家刑法所采用，进而也认为帮助型正犯概念的产生基础是限制正犯概念。在单一正犯概念和扩张正犯概念的体系中，没有帮助型正犯概念的存在必要，加功行为人本就是正犯。当然，限制正犯概念被认为与德、日的加功自杀、加功自伤等分则规定的帮助犯有冲突。这是源于部分学者认为刑法分则各条文除了规定正犯外，本质上同时也包含了加工于犯罪之共犯形态。然而，加功自杀和加功自伤是否成立帮助犯，是有疑问的。

2. 有关正犯与共犯的区分。在区分制犯罪参与体系下，法律条文中不仅就犯罪之成立概念性地区别正犯与狭义共犯，亦于刑法评价上形成各自的体系，正犯行为与共犯行为分别有其独立的构成要件。[②] 如何对正犯和共犯进行区分，理论上有几种重要的学说。而这些区分正犯与共犯的理论，同时是正犯认定的重要来源和基础，也是帮助型正犯的正犯性论证。（1）主观说。即目的说主张行为人系以自己之目的或者实施行为者为正犯，以为他人之目的或者利益实施者为共犯。故意说主张行为人以做自己行为之意思实施行为者为正犯，以加功于他人行为之意思而实施者则为共犯。[③]（2）形式客观说。以限制正犯概念为出发点，以形式的概念来理解犯罪行为之实行，仅以亲自实施构成要件行为者为正犯，否则为共犯。[④]（3）实质客观说，是对各种从

[①]　参见高桥则夫：《共犯体系和共犯理论》，冯军、毛乃纯译，中国人民大学出版社 2010 年版，第 15—16 页。

[②]　See *Herzberg.Anstiftung und Beihilfe als Straftatbestände*，GA,1991,S.1ff.

[③]　参见大谷实：《刑法讲义总论》（2 版），黎宏译，中国人民大学出版社 2008 年版，第 362 页。

[④]　参见松原芳博：《刑法总论重要问题》，王昭武译，中国人民大学出版社 2014 年版，第 281 页。

客观实质角度区分正犯和共犯理论的综合，在其涵盖之下，主要的学说有"必要性说"、"同时性说"、"优势说"等，其中，重要作用说是日本刑法学的主要学说，主张根据对结果发生是否起重要作用来区分正犯与共犯。[①] 而也有学者将实质客观说理解为将实行行为概念予以实质化，对于含有法益侵害之具体危险的行为，肯定存在正犯性。[②] (4) 行为事实支配说，以有行为支配者为正犯，否则为共犯，已成为德国的通说。[③] 具体来看，Welzel 目的行为支配论下的正犯是指，根据以目的意义操纵惹起构成要件结果发生为之因果事象而支配结果之惹起者而言，即具有目的的行为支配者为正犯，以外之参与者为共犯。[④] 在 Maurach 客观化行为支配论下的正犯，是指行为人依自己之举动，能以本身之意思达成、放弃或者终止构成要件之实现的人。[⑤] 而 Roxin 行为支配论下的正犯是具体行为事象之核心人物或者关键人物，此中心形态是各自依行为支配、特别义务之侵害以及自手性而形成，正犯系由以行为支配为基准之支配犯、以特别义务之侵害为基准之义务犯与以自手性为基准之自手犯构成。[⑥]

帮助型正犯的正犯性基础就是通过正犯、共犯区分的诸理论来实现，因此，具有非常重要的意义。主观说中的利益说，使得帮助自杀、帮助自伤、帮助堕胎等意图为了第三人之不法或者利益等行为人，虽然本身实施了构成要件之行为，仅能成立共犯而非正犯。如此的结论实非妥当。而在故意说处，A 雇佣 B 杀害 C，A 系为自己犯罪之意思成为正犯，B 为他人意思反而

---

①　参见黎宏：《日本刑法精义》（2 版），法律出版社 2008 年版，第 255 页。

②　参见松原芳博：《刑法总论重要问题》，王昭武译，中国人民大学出版社 2014 年版，第 281 页。

③　参见克劳斯·罗克辛：《德国刑法学刑论：犯罪行为的特别表现形式》（第 2 卷），王世洲、王锴、劳东燕等译，法律出版社 2013 年版，第 11 页。

④　*See* Welzel.*Das Deutsche Straftrecht*,11.Aufl,1969,S.99ff. 转引自陈子平：《正犯与共犯之概念》，《政大法学院评论》1993 年第 48 期。

⑤　*See* Maurach,Gössel Zipf.*Strafrecht A.T.,Teilband 2*,6.Aufl,1984,S.208ff. 转引自陈子平：《正犯与共犯之概念》，《政大法学院评论》1993 年第 48 期。

⑥　参见克劳斯·罗克辛：《德国刑法学刑论：犯罪行为的特别表现形式》（第 2 卷），王世洲、王锴、劳东燕等译，法律出版社 2013 年版，第 10 页。

成了共犯，此结论是极为不合理的。在正犯的判断上坚持完全的实质客观说立场也是不妥的，主要是因为重要作用、必不可少或者优势等评价上具有一定程度的不确定性。然而，在坚持形式客观说基础上，通过实质客观说对某些正犯的论证是可以的。而行为事实支配说是目前理论上最有影响力的学说之一，被认为是综合了主、客观理论的学说，但作为开放性概念的特点，其症结在于犯罪支配之概念过于抽象性、规范性、多义性，以致因主张学者之不同而有相异的解读，欠缺具体的明确性，况且共犯（教唆犯、帮助犯）未必无犯罪支配之可能性。[①] 在学说上首先占据支配性地位的是形式客观说，其优点在于正犯与共犯的区分是明确的，有利于法的安定性。可是，该说不能为利用他人的间接正犯的正犯性提供充分的基础，最为要紧的是难以实现根据参与者的作用之重要性来区别共犯与正犯，这是不合理的。[②] 因此，无论正犯判断的理论如何发展，都仍然应该坚持以形式客观说为基础的修正和补充，而不是寻求替代性的正犯理论。

　　3. 分则对帮助行为设置独立罪名和法定刑的缘由问题。为此，形成的不同意见主要有：（1）将帮助行为作为减轻刑罚的犯罪类型出发。学者福田平针对日本刑法分则规定的现场助势罪提出，该罪是伤害行为现场中的一种帮助行为，属于特别减轻刑罚的犯罪类型。[③]（2）从帮助行为的社会危害性视角进行的阐述。伊诺加莫娃·海格表示，刑法典将一部分帮助行为专门规定为犯罪，不以帮助犯论处，而是根据刑法分则规定的罪名单独判处刑罚，主要是因为这类的帮助行为具有严重社会危害性。[④]（3）从国家权力介入的必要性程度看待将帮助行为等规定为犯罪或者设置独立的罪名。学者 Andrew Ashworth 和 Lucia Zedner 认为之所以各国普遍将恐怖犯罪中的预备行为、帮助行为和关联行为设立独立罪名的根本原因，在于其对国家、社会的威胁，

[①]　参见陈子平：《共同正犯与共犯论》，（台湾）五南图书出版公司 2000 年版，第 217 页。

[②]　参见西田典之：《共犯理论的展开》，江溯、李世阳译，中国法制出版社 2017 年版，第 93—94 页。

[③]　参见福田平：《全订刑法各论》，有斐阁 1997 年版，第 230 页

[④]　参见 Л.В.伊诺加莫娃·海格：《俄罗斯联邦刑法总论》，黄芳、刘阳、冯坤译，中国人民大学出版社 2010 年版，第 132 页。

导致灾难的可能性更大。① 因此，将帮助行为规定为犯罪行为体现了国家权力介入的必要性程度日渐增高。

以上有关分则将帮助行为设置独立罪名和法定刑的缘由并不完全都具有合理性。其一，前一种观点和后两种观点是截然相反的结论，前者认为独立设置罪名和法定刑是为了突出在某些特定情形下，作为刑罚减轻的类型。后两者主要从严惩、加重处罚的视角来考量帮助行为独立成罪的问题。从立法经验来看，后两者更合理，刑罚减轻的类型独立规定于分则中成为正犯，反而比帮助犯的处罚更轻，并不适当。其二，后两种观点意在从严的维度具有一定的合理性，根据刑法对分则独立将帮助行为立法的实践来看，量刑的设置多数情况下比原帮助犯的处罚要重。其三，分则将帮助行为独立成罪必然会造成处罚前置化和处罚扩大化的后果，原本可能不具有可罚性的间接帮助、未遂帮助、教唆帮助，因帮助行为被分则规定的改变而缩短了处罚的距离。事实上，处罚前置化和扩大化也是重要的缘由之一，不应该被忽视。

（二）国内研究综述

反观国内刑法理论的现状，有关这一问题的研究表现出截然不同的景象。一方面源于我国刑法分则帮助型正犯的泛化现象，引起理论层面的重视；另一方面是采用参与人在犯罪中的作用分类法，主张"主犯概念是我国共犯体系的核心"②。对正犯概念缺乏明确的规定，正是此种"规范缺失"反而促进了理论层面探讨相关问题的"热闹"场面。帮助型正犯概念首次出现在学者张伟的博士论文《帮助犯研究》中，但仅局限于下定义的层面，没有对此做进一步的探讨。即帮助型正犯"作为论理的必然，以自己的行为或者通过他人的行为实现该类犯罪构成中客观方面构成要件的当属于正犯，就是帮助型正犯"③。直接以"帮助型正犯"为主题的研究，是《帮助型正犯的立

---

① See Andrew Ashworth,Lucia Zedner, Patrick Tomlin.*Prevention and the Limits of the Criminal Law* , Oxford: Oxford University Press, 2013:16.

② 童德华：《正犯的基本问题》，《中国法学》2004 年第 4 期。

③ 张伟：《帮助犯研究》，中国政法大学出版社 2012 年版，第 179—180 页。

法实践及其合理性检视》一文。其分别从立法价值、正当性基础以及解决现实困惑的能力三个维度进行论述，但也没有明确帮助型正犯的具体含义。事实上，帮助型正犯与帮助型犯罪、帮助行为正犯化的研究对象有紧密的关系，只是研究范围的大小有别。① 现阶段关于帮助型正犯现象的研究，主要围绕以下几个问题展开。

1.关注分则部分条文规定犯罪行为具有"帮助之性质"的现象，并对此类行为该如何认定的问题进行探讨。（1）帮助行为说，曲新久教授提到即便是由分则规定也未必都是实行行为，立法者在立法时不可能把保护法益作为刑法目的贯彻始终，或多或少会将预备行为、帮助行为等直接作为犯罪在分则中加以规定，是规范层面的价值评价。② 论者认为帮助行为有两类：一种情形发生实行行为构成犯罪时，即共犯的帮助行为或者分则规定单独法定刑的帮助行为。另一种情形发生在实行行为不构成犯罪，也规定在分则条文中。前者包括的罪名主要有资助危害国家安全活动罪、协助组织卖淫罪、资助恐怖活动罪、介绍贿赂罪等；后者的典型罪名是帮助毁灭、伪造证据罪，帮助犯罪分子逃避处罚罪，容留、介绍他人卖淫罪。③ （2）实行行为说，张明楷教授指出刑法分则条文直接将某种帮助行为规定为正犯行为，并且设置独立的法定刑。④ 学者张小虎提出，将共同犯罪形态中的某些行为提升为实行行为。⑤ 何荣功教授指认，分则将某种帮助行为规定在分则中，该帮助行为的性质发生转变，成为被规定犯罪的实行行为。⑥ 还有学者提出，可以将

① 文献检索的结果显示国内较早有关"帮助型犯罪"的专题研究：刘鹏：《共犯异罪的立法研究：谈刑法中的独立从犯与独立教唆犯》，《贵州大学学报》（社会科学版）2001年第4期；徐牧驰：《帮助型犯罪基本问题探讨》，《鞍山师范学院学报》2005年第5期；汪红飞：《帮助型犯罪问题研究》，《浙江万里学院学报》2003年第5期。

② 参见曲新久：《刑法学》（2版），中国政法大学出版社2009年版，第88页。

③ 参见茹士春：《论帮助行为单独定罪：以协助组织卖淫罪与组织卖淫罪的切分为例》，《中国刑事法杂志》2011年第1期。

④ 参见张明楷：《论帮助信息网络犯罪活动罪》，《政治与法律》2016年第2期。

⑤ 参见张小虎：《犯罪实行行为之解析》，《政治与法律》2007年第2期。

⑥ 参见何荣功：《论实行行为的概念构造与机能》，《当代法学》2008年第2期。

本属于主行为的狭义共犯行为规定为独立的实行行为。[①]

以上的帮助行为说与实行行为说是两种完全不同的观点。在帮助行为说看来，一方面即使分则对其规定了独立的法定刑，也未曾改变行为的性质，只是存在的媒介和适用的罪名上发生了变化；另一方面对分则规定的行为进行价值评价，实则是要突破构成要件形式判断的束缚，使非实行行为具备构成要件行为之可能性。据此，该说认为正犯与帮助犯的罪名可以不同是合理的，并且在构成要件行为的思考上提倡规范的价值评价也是可取的。然而，由此引发的质疑有三点：其一，帮助行为的界限和范围到底是什么，不被纳入共犯评价体系的"帮助性行为"能否与共犯帮助行为混谈。其二，以实行行为是否构成犯罪来区分帮助行为的情形是有问题的。其三，将非实行行为作为构成要件行为进行评价是否为规范价值判断的旨趣。如此一来，实行行为说似乎更具有合理性，正犯行为与实行行为则同一。因而，作为共犯的帮助行为具有不同于实行行为的特征，帮助行为是通过刑法总则而非刑法分则予以规定的。[②]"犯罪行为分为总则规定的非实行行为和分则规定的实行行为两种"。[③] 尽管承认实行行为论的合理性，但是必须对它的全面性有所怀疑。只考虑到共犯行为被规定为实行行为的情形，对不能认定为共犯行为却具有"帮助性质"行为的情形欠缺考量。

2.对分则将帮助行为独立成罪的理由进行探讨。（1）帮助行为危害性的超越和独立性的突破。学者于志刚认为网络空间中大量的帮助行为的社会危害性已经远远超过了实行行为的危害性，原本是为犯罪行为提供网络技术支持的帮助行为愈发突显其重要性，甚至逐渐突破了帮助行为在犯罪中的从属地位，主导和引领犯罪的发展和实现。[④]（2）将帮助行为独立成罪是分则化解共犯制度实践运用之困惑的发挥。学者王志远指认这一现象看似共犯问题

[①] 参见陈毅坚、孟莉莉：《"共犯正犯化"立法模式正当性评析》，《中山大学法律评论》2010 年第 2 期。

[②] 参见刘艳红：《网络犯罪帮助行为正犯化之批判》，《法商研究》2016 年第 3 期。

[③] 聂立泽、孙海龙：《论刑法中的实行行为》，《法商研究》2004 年第 4 期。

[④] 参见于志刚：《网络空间中犯罪帮助行为的制裁体系与完善思路》，《中国法学》2016 年第 2 期。

却又在实践运用中造成困难，只作为总则问题进行处理是表面的。理应充分挖掘分则在解决实践问题的潜能，即主要有两条实现路径：其一是扩大分则规定的解释空间；其二修正案增设新的罪名或者修改原罪名以增加新的行为类型，是一种借助立法的方式。① 学者于冲提到，将帮助行为独立成罪有助于罪名体系的严密化，解决共犯体系无法涵盖的定罪难题，也为共犯理论的完善提供了立法支撑。② 在刘仁文教授看来，网络帮助行为的严重社会危害性及其较高的独立性已经难以依据传统共犯理论充分评价。③（3）罪刑均衡的基本考量。论者认为独立的犯罪就可以不依照共同犯罪的原理，避免了刑罚适用的畸轻。④（4）帮助行为的刑法分则为协助组织卖淫行为规定单独的法定刑，其原因是该行为在组织犯罪中的常态化。⑤（5）"功利主义的思维方式"才是帮助行为正犯化真正的逻辑动因。⑥

　　从帮助行为的社会危害性和共犯体系的处罚障碍两个维度，进行帮助行为正犯化的说理是最多的，不得不说非常有说服力。特别是网络犯罪的异化和翻新，帮助行为已经溢出"促进"、"加功"于实行行为的边界，在分则中规定独立的犯罪是立法的必然。共犯制度的实践难题也是真实存在的，在虚拟的网络空间中难以确定正犯的情形下，帮助犯的处罚缺乏正当性，帮助行为正犯化有利于解决这一实践难题。罪刑均衡的考量实则也是从共犯评价体系的归责缺陷来说明，在德、日刑法共犯规定中明确帮助犯的减免事由，且分工分类法在量刑上的式微。基于此，帮助行为正犯化确实是有必要的。

① 参见王志远：《共犯制度的根基与拓展：从"主体间"到"单方化"》，法律出版社 2011 年版，第 78—79 页。
② 参见于冲：《帮助行为正犯化的类型研究与入罪化思路》，《政法论坛》2016 年第 4 期。
③ 参见刘仁文、杨学文：《帮助行为正犯化的网络语境：兼及对犯罪参与理论的省思》，《法律科学》（西北政法大学学报）2017 年第 3 期。
④ 参见张明楷：《刑法分则的解释原理》（2 版），中国人民大学出版社 2011 年版，第 151 页。
⑤ 参见茹士春：《论帮助行为单独定罪：以协助组织卖淫罪与组织卖淫罪的切分为例》，《中国刑事法杂志》2011 年第 1 期。
⑥ 参见阎二鹏：《法教义学视角下帮助行为正犯化的省思：以〈中华人民共和国刑法修正案（九）〉为视角》，《社会科学辑刊》2016 年第 4 期。

然而，上述理由也有自身的内在局限性，需要进一步完善。其一，"社会危害性"判断缺乏具体标准，社会危害性达到什么程度的帮助行为才能被分则规定为独立的犯罪。其二，网络犯罪的主犯或正犯难以明确，就通过分则单独立法处理帮助犯实际上是变相的共犯独立性说立场，这与形成通说的共犯从属性说不符。其三，独立成罪避免畸轻的理由在作用分类法的共犯体系中，存在的必要性不大，主犯和从犯并没有锁定参与人的行为方式。其四，"常态化"可以通过经验的证实来完成，但是，以"常态化"的理由不符合立法的准则。

3. 围绕帮助行为正犯化与共犯从属性的冲突或者独立性的转向而展开研究。（1）放弃从属性的观点，论者指出一旦共犯行为正犯化，则原本的帮助行为不再具备从属性，反而有了独立可罚性的不法内涵。[①] 增设帮助行为正犯化的罪名是因传统共犯理论在回应现实挑战上的不自洽，从根本上解决该问题，必须松动甚至舍弃"共犯从属性说"对司法裁量的枷锁。采用共犯独立性说更符合刑事政策的期许。[②]"共犯正犯化"与正犯·共犯二元区分制中的共犯独立性相契合。[③]（2）坚持共犯从属性的立场，帮助信息网络犯罪活动罪是以正犯实施符合构成要件的不法行为为基础和前提，故帮助信息网络犯罪活动罪的设立也不表明《刑法》第287条之二对帮助犯采取了共犯独立性说。[④]"共犯正犯化"的立法虽然在一定程度上认识到了帮助行为本身的独立性格，但是通过刑法的特殊立法，仍然坚持了共犯的从属性。[⑤]

从属性放弃说表明了正犯化不以共犯为前提，不要求正犯实施构成要件的不法行为。这一结论有些许逻辑上的瑕疵，既然共犯正犯化的立法不具备

---

① 参见陈毅坚、孟莉莉:《"共犯正犯化"立法模式正当性评析》,《中山大学法律评论》2010年第2期。

② 参见陈文昊、郭自力:《刑事立法帮助行为正犯化进程中的共犯独立性提倡：从共犯从属性的理论症结谈起》,《广东行政学院学报》2017年第1期。

③ 参见王兵兵:《"共犯正犯化"立法质疑：以帮助信息网络犯罪活动罪的增设为视角》,《苏州大学学报》（法学版）2017年第1期。

④ 参见张明楷:《论帮助信息网络犯罪活动罪》,《政治与法律》2016年第2期。

⑤ 参见汪红飞:《帮助型犯罪问题研究》,《浙江万里学院学报》2003年第5期。

从属性，表明了不以共犯成立为前提，直接依据分则的规定定罪量刑，那正犯化的共犯行为又从何谈起？共犯行为正犯化顾名思义，首先是能被共犯评价的行为。在共犯中说帮助行为，通常是指帮助犯的帮助行为。不能被共犯评价的帮助性行为，就无所谓是帮助行为。因为"帮助行为作为共犯论体系中的概念，一般只有在共犯论中才有刑法学上的价值"[①]。且"帮助行为无法单独构成对法益的侵害，需搭配其他行为类型方可导致法益侵害"[②]。

4.对帮助行为正犯化产生的刑法效果之问题进行研究。（1）法益保护前置化的效果。共犯的刑事责任属于相对于正犯的二次责任，那么作为"二次责任"的共犯僭越为"一次责任"的实行正犯，无疑属于刑法保护节点的提前，这种提前旨在通过前置的刑事处罚强化对法益的保护。[③]通过将帮助行为正犯化等路径实现法益保护前置。[④]（2）刑罚扩大化的效果。帮助行为正犯化使得帮助行为具备了正犯的独立性，必然导致与该帮助性质行为成立共同正犯甚至狭义共犯的可能性，进一步扩大了刑事可罚的范围。[⑤]帮助行为正犯化便利相关未遂形态、共犯形态的认定，就是要扩大处罚范围。[⑥]（3）拟制正犯的效果，刑法中存在一些将帮助犯、教唆犯拟制为正犯的规定，这一现象即共犯行为正犯化，可以称为拟制的正犯。[⑦]

法益保护前置化也就是处罚提早化，处罚的扩大化主要说独立成罪对未完成形态以及共犯形态的处罚。拟制正犯效果论的提出具有重要的意义，也为共犯正犯化研究提供了新的视角，其认为分则对帮助行为的独立定罪，就

---

① 参见于冲：《帮助行为正犯化的类型研究与入罪化思路》，《政法论坛》2016年第4期。

② 参见江澍：《论刑法中帮助行为的结构》，《法学论坛》2015年第4期。

③ 参见张勇、王杰：《帮助信息网络犯罪活动罪的"从犯主犯化"及共犯责任》，《上海政法学院学报》（法治论丛）2017年第1期。

④ 参见姜敏：《法益保护前置：刑法对食品安全保护的路径选择——以帮助行为正犯化为研究视角》，《北京师范大学学报》（社会科学版）2013年第5期。

⑤ 参见陈毅坚、孟莉莉：《"共犯正犯化"立法模式正当性评析》，《中山大学法律评论》2010年第2期。

⑥ 参见童德华、陆敏：《帮助型正犯的立法实践及其合理性检视》，《湖南师范大学社会科学学报》2018年第1期。

⑦ 参见白洁：《拟制正犯范围之限制》，《法学杂志》2013年第7期。

是将帮助行为实施者直接作正犯对待。正犯的法律效果当然地及于共犯正犯化现象的罪名。但是，"法律拟制"意指原本不符合某种规定的行为也按照该规定处理，有意地将明知为不同者，等同视之。① 而在考夫曼、埃塞尔等学者看来，法律拟制就是法律类推，应该是有界限的。② 因此，帮助行为正犯化的刑法效果，应该贯彻这样的逻辑。即帮助行为正犯化形成的是正犯，而正犯的确立相对作为共犯的帮助行为来说，同时产生了处罚提早化和扩大化的效果。

从既有研究的成果来看，学者们主要从共犯行为正犯化的必要性、立法的价值以及审视它的理论自洽或者冲突几个方面展开讨论。研究的范围主要集中在帮助行为正犯化现象的分则立法。基于上述研究的思考主要有四点：其一，分则有关帮助性实行行为的条文，不是只有共犯行为正犯化的情形。不能被评价为共犯帮助行为的情形，被分则规定为犯罪的实行行为，同时带有"帮助之性质"的行为似乎比共犯行为正犯化现象更普遍。其二，"共犯行为正犯化"如何定位，从语义学的视角实则是一个事物变化的"过程"，其引起的结果是什么应该得到重视。其三，共犯行为正犯化的处罚提早化和扩大化的具体表现是什么，未遂形态、共犯形态如何具体展开。其四，共犯行为正犯化导致立法扩张不能是无限制的，用以限制其合理边界的原则和标准是什么。因此，有必要对帮助型正犯进行系统而全面的研究，申言之，就是从概念型构到理论论证，再到具体问题的展开。

四、研究方法和主要内容

本书拟通过如下研究方法展开研究。第一，规范分析法。本研究厘清分则规定的所有帮助型正犯的条文及其司法解释，根据其所分布的规律和特点，揭示其立法的逻辑动因。第二，文献分析法。本书在行文前，大量收集

---

① 参见张明楷：《刑法学》（5 版），法律出版社 2016 年版，第 675 页。
② 参见阿图尔·考夫曼：《法律哲学》（2 版），刘幸义译，法律出版社 2011 年版，第 122 页。

和累积了国内外有关帮助型正犯的相关理论著述，例如，最为接近的帮助行为正犯化、帮助型正犯等问题，以及作为分析问题的正犯、实行行为、共犯等基础理论成果。基于以上的文献展开研究，分析各观点的利弊得失，选择可资借鉴的理论和学说作为本研究的支撑。第三，比较分析法。在帮助型正犯问题上，通过与域外刑事立法和理论研究的双重对比，发现我国帮助型正犯立法规模化的特征以及理论话语上的"热闹"。这一现象与当前我国"正犯概念"的规范缺失，以及共犯制度的独特性不无关系。在此基础上，既要注重域外理论在论证帮助型正犯的知识转换和借鉴，又要结合本土语境进行理性的探讨。旨在从一系列问题中，提出针对性的改进和完善建议。第四，历史分析法。从成文法角度对帮助型正犯进行历史考察。从最初的个别条文、个别罪名演变为现今的规模，每一次的增加或调整，都与当下的社会现实有紧密关系。犯罪异化固然要求创新立法与之适应，但同时也必须坚持刑法基本原则、原理的核心理念。

依据上述研究方法和思路，全书拟由导论、正文五个章节和结语构成。导论部分将重点阐述有关帮助型正犯问题的研究进路及其理论得失，并建立帮助型正犯与正犯基础理论的内在联系。

第一章主要探讨帮助型正犯的基本内涵、实现路径以及正犯性原理。本章主要围绕如下几个方面的问题具体展开：其一，刑法分则规定的哪些犯罪属于帮助型正犯，主要分布在哪些犯罪领域。其二，帮助型正犯是如何生成的，就是有关实现路径的问题。通过具体犯罪的考察发现，区分为非共犯帮助性行为入罪化和帮助行为正犯化两种情形，即路径区分说的观点。实现路径的区分制形成了结构的二元论，由入罪化的帮助型正犯和正犯化的帮助型正犯组成。其三，帮助型正犯是通过什么理论完成正犯性论证的。从正犯与共犯区分的理论中，寻求它的正犯性原理，即形式客观说的基本立场。同时，在正犯化的帮助型正犯问题上，借鉴重要作用说的实质理论，将彼共犯帮助行为直接规定为此罪正犯实行行为。其四，帮助型正犯扩张的界限问题，在具体原则的审视中把握其合理性。其五，帮助型正犯可以分为哪些类型以及它与其他类型正犯有何关系，主要就是它们之间的联系和区别的问题。

第二章主要探讨帮助型正犯的正当性根据问题，基于怎样的理由或者说是从哪些方面进行考量的，并对其作合理性分析。本章主要立足于当前与帮助型正犯密切相关的研究，对学者所提出的各种立法理由进行检视性研究，以此形成三个切入视角。其一，刑事政策的目的性考量，作为首要的理由，终究是为了表达刑法的刑事政策化导向，致使帮助型正犯的范围在刑法历次修正中不断得以扩张。其二，共同犯罪归责的现实困惑，是很重要的缘由。在传统共犯归责语境下，无法实现对异化的或者新型犯罪的帮助行为进行正义且合理的责任分配，这一立法模式有存在的特殊价值。其三，刑法实质化的基本要求，是最难以感知却又真实存在的原因，毋宁认为，帮助型正犯是刑法实质化发展的缩影。

第三章主要探讨帮助型正犯的基本犯罪构成，实则就是成立帮助型正犯的一切主客观要件要素的问题。功能主义刑法观粉饰下的帮助型正犯，理应在逻辑性和实用性统一的阶层理论中得以具体化，因为阶层论表现出从传统存在论向着功能主义（目的理性）转变的倾向。[1]普遍存在于帮助型正犯的罪量要素对犯罪的成立与否及其处罚有重要的影响。因此，探讨在帮助型正犯的基本构成中理应对罪量要素有足够的重视。出罪机制的研究对帮助型正犯而言，具有与"入罪"同样重要的价值，是其犯罪构成的题中之义。帮助型正犯的"出罪"机制研究一方面关注与其他类型犯罪的共性出罪机制，另一方面对其出罪的特殊问题进行考量。从犯罪论体系的出罪机制到实体法和程序法的具体出罪，又重点关注中立帮助型行为的不可罚问题（与中立帮助型正犯的出罪有着密切的关系），旨在全面把握其"出罪"的生成机理和运行原理。

第四章主要探讨犯罪形态的问题，即修正构成。严格意义的犯罪论体系不仅包括犯罪概念、犯罪构成，还应该有犯罪形态的展开。而犯罪形态的重

---

[1]　参见车浩：《体系化与功能主义：当代阶层犯罪理论的两个实践优势》，《中国检察官》2017 年第 21 期。

点是对未完成形态、共犯形态和罪数形态的关注。这三种特殊形态的存在于犯罪构成而言，表现的是"一般与特殊"的逻辑关系，因为"其中任何一种形态之成立，均首先必须符合犯罪构成之基本规定性，在此基础上才能进一步讨论其特殊之处"[1]。一方面，犯罪构成通常是以完成形态为蓝本，已然是对一个行为成立犯罪最低限度的要求。处罚连最基本的犯罪构成要件都无法充足的未完成形态，需要更加确证的理由。另一方面，对司法实践具有一定的指导意义。最后，把帮助型正犯的罪数置于形态论进行研究，就是要厘清错综复杂的一罪和数罪问题，想象竞合犯、法条竞合、牵连犯是最常发生于帮助型正犯的一罪，对其进行深入而具体地分析，力在消除相关司法实践的困惑。

第五章主要立足于宏观层面探讨帮助型正犯的刑罚适用问题。因为在刑事案例司法判决中，量刑是否公正、同等情况下是否得到同等判决，是与定罪实体法运用的准确性、合理性有同样重要的地位。[2]宏观上，适用的基本原则是首要解决的问题，从法定性原则、罪刑均衡和刑罚个别化统一的原则、全面评价原则到效率与效益原则。微观上，围绕量刑情节的规范适用以及刑种的具体适用展开讨论，终其目的是为了实现其刑罚适用立场的理性回归。寻求定罪和量刑之间的平衡，既要改变重定性轻量刑、重犯罪论轻刑罚论、重打击轻改造的传统观念，更要注重刑罚适用的效果。

结语部分提出帮助型正犯是正犯的表现形式，共犯仅作为分析该问题的理论之一。其正犯地位的确立是沿着"生成路径的区分"引发了"结构组成的不同"进而到"有差别的正犯性论证"的逻辑进路而展开。帮助型正犯的立法扩张与限缩均是同样重要的问题，前者主要从刑事政策、共犯归责以及刑法实质化三个维度进行论证，后者则基于自由与秩序的价值位阶、刑事资源的有限性、刑法谦抑性等议题展开审视。然而，理论的自洽和立法的自省最终要回归实践的运用。由此，实践问题的开展就是从帮助型正犯基本构成

---

[1]　冯亚东：《犯罪构成与诸特殊形态之关系辨析》，《法学研究》2009 年第 5 期。

[2]　参见王瑞君：《量刑情节的规范识别和适用研究》，知识产权出版社 2016 年版，第 6 页。

的探讨，到修正构成的拓展，再到刑罚适用问题的应对。

五、创新点与不足

第一，从研究视角上看，通过对相关文献的查阅和整理，发现目前研究主要从共犯视角切入与帮助型正犯相关的问题分析，直接从正犯的理论维度展开系统研究的成果极少。本书直接作为正犯问题展开具体分析，试图在研究视角上有所创新。

第二，从研究内容来看，一方面根据实行行为的来源，区分了入罪化的帮助型正犯和正犯化的帮助型正犯。并借以正犯与共犯区分理论，对两种类型的帮助型正犯分别进行正犯性论证；另一方面深入帮助型正犯的具体问题，特别是三种犯罪形态的各自阐释和分析，拓宽了现有的研究范围。

第三，从研究观点方面看，对将"帮助性质实行行为"所有规范不加以区别的"混合论"进行批评性借鉴。提出帮助型正犯的路径二分法、内部结构的二元论以及正犯性原理的区分说等见解，力图在研究观点上有所创新。

本书虽在梳理与帮助型正犯相关研究的基础上进行理论论证和具体问题的展开，碍于笔者理论功底的薄弱，加之学术视野的狭窄，导致在具体论证上不够充分，显得较为单薄。此外，本书对于诸如入罪化的帮助型正犯与正犯化的帮助型正犯之正犯性原理采用不同理论标准，是否会将原本就复杂的正犯理论推向更为烦琐的境地，是持不乐观的心态。帮助型正犯的内在机理、生成机制是否也适用于预备行为正犯化的情形并未深入考究。非共犯帮助性行为具体应该分为哪些情形，片面帮助、事后帮助各自的范围和对象是哪些。对于这些问题的深入研究有所欠缺，不足之处只有留到今后的研究中去解决。

第一章　帮助型正犯的界定

帮助型正犯大量存在于刑法规范之中，系正犯的类型之一。按照德、日刑法通说之限制正犯概念的理论，亲自实施构成要件行为之人是正犯，而"实行行为被认为是实施刑法分则规定的犯罪构成客观要件的行为"[①]。由此得出，正犯实施了刑法分则规定的犯罪客观构成要件的行为，帮助型正犯的成立亦是以此为据。只是，此类犯罪的客观构成要件之行为具有"帮助性质"。何为帮助型正犯，这是本研究首要解决的基本问题。概念的界定，既是研究的起点，也是研究的难点，正所谓"困难始于界说"[②]。在此基础上，本书围绕如下几个方面的问题具体展开：其一，刑法分则规定的哪些罪名属于帮助型正犯，主要分布于什么犯罪领域。其二，帮助型正犯是如何生成的，就是有关实现路径的问题。通过对具体犯罪的考察发现，可以将帮助型正犯区分为非共犯帮助性行为入罪化和帮助行为正犯化两种情形，即路径两分法的观点。实现路径的区分促使了帮助型正犯内部结构的二元组成，由入罪化的帮助型正犯和正犯化的帮助型正犯组成。其三，帮助型正犯是通过什么理论完成正犯性论证的。从正犯与共犯区分的理论中，寻求它的正犯性原理，即形式客观说的基本立场。同时，在正犯化的帮助型正犯问题上，借鉴重要作用说的实质理论，作为帮助行为直接规定为正犯实行行为的合理内核。其四，帮助型正犯扩张的界限问题，在具体原则的审视中把握其边界。其五，帮助型正犯可以分为哪些类型以及它与其他正犯类型有何种联系和区

[①]　奥村正雄：《论实行行为的概念》，王昭武译，《法律科学》（西北政法大学学报）2013年第2期。

[②]　尤劳：《政治行为论》，陈少廷译，台湾"商务印书馆"1978年版，第22页。

别，通过比较研究进一步阐释帮助型正犯的内在特征。

第一节　帮助型正犯的基本内涵

　　帮助型正犯概念是对分则规定了具体犯罪构成客观方面的行为有"帮助性质"之现象的概括和提炼。它的提出至少存在两个层面的意义和价值：一是理论上试图对传统正犯类型进行扩容，从教义学反思广泛存在于分则中的此类现象，以便逻辑上的自洽能反作用于实践层面的运用。二是试图把当前刑法中的此类现象进行合理的归置，摆脱"似共犯又似正犯"的犹疑现状，明确其处罚的根据，因为"越来越多的帮助行为被独立化为一种新的犯罪类型将会成为一种立法趋势"[①]。正犯这一概念在德、日刑法中，首先与教唆犯、帮助犯这些实施非实行行为的共犯同时存在。与此不同的是，我国刑法没有规定正犯的概念，主要根据参与人在犯罪中的作用，分为主犯、从犯和胁从犯，而组织犯和教唆犯则是依据分工分类法的结果。可以说，"主犯概念是我国共犯体系的核心"[②]。正犯的"规范缺失"反而推动了它在理论话语层面的"热闹"。帮助型正犯显然属于正犯的问题，尤其在历经多次的刑法修正后，它在危害公共安全和扰乱社会秩序等犯罪领域得以迅速扩张。不得不说，这体现了刑法在应对安全和防范风险问题上的功能性强化，也由此引发了有关帮助型正犯扩张的正当性和合理性之诘难。本章首要关注的是帮助型正犯是什么的问题，能否将其纳入现有的正犯体系之中。通过文献的梳理和分析表明，帮助型正犯并非新生概念，因此，应基于在现有成果反思和修正的基础之上，对其进行重新阐释和解读。

[①]　于志刚：《网络犯罪与中国刑法应对》，《中国社会科学》2010年第3期。
[②]　童德华：《正犯的基本问题》，《中国法学》2004年第4期。

一、帮助行为的逻辑本位与规范评价之分离

刑法所言的帮助行为有三个特征：其一，不能是符合基本构成要件的实行行为，即实行行为以外的行为；其二，必须使正犯者的实行行为变得容易；其三，不是对正犯的实行必不可少的行为。[①] 不是基本构成要件的实行行为，表明其非实行行为的身份。对正犯的实行行为有促进作用，意为"刑法并不处罚所有的非实行行为，也不一概将易于正犯行为实施的参与行为均认定为帮助犯之帮助行为"[②]。而刑法理论通说将"帮助行为"置于共同犯罪一章，在"共同犯罪成立的客观要件"中予以讨论。由此看出，帮助行为在刑法中的存在目的是为了阐释帮助犯罪的需要。换句话说，就是它的逻辑本位是帮助犯的客观成立条件。然而，至分则将"帮助行为"规定为犯罪的实行行为之际，可以看出，其理论定位与规范评价出现了分离。值得进一步反思的问题是，"帮助行为"的立法操作已然引起规范评价的"震动"，并促使理论对此现象的合理审视。

（一）总则"帮助行为"与分则"帮助性实行行为"的现象论

目前刑法理论对帮助行为基本是宽容或者说开放的态度，因而帮助行为的存在形式和发生时点亦是多元的。既可能表现为提供犯罪工具、排除犯罪现实障碍或者事前答应事后窝赃、隐匿犯罪等有形的帮助，也可能表现为指点实施犯罪的时机、对象，协助拟定犯罪计划等无形的帮助。按照犯罪行为与提供帮助行为的时间关系，实施犯罪之前的事前帮助和在实行犯罪之际的帮助，甚至是事前通谋事后给予的帮助。而不论帮助行为的出现形式或者存在时间，对其定位仅仅是一种对实行犯罪的辅助，只可能成为从犯。[③] 依刑法总则看来，帮助犯并不直接实行犯罪，而是为实行犯实施犯罪提供帮助。

---

① 参见大塚仁：《刑法概说》（3 版），冯军译，中国人民大学出版社 2003 年版，第 315—316 页。

② 张伟：《帮助犯研究》，中国政法大学出版社 2012 年版，第 79 页。

③ 参见高铭暄、马克昌：《刑法学》（7 版），北京大学出版社 2016 年版，第 175 页。

而从分则来看,"帮助行为"俨然跳脱出帮助犯之客观成立条件之语境,成为具有"帮助性质的实行行为"。前者常通过总则"帮助犯"之规定处理,后者则表现在分则的条文罪名之中。

具体来看,总则"帮助行为"的表达是通过"帮助犯的规定"而实现。德国刑法第 27 条规定:对他人故意实施违法行为故意予以帮助的,是帮助犯。日本刑法第 62 条之一,帮助正犯的,是从犯。第 64 条规定:从犯的刑罚,按照正犯的刑罚予以减轻。韩国刑法第 32 条规定:帮助他人犯罪的,以从犯处罚。俄罗斯刑法第 33 条采取列举的方法规定了成立帮助犯的行为范围,例如以建议、指点的方式帮助实施犯罪或者提供信息、犯罪手段、工具的帮助,事前承诺帮助隐匿犯罪人、犯罪工具、罪证、赃物等,还包括事先允诺购买或者销售赃物的人,均为帮助犯。事实上,除了俄罗斯刑法对帮助的行为方式有明确的规定外,其他国家的刑法只言明"帮助行为"是成立帮助犯的条件,并没有具体而细致地规定帮助的内容。与此稍显不同的是,我国现行《刑法》第 27 条规定的从犯是指在共同犯罪中仅起到的次要或者辅助作用的人,并未出现"帮助行为"的表述。早前有学者认为,我国刑法之所以避免用"帮助"而代之以"辅助",是为了体现辅助行为在共同犯罪中的次要作用,因为"帮助"行为在某些情况下是可能起到主要作用的。[①]由此可见,辅助犯不等于帮助犯,辅助行为只能是起到次要作用的帮助行为,而不是全部的帮助行为。为此,也有学者提出截然相反的观点,即帮助犯在共同犯罪中的作用只能是次要的,不能是主要的。那么,帮助行为只能是起次要作用的行为,而不可能是起到主要作用的行为。[②]分则"帮助性实行行为"的表达也就是帮助型正犯的范围。纵览世界各国的刑法,遵照实行犯是正犯的逻辑,无一例外地规定了帮助型正犯,区别只在数量的多与少。例如,韩国学者提出在分则上大多数情况是将帮助行为规定为特别构成要件。例如,脱逃援助(第 147 条)、提供吸食鸦片等场所(第 201 条 2 项)、自杀帮助(第 252 条 2

[①] 参见梁世伟:《刑法学教程》,南京大学出版社 1987 年版,第 209—210 页。
[②] 参见陈兴良:《共同犯罪》(3 版),中国人民大学出版社 2017 年版,第 197 页。

项）等情况，因为其自身就是正犯的实行行为，所以不存在适用总则第 32 条的余地，而该条规定帮助他人犯罪的，以从犯处罚。[①] 这一点上与国内学者达成共识，刑法分则将某种帮助行为规定在刑法分则中时，该种帮助行为就不再属于犯罪的非实行行为，而成为被规定犯罪的实行行为。[②]

目前来看，根据世界范围内的主要国家和地区刑法分则的规定，分则"帮助性实行行为"的现象即帮助型正犯的范围呈现三种特征：（1）只存在于法益侵害特别严重的犯罪领域。典型的国家是俄罗斯、意大利、巴西，例如，俄罗斯刑法中只在第 205 条副 1 条规定了协助实施恐怖主义活动。意大利相关立法体现在资敌罪（第 247 条）、协助结社者（第 270 条—3）、为恐怖主义包括国际恐怖主义目标招募人员（第 270 条—4）、为恐怖主义包括国际恐怖主义目的进行训练活动（第 270 条—5）、帮助集团成员（第 418 条）。巴西刑法典为走私或者非法交易提供便利罪（第 318 条）。（2）既适用于严重的罪行也适用于其他犯罪领域。日本刑法典帮助内乱罪（第 79 条）、援助外患罪（第 82 条）、援助脱逃罪（第 100 条）、现场助势（第 206 条）、移送被略取者至所在国外（第 226 条之三）、移交被略取者（第 227 条）。韩国刑法典除了前述列举的几个罪名，还包括湮灭证据罪（第 155 条）、介绍卖淫罪（第 242 条）、医护人员及药商帮助堕胎罪（第 270 条）。（3）仅适用于危害社会管理秩序犯罪。美国模范刑法典规定的卖淫及其相关犯罪（第 252.2 条），第 2 款规定了促成卖淫的 6 种情形，分别构成相应的轻罪和重罪。与此同时，现行刑法分则规定"帮助性实行行为"的犯罪，既存在于严重的罪行领域也存在于其他犯罪领域，与日、韩相同。然而，分则规定的此类犯罪规模或者数量远远大于前述国家的刑法。

（二）共犯的"破"与拟制正犯的"立"之分析

在分则未将帮助行为单独定罪之前，按照总则的共犯逻辑，作为帮助犯

---

① 参见金日秀、徐辅鹤：《韩国行法总论》（11 版），武汉大学出版社 2008 年版，第 624 页。
② 参见何荣功：《论实行行为的概念构造与机能》，《当代法学》2008 年第 2 期。

的客观成立条件。有论者甚至提出帮助行为位于共同犯罪或者共犯理论中的现有地位，是由于单独犯罪论之核心即犯罪成立理论的"遗忘"所造成。[①]也就是说，帮助行为可以超越现有的共犯语义，成为分则规定之犯罪成立的条件，进而"破"共犯达到"立"正犯的基本观点。早前就有学者提出，对不能作为共犯的帮助行为所成立的非共犯的帮助犯采取两种解决办法：（1）在总则中补充规定非共犯的帮助犯，比照其帮助的实行犯论处。（2）在分则中设立独立的罪名，帮助他人犯罪罪。该罪可列于传授犯罪方法罪之后，专门适用于非共犯的帮助犯，但分则另有规定者除外。[②]尽管我国刑法发展至今，既没有在总则中增加条文将此种情形，比照实行犯论处，也未在分则中专门规定帮助他人犯罪罪。然而，经刑法的数次修改，分则没有直接规定帮助他人犯罪罪，却增设了诸多包括非共犯的帮助犯情形之具体条文或者通过司法解释将帮助行为构成的犯罪拟制成为正犯的情形。这在一定程度上，与学者提出的观点殊途同归，只不过前者是规定一个分则罪名，将所有非共犯的帮助犯之情形全部纳入，而现行刑法的做法是有选择性地将部分值得刑罚处罚的帮助行为作专门的规定。相比之下，前者的方案具有兜底之性质，优势就是无须时时变动刑法条文，缺点是不加选择地将所有不成为共犯的帮助行为进行处罚，有不当扩大处罚范围的嫌隙，并且不加区分地为所有非共犯的帮助犯设置相同的法定刑也是不恰当的。而在分则增设以帮助性实行行为的具体罪名显然与前者不同。由此认为，帮助行为只作为帮助犯成立条件之一的壁垒已然出现松动。共犯的"破"与正犯的"立"之理论策略和实际操作有一定的异同，可以概括为两种路径：（1）总则的拟制；（2）分则的拟制和司法解释的拟制。

目前，主要国家刑法同行的做法将帮助行为作为共犯的成立条件之一，即将部分帮助行为从共犯中解禁，也如我国刑法的做法那般，在分则中规定独立的罪名。对比我国的情况而言，涉及的罪名较少，只在极其特殊的情形

---

① 参见江溯：《刑法中的帮助行为》，中国社会科学出版社 2013 年版，第 43 页。

② 夏勇、罗立新：《论非共犯的帮助犯》，《法学杂志》2000 年第 3 期。

下才设立独立的罪名。当然，也不排除有特殊的处理，就是直接在刑法条文中规定部分共犯直接作为正犯论处。例如，《法国刑法典》第121—6条规定了出自第121—7条的两种共犯，以正犯论的情形：（1）行为人所提供的帮助或者协助，是在知情并且故意的条件下，包括了为准备或者完成重罪或者轻罪提供便利的人，以及为准备或者完成轻罪而提供方便者，此种重罪或者轻罪的共犯以正犯论处；（2）通过给予恩惠或者强制的手段（包括威胁、命令、滥用权势等），挑起犯罪或者教唆他人实行犯罪的共犯，从正犯论。①第一种情形就是所谓"故意的帮助"成立的共犯，直接作为正犯论处，第二种情形是在特定情形下的挑动犯罪或者教唆犯罪，直接作为正犯论处。从该规定中至少可以推出诸如以下的结论，即（1）不知情而故意提供帮助或者协助成立共犯；（2）知情但不是故意提供帮助或者协助仍旧成立共犯；（3）除了条文列举的几种情形的挑动犯罪或者教唆犯罪作正犯处理，其他情形的挑动犯罪或者教唆犯罪仍然是共犯。在本书看来，《法国刑法典》第121—6条的规定就是帮助行为跳脱出共犯"立"正犯的体现。

二、正犯概念的消弭与正犯类型的扩容

刑法分则规定了部分"帮助性质的实行行为"之犯罪，将这类现象视为帮助型正犯，其实行行为部分源自本属于共犯评价体系下的帮助行为，经转换已然"不再是从犯中的帮助行为"②。彻底放弃以往研究在此问题上"似共犯或似正犯"的暧昧，主张坚持正犯的基本立场。作为正犯类型的扩容，帮助型正犯概念必须能消弭于正犯概念之中，以实现二者在理论上的自洽。否则，以此展开的后续研究将失去逻辑的起点。研究的要义旨在确立帮助型正犯系正犯的基本类型之一，并在此基础上展开相关理论和实践问题的探讨。这一研究路向主要体现为两个层面的研究价值：宏观上型构帮助型正犯的理

---

① 参见《法国刑法典·刑事诉讼法典》，罗结珍译，国际文化出版公司1997年版，第16—17页。

② 何荣功：《论"放风"行为的法律性质及刑事责任》，《政治与法律》2004年第5期。

论概念，进行合理的法律定位以及关注它的合理范围，也就是扩张的界限和张力的探讨。事实上，犯罪化的增加对法治本身而言亦具有破坏性，在任何过度犯罪化的国家或者地区，国民的生活有被不正当妨碍的风险。[1] 微观上透视立法论及其解释论的基本问题，从而为帮助型正犯在司法实践中的定罪与量刑、犯罪形态的认定等提供助益。

（一）帮助型正犯的提出与正犯概念的理论自洽

诚然，我国刑法并没有使用"正犯"这一概念，但刑法分则就单独犯罪的规定，实际上是关于正犯的规定。[2] 帮助型正犯的各罪被固定在刑法分则中，并属于具体犯罪构成客观方面的行为。根据"正犯=实行犯"的现实逻辑，所有实施帮助型正犯各罪的行为人均是正犯。然而，途经正犯化而成行的帮助型正犯，不应止步于分则规定了构成要件客观方面的行为这个层面，还要进一步追问为什么将共犯的帮助行为独立规定在分则规定的构成要件中，以成为实行行为。继而深掘其正犯化之前的原本体态，能否在现有正犯概念体系内进行消解。唯有帮助型正犯概念与正犯概念实现全面的自洽，才能准确界定前者的定义和内涵。长期以来，围绕正犯概念出现的主要学说有单一正犯概念、扩张正犯概念和限制正犯概念。而以限制正犯概念为理论基础而构建的德日共犯区分体系，却在面对新的犯罪参与问题（如间接正犯、共谋共同正犯、正犯后的正犯等）存有适用性障碍。目前，世界范围有部分国家或者地区刑法规定单一制正犯体系，如《意大利刑法典》第110条、《巴西刑法典》第25条、《挪威刑法典》第58条、《丹麦刑法典》第23条以及《奥地利刑法典》第12条。区分制共犯参与体系的典型，主要是《德国刑法典》第25—27条、《日本刑法典》第60—64条、《韩国刑法典》第30—32条。于是，便在共犯与正犯区分的学说发展中，试图不断通过实质的理解正犯以解决该问题。目的理性主导下构成要件的实质解释体现了刑法对社会需要的

---

[1]　参见道格拉斯·胡萨克：《过罪化及刑法的限制》，姜敏译，中国法制出版社2015年版，第16页。

[2]　参见张明楷：《共同犯罪的认定方法》，《法学研究》2014年第3期。

回应，"贯彻罪刑相当的角度重新厘定正犯与共犯的界限"①。然而，目的理性不能忽视正当性的说明，否则立法者在立法工具主义下可以将任意行为人作为正犯，最终导致构成要件所维系的罪刑法定走向"崩溃"。

一方面，从正犯概念出发，探讨帮助型正犯概念存在的可能性，也就是正犯概念是否能容纳帮助型正犯的概念，这就要求二者在关键节点上的相互契合。正犯是大陆法系刑法的核心概念，理论发展至今形成了统一正犯概念、限制正犯概念和扩张正犯概念。国内研究常把统一正犯概念和扩张正犯概念不做区分，这是不合理的。统一正犯概念是单一正犯体系下的产物，而限制正犯概念和扩张正犯概念是区分制共犯体系的"产品"。这样看来，显然不能把统一正犯概念认为是扩张正犯概念。有必要对它们之间的关系进行梳理，否则会对正犯化的帮助型正犯产生误读。因为非实行行为人作为正犯处理不是因统一正犯概念和扩张正犯概念的理由，仍然是在维持限制正犯概念之上的展开。统一正犯概念把所有加功于构成要件行为之人都认为是正犯，即使根据加功的程度或者形态区分为教唆犯、帮助犯，只在刑事责任的划分上有意义。同样以构成要件行为为基础的是限制正犯概念，构成要件发挥了类型化的功能，亲自实施构成要件的行为人为正犯，反之则为共犯。而扩张正犯概念是除去限制正犯概念"构成要件定型"的桎梏，通过因果关系的条件说判断正犯，只要行为与法益侵害的结果有因果关系就是正犯，根据因果关系的大小划分刑事责任（如图1—1）。扩张正犯概念脱离构成要件的定型，实则是法治国的倒退，从而被认为是不可行的。

我国刑法总则涉及共犯人分类的"教唆犯"就表明了"区分制体系"的基本立场，单一正犯概念固然不能被用来作为帮助型正犯的解释。扩张正犯概念同样不能，因其只是"在区分制参与体系下由于限制正犯概念导致某些问题的解决不畅，而提出的法理和体系概念"②。因此，帮助型正犯概念的型

---

① 张伟：《我国犯罪参与体系下正犯概念不宜实质化：基于中、日、德刑法的比较研究》，《中国刑事法杂志》2013年第10期。

② 江溯：《犯罪参与体系研究：以单一正犯体系为视角》，中国人民公安大学出版社2010年版，第18页。

构不是以放弃限制正犯概念为代价。从帮助型正犯的现实来看，所有罪名都是刑法分则的明文规定，符合成立正犯所要求的实施构成要件的行为，能消弭于区分制共犯体系下限制正犯概念。尽管在正犯化的帮助型正犯情形中，正犯的实行行为有特殊性，即原本是共犯的帮助行为，经立法固定于分则中，成为正犯的实行行为。即便实质侧面要对帮助行为的实行行为化进行理论上的确证，也不会与限制正犯概念相互冲突。

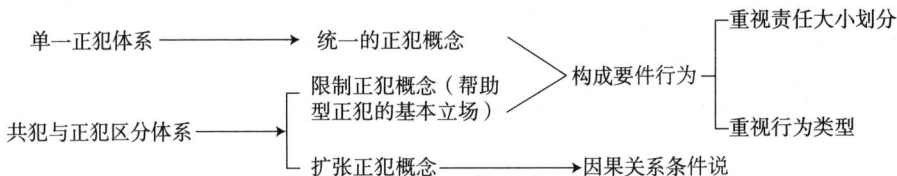

图1—1　三种正犯概念的体系归属

另一方面，从正犯与共犯区分的理论出发，审视帮助型正犯的理论基础。区分制共犯体系虽以限制正犯概念的亲自实施构成要件的行为者作为正犯，却又在正犯与共犯区分的问题上发展出一系列的学说。[①] 这些学说在区分正犯与共犯的同时，将未亲自实施构成要件行为的部分情形纳入正犯之中，打破了"正犯＝实行犯"的纯粹印象模式。[②] 主要有主观说、客观说、行为事实支配说，其中的行为事实支配说因实质地理解构成要件，也常被纳入实质客观说的范畴。相对于形式客观理论将正犯概念局限于亲自实施不法行为的形式理解，行为事实支配理论就是从实现构成要件的实质概念来理解正犯，常被称为实质客观理论。[③] 因此，在很多著述中，实质客观说包括了行为事实支配说。然而，实质客观说和行为事实支配论还是有区别的，实质客观说与形式客观说同属于客观说的范畴。而行为事实支配说是一种综合主客观见解的理论，实质地理解正犯不能等同于实质客观说，将它描述为实质

---

① 参见丁胜明：《共同犯罪中的区分制立法模式批判：以正犯、实行犯、主犯的关系为视角》，《中国刑事法杂志》2013年第2期。

② 参见徐伟群：《通往正犯之路：透视正共犯区分的理论》，《台大法学论丛》2011年第1期。

③ 参见许泽天：《强制支配：犯罪支配概念的具体续造》，《东吴法律学报》2010年第3期。

客观说只会为复杂的正犯理论徒增混乱。

从正犯识别的知识谱系来看，在区分正犯与共犯过程中形成的观点主要有如下几种：（1）主观说的标志性人物 Buri 提出，二者的区分只在于正犯意愿的独立性和共犯意愿的非独立性。现在的通说理解主观说是指出于正犯的意思犯罪就是正犯，出于共犯意思犯罪就是共犯，而"正犯意思"被解释成把"犯罪看作是自己"的作品，共犯意思则是把"犯罪看作是他人"的作品。① 事实上，犯罪参与人不会考虑犯罪是谁的作品，关键还是在于他做了什么。在莱比锡刑法注释书第 5 版 Lobe 就对正犯关键是将犯罪作为自己作品之意思内容，而意思的实践必须通过自己支配下的实行行为来实现。②"意愿和支配意愿"同时也是行为事实支配理论主观方面的重要来源。（2）客观说有形式和实质的区分，形式客观说的代表人物是李斯特和施密特，形式客观说与限制正犯概念往往是联系在一起的，表现为二者在内容上的一致性，只将亲自实施构成要件实行行为的人定义为正犯。实质客观说是实质性的，因为它对实行行为从价值规范的角度予以考察，以此修正形式客观说。实质客观说是客观性的，因为它根据各参与人在实际实行行为中发挥的作用大小，而不是行为所体现的是谁的意志这类不易操作且模糊的主观标准。③（3）行为事实支配说，是由实质地理解构成要件的实行行为成为行为事实支配论的实质来源，Gallas 教授认为犯罪事实支配论是对构成要件该当行为的"松绑"解释。④ 因此，实质客观说与行为事实支配论不能混同。实质客观说和行为事实支配论无论如何发展，始终不能忽视形式客观说的基础性存在。

对帮助型正犯理论基础的理解，采用形式客观说观点进行帮助型正犯与共犯的区分，而它的正犯性原理上既要坚持形式客观说的基本立场，同时又要借鉴实质论的重要作用说为其正犯化进行更为充分的补强和说理，即之所

---

① 参见许泽天：《强制支配：犯罪支配概念的具体续造》，《东吴法律学报》2010 年第 3 期。

② 参见许泽天：《强制支配：犯罪支配概念的具体续造》，《东吴法律学报》2010 年第 3 期。

③ 参见刘艳红：《论正犯理论的客观实质化》，《中国法学》2011 年第 4 期。

④ *See* Claus Roxin. *Strafrecht, Allgemeiner Teil*. Band 2, 2003:25-30.

以将共犯行为独立规定为实行行为，是因共犯行为在正犯化前对犯罪结果的实现起到了必不可少或者至关重要的作用。帮助型正犯都是分则规定实施构成要件的实行行为人，但是，在正犯化的帮助型正犯问题上，原本的帮助者成为正犯不止于构成要件形式判断的理由，更为强调的是重要作用说的实质客观确证。刑法为什么只将极少数实施帮助行为之人规定为正犯，就是因其在共同犯罪中对犯罪结果的发生起到了重要的作用。而重要作用的程度就"必须和正犯等量齐观的是，对犯罪行为的实施给予必不可少的加功行为的人，没有这样的加功行为犯罪就不可能被完成"①。或许，有人会质疑，在我国作用分类法的共犯体系下实质客观理论的采用显得多余，行为人实施的教唆行为、帮助行为发挥了重要作用，直接认定为主犯，就能实现罪责刑相适应。殊不知，主从犯立法区分参与人的作用大小指向的是量刑问题，并没有在共同犯罪人分工定性问题上发挥足够的优势。此外，实质客观理论最为重要的仍然是对实行行为的价值修正，重视的仍是构成要件的定型。② 这正是作用分类法的局限性，重视量刑忽视行为的定性，正犯化的帮助型正犯不仅仅是量刑的合理需要，也是定性的基本要求。换言之，入罪化的帮助型正犯自不必赘述，正犯化的帮助型正犯将帮助行为规定为实行行为。不仅是追求量刑上的适当，更为真实的目的是扩大处罚的范围，将未遂的帮助行为、间接帮助行为等纳入犯罪评价体系。

综上，不论从区分制参与体系的基础——限制正犯概念，抑或从区分正犯与共犯的理论学说——形式客观说和实质客观说，帮助型正犯都有存在的形式基础和实质确证。因此，型构帮助型正犯的概念不仅没有逻辑上的阻碍，还获得了理论上的支撑。将分则规定实施"帮助性质"实行行为的人，确定其正犯的地位是可行的，无需表现出"时而共犯时而正犯"的犹疑。随着帮助型正犯各罪的增多，这一概念的确立显得很有必要。

---

① 参见刘艳红:《论正犯理论的客观实质化》,《中国法学》2011 年第 4 期。
② 参见刘艳红:《论正犯理论的客观实质化》,《中国法学》2011 年第 4 期。

（二）帮助型正犯是正犯类型的理论扩容

正犯有法定类型和理论类型的区分，法定类型的正犯指的是直接正犯、间接正犯和共同正犯，分别规定在德国刑法典第 25 条第 1 款和第 2 款、日本刑法典第 60 条、韩国刑法典第 30 条的规定。还有学者根据法定正犯进行理论正犯的概括，如奥地利刑法学者 Burgstaller 则尝试从质的从属性诠释本国刑法第 12 条的规定，因而承认三种正犯形态：直接正犯、决定正犯和加功正犯。奥地利刑法第 12 条规定，不仅直接行为人，唆使他人实行犯罪行为或者对其他犯罪行为有贡献者，亦属于实行犯罪行为。我国刑法没有规定正犯，自然就无法定正犯类型之立场。帮助型正犯是对分则规定的某类具有共同特征的犯罪现象的概括，而分则是以单独正犯模式为常态，认为帮助型正犯属于单独正犯也不乏妥当性。然而，帮助型正犯如何成为正犯的类型才是研究的重点。

其一，按照罗克辛教授的描述，正犯可以划分为支配犯、义务犯和亲手犯三种类型。支配犯是指在一般犯罪中，始终是独立支配或与他人共同支配构成要件行为的人。亲手犯是因亲手实现构成要件的人才能被视为犯罪实施过程中的核心人物。义务犯的观点认为，正犯等于犯罪过程中的核心人物是通过违背其构成要件特别规定的特定义务而侵害的结果。[1] 据此认为，这样的正犯类型并不具有唯一性，在大多数犯罪中，亲手犯通常独立支配构成要件的行为，少数是例外。义务犯也可以通过不作为的方式实施构成要件的行为。但是不可否认的是，将帮助型正犯区分为前述的三种类型（支配犯、义务犯和亲手犯），就会得出如下的结论：支配犯中的独立支配型正犯是帮助型正犯各罪的常态，只是正犯化的帮助型正犯不能通过支配论来解释其帮助行为转变为实行行为的正当性和合理性，因为被帮助人实行犯罪行为，必须是被帮助人自己支配犯罪的进程，帮助行为人不得有支配参与的主观故意与

---

[1]　参见克劳斯·罗克辛：《正犯与犯罪事实支配理论》，劳东燕译，《刑事法评论》2009 年第 2 期。

客观行为,否则帮助行为人就成为共同正犯了。[1] 有两个典型的义务犯,即第 286 条之一拒不履行信息网络安全管理义务罪与第 311 条拒绝提供间谍犯罪、恐怖主义犯罪、极端主义犯罪证据罪。因此,三种类型的正犯均不能全部周延帮助型正犯的全部各罪,尝试拓展新的正犯类型也是不错的选择。

其二,有学者将正犯的类型分为纯正正犯和修正正犯,前者是指具体实施刑法分则基本构成要件行为的犯罪人;后者是基于行为的事实支配可能,通过他人实行犯罪的犯罪人。[2] 而我们所熟知的单独正犯、间接正犯、共同正犯是德国刑法所规定的三种正犯的表现形式。[3] 此外,还有理论上探讨的共谋共同正犯、承继的正犯、同时犯。纯正正犯和修正正犯作为立法上或者理论上几种正犯表现形式的上位概念,即纯正正犯包括了单独正犯、同时正犯和共同正犯,修正正犯主要有间接正犯、共谋共同正犯和继承的正犯。[4] 修正正犯的类型或者表现形式并非正犯产生伊始就存在,而是在司法实践过程中,通过不断反思出现的新情况和新问题而形成。这就是意味着正犯类型具有一定程度的开放性,并非被严格禁锢了范围。按照论者对纯正正犯和修正正犯的阐释,可以推导出以下的结论:(1)采用不同的评价标准。纯正正犯的判断标准是实行行为必要说,而修正正犯的评价是基于行为的事实支配可能,前者是坚持限制正犯概念"正犯=实行犯"的基本立场,后者是限制正犯概念之外扩张正犯的类型,对实行行为的修正而产生的正犯。(2)核心的区别在于纯正正犯是行为人亲自实施犯罪的基本构成要件的行为,修正正犯不是直接实施犯罪构成要件的行为,只是对构成要件之行为的修正。不能不说论者对正犯的理论划分,简化了正犯理论和类型的复杂性。但是,并非就没有问题,行为事实支配论内含了形式客观说的理论逻辑,却不能在正犯判断上共存。因为行为事实支配论旨在取代形式客观说,而不是纯粹为了

---

[1] 参见徐伟群:《通往正犯之路:透视正共犯区分的理论》,《台大法学论丛》2011 年第 1 期。

[2] 参见童德华:《正犯的基本问题》,《中国法学》2004 年第 4 期。

[3] 参见克劳斯·罗克辛:《正犯与犯罪事实支配理论》,劳东燕译,《刑事法评论》2009 年第 2 期。

[4] 参见童德华:《正犯的基本问题》,《中国法学》2004 年第 4 期。

弥补形式客观说的漏洞。因此，从正犯的形式客观判断再到行为事实支配的实质判断逻辑是有瑕疵的。对形式客观的正犯判断进行补充的只能是实质客观论，不能是行为事实支配说。

借鉴纯正正犯和修正正犯的基本原理，采用形式的标准理解帮助型正犯属于纯正正犯，需要考虑的是正犯化的帮助型正犯是否是修正正犯的问题。毕竟，将原本纳入共犯评价的帮助行为，直接作为规定为构成要件的行为，以此成立的正犯是否为修正的存在应该得到关注。入罪化的帮助型正犯和正犯化的帮助型正犯在未被规定成为分则构成要件行为前，前者不构成犯罪，后者需要被评价为共犯的帮助行为。易言之，原本的帮助行为成为实行行为，是不是对实行行为的修正导致了正犯的修正。从修正正犯的视角考察可见：（1）正犯化的帮助型正犯并没有实行行为的修正，只是实质地理解构成要件的实行行为，构成要件行为的实质化仍然是实行行为的本身，并未被修正。（2）修正正犯的三种类型，即间接正犯、共谋共同正犯和承继的正犯均不是分则的明文规定，正犯化的帮助型正犯已经被刑法规定在分则的条文中。（3）修正正犯以行为事实支配论成为正犯，间接正犯、共谋共同正犯在犯罪参与中具有一定的决定性，而正犯化前的帮助行为对犯罪而言是没有支配性的。尽管有研究认为，"鉴于某些帮助行为逐渐从原来的共犯形态中获得了独立性甚至主导性，同时伴随大量具有严重社会危害性的帮助违法行为的出现"[1]。独立性和主导性是否等于支配性和决定性是有疑问的，而且"具有严重社会危害性"的界限并不是很清楚。因此，不宜认为实施的帮助行为具有犯罪事实支配性就成为正犯的实行行为，这将陷入循环论证。就是说已经由行为事实支配论区分出来的共犯，又因行为事实支配论成为正犯。

因此，帮助型正犯是纯正正犯，不是修正正犯。即使实质理解构成要件行为，将原本属于共犯的帮助行为作为正犯的实行行为（图1—2）。这并不能说明帮助型正犯与修正正犯是相同的概念，即实行行为的修正促使正犯的修正的理论逻辑。只能说正犯化的帮助型正犯虽属于纯正正犯，却与入罪化

---

[1]　于冲：《帮助行为正犯化的类型研究与入罪化思路》，《政法论坛》2016年第4期。

的帮助型正犯有所不同，入罪化的帮助型正犯仅有构成要件实行行为的判断即可。正犯化的帮助型正犯还需要考量在原共同犯罪中，帮助者显然不是亲自实施构成要件的行为人，经立法规定了独立的构成要件，成为犯罪的实行行为，而共同犯罪就不再对此类帮助行为进行评价。此类犯罪的构成要件的实行行为从实质的观点解读其内在性，否则，将帮助行为直接规定为犯罪的实行行为确实让人难以理解。

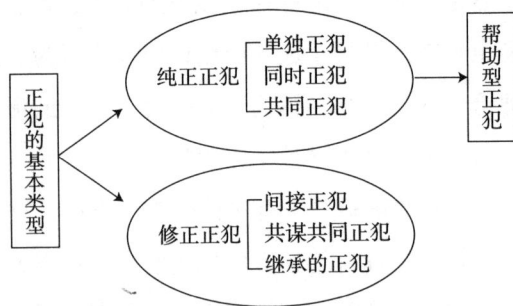

图1—2　帮助型正犯的正犯类型归属

其三，帮助型正犯是从单独正犯中抽象出来的一类实施了"帮助性质实行行为"之人，又因正犯化的帮助型正犯需要从实质客观论的维度理解将共犯行为独立规定为构成要件的实行行为而保有个性。如此一来，帮助型正犯在单独正犯的范畴，又稍显自我的特性。然而，随着此类型"单独正犯"的规模不断扩大，并呈现规模化、类型化的发展趋势时，为了与其他单独正犯相互区别，考虑将其作为单独正犯的下位概念之帮助型正犯进行探讨。立法上扩充帮助型正犯的罪名，理论上对其研究要求更加的系统化和精细化，直接作为正犯类型扩容的帮助型正犯也未尝不可，更何况它与一般意义上生成的单独正犯还是有些许的差异。

三、帮助型正犯概念的基本界定及其理论分类

明确帮助型正犯概念及其特征是本书研究的逻辑起点，诚是"概念乃是解决法律问题所必需的和必不可少的工具，没有限定严格的专门概念，我们

便不能清楚地和理性地思考法律问题"①。将原本以共犯评价的帮助行为独立规定为构成要件的行为以及非共犯帮助性行为入罪化的立法实践，应该得到理论的合理回应。尽管与此问题相关的研究并不少见，却存在"时而正犯或者时而共犯"的犹疑。究竟诸如资助危害国家安全犯罪活动罪、帮助恐怖犯罪活动罪、协助组织卖淫罪等立法现象属于共犯问题，或是正犯与共犯研究均存在的问题，亦只属于正犯问题，理论上并没有进行明确的定位。本书的基本立场是坚持把立法上的此类现象纳入正犯的研究范畴，同时借助共犯理论进行分析。下文将从正犯理论的视角，围绕该现象的相关问题进行重点讨论。在未来的刑法理论中，承认帮助型正犯作为正犯的理论类型或者表现之一也不是没有可能。

（一）帮助型正犯概念的既有研究及其问题

帮助型正犯并不是一个全新的概念，或者说这一概念的首次提出并非本书。有学者曾在其论著中为帮助型正犯下定义，"作为论理的必然，以自己的行为或者通过他人的行为实现该类犯罪构成中客观方面构成要件的当属于正犯，就是帮助型正犯"②。该学者还进一步认为，帮助型正犯是针对刑法分则规定的部分犯罪，其实行行为并非本源意义上的实行行为，只是共同犯罪中的共犯行为，由于刑法分则的特别规定而成为独立的实行行为。并指出，此种帮助型正犯既有别于刑法分则中以纯正的实行行为为构成要件客观方面要素的犯罪类型，也不同于刑法总则或者刑法理论上的帮助犯。③ 对此，本书部分赞同该论者提出的观点，即帮助型正犯与共犯中的帮助犯有所不同，并且直接把其定位于正犯范畴的研究。同时指出，论者对帮助型正犯概念的概括和总结并不全面，"因为在型构和界定法律概念时，偏离了其中心含义

---

① E.博登海默:《法理学、法哲学与法律方法论》，邓正来译，中国政法大学出版社 2004 年版，第 504 页。

② 张伟:《帮助犯研究》，中国政法大学出版社 2012 年版，第 179—180 页。

③ 参见张伟:《帮助犯研究》，中国政法大学出版社 2012 年版，第 180 页。

就会陷于模糊不清的境地"①。

首先，以自己的行为或者通过他人的行为实现犯罪客观方面的构成要件，是正犯本身的概念，直接套用在帮助型正犯上，并没有凸显出帮助型正犯的特征。尽管在定义中，限定的"该类犯罪"是指原本属于共犯行为，只是刑法分则的特殊规定成为独立实行行为的犯罪类型。但是，概念的内容本身并没有这样的体现，必须要先交代清楚前提，然后从所做的铺垫中推导出帮助型正犯的概念。与其说是概念，毋宁是推导结论的过程。对于一个概念而言，理应反映该事物的属性，是对某一社会现象属性的认识和概括，而在论者对帮助型正犯概念的阐释中，并没有遵循"下定义"的规律。

其次，论者所指定的"该类型的犯罪"圈定了其范围是共犯行为，就容易使人误解为以成立共犯为前提，由于立法上的特殊处理使得原本的共犯成为正犯。对这一观点的认识至少存有两个诘难：其一，既然已经成立帮助犯，就不能转换成正犯，因为帮助犯就是在与正犯的区别中产生的。只能认为原本被评价共犯的帮助行为，因分则的特别规定直接作为正犯的实行行为，以此产生正犯。如相似的情形"望风"行为虽未被规定在分则中，客观上却对正犯的行为提供了帮助，被评价为共同正犯而非帮助犯，即其行为是共同实行行为而非帮助行为。如果实施了帮助行为评价为帮助犯，就没有转变成为正犯可能，因为正犯与帮助犯本就基于一定的理论区分而来。其二，没有认定为共犯的"帮助性行为"为什么不能被包括在帮助型正犯之内，论者也没有提供充分的理由。毕竟，将帮助行为直接规定为正犯的实行行为是极少数的情形，非共犯帮助性行为入罪化的情形才是帮助型正犯的主要来源。如《刑法》第417条帮助犯罪分子逃避处罚罪、第392条介绍贿赂罪等，这类实施了帮助性行为的人没有被分则规定就不构成犯罪，也不成立帮助犯。但是，将其拒斥在帮助型正犯之外的理由是什么？难道论者只是在身份上对其进行转换，不考虑行为的"帮助"特征，这似乎又与其概念中对

---

① Arthur Nussbaum.*Principle of Private International Law*.Oxford University Press Published,1943:188.

非本源意义上的实行行为等考量相互矛盾。因此，既然是帮助型正犯就应该与帮助行为或者"帮助性质"的实行行为有关，不能只限于可以成立共犯的帮助行为，非共犯的帮助性行为理应予以充分的考虑。此外，需要注意的是认定为共犯的帮助行为，是基于分则没有特别规定的前提下，已经有了规定就直接认定为实行行为。所谓帮助行为的视角，主要是假设没有分则的规定所引起的后果。

再次，按照该论者的理解帮助型正犯原本是实施共犯行为之人，只是由于刑法分则的特别规定而成为独立的实行行为，因此认定为正犯。试问刑法为什么不把所有的帮助行为做特别的规定？唯独对某些特殊的帮助行为独立成为分则的实行行为，其正当理由什么？论者似乎没有在这个很重要的问题上多着笔墨，只是指出部分犯罪的实行行为并非本源意义上的实行行为。而与本源意义上的实行行为有什么区别？非本源意义上的实行行为又是通过什么样的过程转换或者拟制成为实行行为？其理由什么？此种变化的合理之处或者不合理之处何在，都没有进一步阐释。着实是一种遗憾，而这些问题则关乎帮助型正犯概念的存在价值与意义。

最后，按照论者的阐述有一个逻辑漏洞。既然认为帮助型正犯是以自己的行为或者通过他人的行为实现该类犯罪构成中客观方面的构成要件，却又只承认共犯中帮助行为被分则独立规定成罪的情形属于帮助型正犯，共犯中帮助行为确实属于通过他人的行为实现犯罪构成客观方面的构成要件，那又何来以自己行为实现犯罪客观构成要件之说。这样看来，论者对此概念的阐释还是有瑕疵的。

概括而言，既有研究在帮助犯研究中提出帮助型正犯这一概念，其前瞻性是值得肯定的。毕竟，是继正犯的现有类型之外，出现了一个新的正犯类型或者说表现形式，在一定意义上来说是在已有基础上的扩展性研究。随着时代的变迁，犯罪类型的异化松绑了"帮助行为"传统"促进"意义上的束缚，在某些犯罪中已经僭越了"促进"、"援助"的固有认知，发挥了与实行行为相当甚至更为关键的作用。诚如，时代变迁与犯罪类型的不断异化，原本作为共犯评价的帮助行为的社会危害性日益凸显，其在犯罪中的地位逐

渐由附属性演变为独立性、由从属性演变为主导性，在犯罪中的地位和性质
发生了根本变化。[①] 此类帮助行为由于社会危害性的升高，应当摆脱共犯地
位的束缚予以正犯化处理。[②] 倘若仍按照共犯处罚，一方面适用法定从轻、
减轻或者免除，势必会导致刑法实质正义的递减，因为法律不仅仅是实现利
益、维持秩序的容器和工具，也承载了正义的价值根基。另一方面实施了具
有"帮助性质"行为的部分行为人既不能成立共犯，也不能进入共犯处罚体
系，而行为确实又有社会危害性或者法益侵害性。尝试将其作为正犯来看待
不仅达到拓宽研究视野的效果，更为重要的是为司法实践处罚共犯、未遂提
供了便利。然而，表述帮助型正犯概念的内涵和外延时还需要尽可能地做到
内容的明确性、语义的非模糊性以及说理的充分性等。

（二）与帮助型正犯相近概念的聚讼及其辨析

除了极少数学者直接提出帮助型正犯的概念外，另有研究将刑法中的此
类现象各自定义的其他情形。研究的对象要么是帮助犯正犯化现象，要么是
分则所有与"帮助"有关的罪名，还有就是不构成共犯的帮助行为独立成罪
现象。尽管定义五花八门，研究对象上却相差无几，只是范围大小的区别。
最常见的是帮助型犯罪的概念，其在理论中的提出始肇于本世纪初期。之
后断断续续会有少数的专题研究或者在相关研究中有所涉及。[③] 就目前的情
况来看，事关帮助型犯罪定义的代表性观点主要有四种：(1) 分则特别规定
论，大意指的是帮助行为并没有因为分则的规定发生性质上的改变，仍然是
帮助行为，之所以构成独立犯罪的行为，只是由于分则的特别规定。[④] (2) 有

---

① 参见于冲：《帮助行为正犯化的类型研究与入罪化思路》，《政法论坛》2016 年第 4 期。

② 参见于志刚：《网络犯罪与中国刑法应对》，《中国社会科学》2010 年第 3 期。

③ 帮助型犯罪概念最早见于阴建峰、周加海：《共同犯罪适用中疑难问题研究》，吉林人
民出版社 2001 年版，第 544 页。知网以"帮助型犯罪"为主题检索的成果有：汪红飞：
《帮助型犯罪问题研究》，《浙江万里学院学报》2003 年第 5 期；徐牧驰：《帮助型犯罪基
本问题探讨》，《鞍山师范学院学报》2005 年第 5 期；陈焕友：《帮助型犯罪研究》，《广
东开放大学学报》2016 年第 4 期。

④ 参见汪红飞：《帮助型犯罪问题研究》，《浙江万里学院学报》2003 年第 5 期。

通谋的帮助行为论，与分则特别规定论的唯一区别，就在于把范围限定在只能是帮助者与关联行为人有通谋的情形。[①]（3）帮助型犯罪论，帮助型犯罪就是帮助型正犯，二者是同一的概念，既有别于分则中以形式的实行行为为构成要件客观方面要素的犯罪类型，又与总论的帮助犯不同。[②]（4）实行行为论，就是直接把帮助行为作为实行行为来看待的观点。申言之，分则将某种帮助行为规定在分则中，该帮助行为的性质就发生转变，成为被规定犯罪的实行行为。[③]

针对上述几种有关帮助型犯罪形成的观点进行分析和考究。首先，分则特别规定论，一方面认为即使分则将帮助行为独立规定也不会导致"帮助行为"性质的改变；另一方面又认为独立成犯罪的行为，是分则的特别规定。通常来看分则规定的各罪的构成要件的行为，即实行行为。如果构成要件的行为仍是帮助行为，那么构成要件就失去了定型的意义，将会导致帮助行为与实行行为之间的边界坍塌，继而又重回单一正犯概念或者扩张正犯概念的"窠臼"。其次，在有通谋的帮助行为论中，将会有大量的帮助行为被分则独立成罪，尤其承认犯意联络的共犯人立法，容易得出"所有实施帮助行为的人都是正犯"的结论。事实上，帮助行为正犯化是立法上的无奈选择，不可泛滥，应该有更为充足的理由。帮助型正犯论有一定的合理性，认识到这类犯罪的特殊性是适当的。但是，入罪化的帮助型正犯之实行行为与构成要件行为的形式判断并没有本质的区别，只是正犯化的帮助型正犯要在构成要件实行行为的问题上加以正犯实质客观论进行更强的说明。论者并没有进行区分，是不全面的。最后，实行行为论直接将帮助行为作为实行行为来看待，这是最接近帮助型正犯的理解，分则已经独立规定了构成要件的行为，理应直接以实行行为论。然而，"帮助行为"只有在共犯中才有存在意义，言外之意就是既然认定为帮助行为，就有被共犯体系所评价的可能。不能被共犯认定具有"帮助性质"的行为因分则的规定成为实行行为，显然没有被

---

① 参见徐牧驰：《帮助型犯罪基本问题探讨》，《鞍山师范学院学报》2005 年第 5 期。

② 参见张伟：《帮助犯研究》，中国政法大学出版社 2012 年版，第 180 页。

③ 参见何荣功：《论实行行为的概念构造与机能》，《当代法学》2008 年第 2 期。

纳入其考察的对象。

此外，除帮助型犯罪外，拟制正犯是又一相近的概念。有学者把刑法分则中由帮助行为该当构成要件罪名的现象称为拟制正犯，就是《刑法》将一些明显是帮助行为、教唆行为的犯罪，认定为了正犯的现象。[①]"拟制"一词在刑法中出现的原型就是刑法分则的"法律拟制"，意指原本不符合某种规定的行为也按照该规定处理，有意地将明知为不同者，等同视之，旨在将针对某一构成要件所做的规定，适用于另一构成要件。[②]刑法设置法律拟制的理由在于，立法者基于某种价值目的的考虑，不论事实上的真实性，有意用现有的法律概念、法律规范去解释和适用社会生活中出现的新情况、新问题，以将不同事物等同对待并赋予其相同的法律效果，从而达到既能适应社会需要又能体现法律基本价值之目的。[③]然而，法律拟制仅具有形式上的合法性缺乏实质正当性而遭受诟病，因其仅是借助法律工具主义成为正犯。本质上，帮助型正犯就是法律拟制的再续造，尽管带来种种的不利和弊端。然而，现有刑法对帮助行为的传统处罚模式确实不能应对日益复杂的犯罪，可以说拟制正犯的出现是不得已而为之，却又是不可避免的。在考夫曼、埃塞尔等学者看来，法律拟制就是法律类推，应该是有界限的。[④]由此可以认为，法律拟制不是被刑法绝对禁止的，在一定的限度内，其所发挥的漏洞补充功能是有积极意义的。在文中未采用拟制正犯概念而是以帮助型正犯为题，理由在于拟制正犯的范围和内涵大于帮助型正犯，拟制正犯还包括了预备行为正犯化、教唆行为正犯化的正犯类型。尽管承认帮助型正犯是拟制正犯的部分，却不可忽视法律拟制本身的弊端，即极有可能带来制定法文字上的生态灾难，从而导致刑法的客观性、明确性以及预测性等诸多重要价值被彻底虚置。因此，帮助型正犯的范围必须控制在合理的范围内，不能肆意扩张，对

---

① 参见白洁:《拟制正犯范围之限制》,《法学杂志》2013 年第 7 期。

② 参见张明楷:《刑法学》(5 版),法律出版社 2016 年版,第 675 页。

③ 参见刘宪权、李振林:《论刑法中法律拟制的设置规则》,《中国刑事法杂志》2013 年第 9 期。

④ 参见阿图尔·考夫曼:《法律哲学》(2 版),刘幸义译,法律出版社 2011 年版,第 122 页。

其进行必要性限缩的考量。

帮助型正犯是类型思维在刑事立法中的体现，尽管刑法的人权保障机能以及罪刑法定原则，是把追求安定性作为第一目标，但"刑法在思维方式的选择上，概念思维似乎最切题意却不是唯一"[①]。因为"概念思维的缺陷——封闭性、规范意义的固定性、价值的单一性与当代社会生活的易变性、价值多元性常发生冲突。特别是在一些新型的或者疑难的案件中，概念思维的明确性、安定性往往是以牺牲刑法的实质正义与合目的性为代价的"[②]。这样看来，可以说帮助型正犯体现了类型思维的刑事立法运用，更具体地说是构成要件的不法类型。也就是说，立法者如何在千变万化的帮助行为中将其类型化成为刑法中构成要件客观方面的实行行为。帮助型正犯的主旨就是将帮助行为类型为构成要件的行为，很大程度上来看是构成要件的类型化，不单单是帮助行为的问题。因此，既然是构成要件的类型化，就不把成立共同犯罪的帮助犯作为考虑的对象，其帮助行为并不是构成要件的行为类型。

（三）帮助型正犯概念的重新阐释及特征

作为本书的研究内容和研究对象，有必要对其基本内涵重新作出明确的界定，以此为研究展开铺垫。毕竟，"概念对于法律范畴及其相互关系的正确理解，是法律任何一门科学研究不可少的前提"[③]。而帮助型正犯的研究亦是如此。在本节中，帮助型正犯的定义及其特征揭示了"是什么"的问题，其根本目的是为了更充分论证它存在的合理性。我们认为，帮助型正犯是指由分则明文规定的，实施具有"帮助性质"实行行为的正犯。根据实现路径的不同，可以区分为非共犯帮助性行为入罪化和帮助行为正犯化的两种情形。

[①] 齐文远、苏彩霞：《刑法中的类型思维之提倡》，《法律科学》（西北政法大学学报）2010 年第 1 期。

[②] 吴学斌：《刑法思维之变革：从概念思维到类型思维：以刑法的适用为视角》，《法商研究》2007 年第 6 期。

[③] 阿图尔·考夫曼：《法律哲学》（2 版），刘幸义译，法律出版社 2011 年版，第 121 页。

现阶段在刑法中直接规定正犯概念的，仅限于为数不多的几个国家之刑法典，例如《德国刑法典》第 25 条就规定了正犯是自己实施犯罪或者通过他人实行犯罪者；《日本刑法典》第 60 条则认为正犯是由二人以上共同实行犯罪而产生；《韩国刑法典》第 30 条规定二人以上共同犯罪的，各以该罪的正犯处罚。与此形成鲜明对比的是，我国刑法没有规定正犯的内容，而理论上倾向于正犯即为实行犯的传统认知。实行犯也不是我国刑法规范意义上的概念，引进此概念的初衷，是为了区分共同犯罪中犯罪行为的实行者与犯罪行为的加功者之不同的地位与分量的需要而创设，其原意是指直接实施犯罪行为的人。[1] 继 1919 年《苏俄刑法指导原则》明确将共同犯罪人分为实行犯、教唆犯和组织犯，并为 1960 年《苏俄刑法典》所沿用，直至现行的《俄罗斯联邦刑法典》第 33 条仍然规定了直接实施犯罪或者与其他人（共同实行犯）共同实施犯罪的人，以及利用因年龄、无刑事责任能力或本法典规定的其他情况而不负刑事责任的人实施犯罪的，都是实行犯。[2] 现在越来越清晰地表明正犯就是实行犯的观点已经发生了扭转，二者之间并不是完全的等置关系。申言之，正犯与实行犯并非同一的概念。具体地看，一方面正犯是相对共犯来说的，"是在犯罪参与形态的属概念基础上划分的种概念，二者不可以分开；而实行犯即实行行为者，与非实行行为者相对应，非实行行为者包括了狭义的共犯、预备行为者和组织行为者"[3]。是故，狭义的共犯被包含在非实行行为者之中，非实行行为者的外延大于狭义共犯。另一方面正犯除了实行犯一种表现形式外，非实行犯也可能成为正犯。例如，共谋共同正犯的共谋者和组织犯罪的组织者都没有直接实施实行行为。因此，正犯和实行犯不是相同的概念已然得到肯定。明确正犯的概念及其与实行犯（实行行为）之间的关系，旨在为了更好地推导出帮助型正犯的定义和特征。毫无疑问的是帮助型正犯属于正犯，是正犯的基本类型之一，因而其必定具有正犯的全部或者部分特性，与其他类型的正犯相比，又具有特殊性的一面。

---

[1]　参见叶良芳：《实行犯研究》，浙江大学出版社 2008 年版，第 9 页。

[2]　参见《俄罗斯联邦刑法典释义》（上册），中国政法大学出版社 2000 年版，第 77 页。

[3]　朴宗根：《正犯论》，法律出版社 2009 年版，第 38—39 页。

厘清了帮助型正犯的基本内涵及其与之相关联概念的关系，便不难看出它的基本特征，现将其概括如下：

1. 帮助型正犯发展成为正犯的基本理论类型之一，是从单独正犯中抽象出实施"帮助性质"实行行为之人。按照纯正正犯和修正正犯的区分，属于纯正正犯又与一般纯正正犯的形式判断有些许的差异。作为正犯类型的扩容，帮助型正犯由入罪化的帮助型正犯和正犯化的帮助型正犯两种组成形式。前者是单独正犯没有争议，后者会让人产生质疑，即将原本是共犯的帮助行为直接规定为分则构成要件行为，能否认定为实行行为，以确认正犯。这是由于构成要件行为仅采用形式判断导致的问题。实质地理解构成要件的行为就能对其正犯的地位予以合理地认定。

2. 入罪化的帮助型正犯与正犯化的帮助型正犯有差别，是根据没有刑法分则规定时二者各自的法律效果来看的。前者不是犯罪行为，后者可被评价为共犯的帮助行为，参与了他人实行犯罪。也就是说，归属于正犯，却以犯罪参与形态为依托，否则不可能有后来发展成为正犯的前提。这就与形式客观认定实行行为意义上的正犯有所区别。

3. 帮助型正犯是在承认我国共犯属于区分制体系的前提下展开的。质言之，只有在区分制共犯体系下才会有帮助行为正犯化的可能性探讨。为什么我国的共同犯罪制度长期以来一直存在着系单一制或者区分制的学术纷争呢？主要源于不同于德、日刑法在参与形态下的分工分类法，把参与人分为共同正犯、教唆犯、帮助犯，而我国刑法对共同犯罪人类型的划分，主要是依据其在犯罪中的作用来区分，即主犯、从犯、胁从犯三种，又混合了分工分类的方法，承认教唆犯的类型，而"区分制和单一制之间的差异性来自于是否对作用于犯罪的所有犯罪参与人"[1]。根据其参与的形式，区分为正犯和共犯，作用分类法显然与此没有太大的关系。因此，作用分类法为主导的中国特色

---

[1] 梁根林：《当代刑法思潮论坛：刑法体系与犯罪构造》，北京大学出版社 2016 年版，第 296 页。

犯罪参与体系，同样也要面对是单一制亦是区分制的拷问。① 确切地说，本书更赞同将它归于区分制共犯体系下实行的"双层区分制"共犯立法模式的观点，也就是以作用分类为主，兼顾了分工分类法。强调帮助型正犯是建立在区分制共犯体系下，是因为在单一正犯体系中立法仅仅于概念、类型上区别了特定的行为类型，在构成要件上又将全部参与者同等对待。也就是说，按照单一制正犯体系的理解，帮助行为原本就属于构成要件的行为类型，所有实施了加功于构成要件的行为人均是正犯，无需从法理上为此寻找正当理由。

（四）帮助型正犯的理论类型

界定帮助型正犯的概念、特征以及性质，而基本类型也应包含其中。对其基本类型的划分大有"横看成岭侧成峰，远近高低各不同"之势，因为根据不同的划分标准，帮助型正犯的类型也会有所不同。申言之，从不同的维度观察帮助型正犯，可以得出不同的类型。关于我国刑法分则究竟规定了多少种帮助型正犯，现有研究已经有所涉及。总体来看，主要分为四分法、六分法以及十八分法。四分法包括了第 107 条资助危害国家安全犯罪活动罪，第 307 条帮助毁灭、伪造证据罪，第 358 条协助组织卖淫罪以及第 417 条帮助犯罪分子逃避处罚罪。② 六分法则增加了第 306 条辩护人、诉讼代理人毁灭证据、伪造证据、妨害作证罪，第 112 条资敌罪。③ 在主张十八分法的学者看来，除了六分法包括的种类外，应该还有第 111 条的为境外非法提供国家秘密、情报罪，第 120 条帮助恐怖活动罪，第 156 条走私罪的共犯，第

---

① 目前来看，大多数学者赞同我国共犯参与体系属于区分制而非单一制，主张单一制的学者是极少数。例如，刘明祥：《论中国特色的犯罪参与体系》，《中国法学》2013 年第 6 期；江溯：《区分制共犯体系的整体性批判》，《法学论坛》2011 年第 6 期；江溯：《关于单一正犯体系的若干辩驳》，《当代法学》2011 年第 5 期。二者同样是主张我国犯罪参与体系是单一制，但在有关区分制和单一制划分的标准问题上有所不同，前者是根据参与形式进行的区分，后者是把是否对构成要件和处罚方面进行分离作为区分的标准。

② 参见阴建峰、周加海：《共同犯罪适用中疑难问题研究》，吉林人民出版社 2001 年版，第 544 页。

③ 参见汪红飞：《帮助型犯罪问题研究》，《浙江万里学院学报》2003 年第 5 期。

310 条窝藏、包庇罪，第 312 条掩饰、隐瞒犯罪所得、犯罪所得收益罪，第 320 条提供伪造、变造的出入境证件罪，第 321 条运送他人偷越国边境罪，第 349 条包庇毒品犯罪分子罪，窝藏、转移、隐瞒毒品、毒赃罪，第 355 条非法提供麻醉药品、精神药品罪，第 359 条介绍卖淫罪，第 362 条包庇罪，第 363 条为他人提供书号出版淫秽书刊罪，第 392 条介绍贿赂罪。[①] 不得不说，十八分法更为全面。然在本书看来，这只是对刑法分则条文的梳理，并没有提供分类的理由，以至于出现了为什么这样分，同样是提供型的帮助行为，为什么第 355 条非法提供麻醉药品、精神药品是帮助型犯罪，而第 285 条的提供侵入、非法控制计算机信息系统的程序、工具罪不能包括其中。鉴于此，首要的问题是基于帮助型正犯呈现的不同特征，探讨其各异的分类标准，以解决当前分类的混乱，也便于司法实践的判断。

1. 以侵害的法益类型进行划分。在法益遭遇侵害时，其他制裁手段不充分的场合下才值得动用刑罚。尽管刑法的任务究竟是法益保护还是规范效力的确证，至今仍然存在争论。在学者雅各布斯极力主张的观点是刑法未必保护法益而应保护的是规范的效力。据此，受到保护的并不是我们称之为法益的那个东西：作为经验性事实的生命，而仅仅是禁止杀人的命令（规范的效力），"罪行是对规范效力的损害；而刑罚则是对规范效力的确证"[②]。雅氏的结论获得国内部分学者的追从，然刑法的任务归结为保护法益，已经成为通说的观点。[③] 法益这一概念本身颇具渊源，其历史基础是向格劳修斯、霍布斯去寻根，或是同施维格、奇普夫、毛拉赫、皮特·希奈等所主张的那样，去寻求 19 世纪初期的自由主义，素来有争议。[④] 在捕捉现代意义的法益概念创始人比恩鲍姆的前提下，考虑费尔巴哈的权利侵害说以及以此为背景的启蒙后期自然法思想，似乎也是妥当的。法益保护作为刑法任务的同时，也

---

① 参见张伟：《帮助犯研究》，中国政法大学出版社 2012 年版，第 180 页。

② 克劳斯·罗克辛：《对批判立法之法益概念的检视》，陈璇译，《法学评论》2015 年第 1 期。

③ 参见佐伯仁志：《刑法总论的思之道·乐之道》，于佳佳译，中国政法大学出版社 2017 年版，第 5 页。

④ 参见伊东研佑：《法益概念史研究》，秦一禾译，中国人民大学出版社 2014 年版，第 13 页。

是一种最高的法律原则，尽管因抽象性被诟病——无法为国家刑罚权设定边界，事实上法益概念的抽象性是可以通过一系列规则得以明确化的。① 近期学界鉴于法益概念在限制刑罚权的式微，进而提出了法益概念稀薄化的观点，法益概念随着社会阶段的发展，从最初使用是为了对中世纪以来得到扩张的、暧昧的犯罪概念进行实质性的限定 ——→ 实定性的方法论（目的论）的法益概念 ——→ 肯定了应给付对法益概念的立法性约束（限制机能）——→ 社会现实取入的法益论。从整体上来看，以 20 世纪 70 年代为分界点，之前对法益概念如"二战"前一般可以说是无批判继承的时代，之后转向打破闭塞的状况，到现在对法益概念内涵的稀薄化扩散。结果造成对法益概念关心程度的降低甚至出现在刑事不法论取代其地位的情况，诚如耶塞克所指出的：划定刑罚的保护乃至制裁的范围界限不是法益概念的问题……而是刑事政策的问题。法兰克福学者也曾表示，"20 世纪 70 年代以来，在德国以及整个西欧，刑事实体法和刑事程序法都呈现出不同的发展态势，同时也使得刑事政策得以强化。把各种新的构成要件引入刑法秩序中，立法上运用了抽象危险犯的手段，法益被模糊的表述，以便在应对社会现实的灵变时葆有生机和活力。刑事政策上绝对支配性的理念是预防。普遍存在的现象是规范性方向的迷失"②。不论如何，德、日等大陆法系国家的刑法理论，一般是以犯罪侵犯的法益为标准，采用不同的分类方法，即侵害公共法益与侵害私法益的犯罪二分法，或者侵害国家法益、侵害社会法益及侵害个人法益的犯罪三分法。

我国的罪刑各论体系一直与刑法分则体系保持一致，应该肯定的是，总体是按照国家法益、社会法益和个人法益的犯罪三分法安置罪刑各论的体系。尽管刑事立法具体情况与此有所偏差，但在价值取向上是保持一致的。根据所侵害的法益类型，分为侵害国家安全的帮助型正犯，侵害公共安全的帮助型正犯、破坏社会主义市场经济秩序的帮助型正犯、妨害社会管理秩序

① 参见克劳斯·罗克辛：《对批判立法之法益概念的检视》，陈璇译，《法学评论》2015 年第 1 期。

② 哈塞默尔：《面对各种新型犯罪的刑法》，载中国人民大学刑事法律科学研究中心组织：《刑事法学的当代展开》（上册），中国检察出版社 2008 年版，第 59—68 页。

的帮助型正犯、危害国防利益的帮助型正犯、贪污贿赂的帮助型正犯、渎职罪的帮助型正犯。通过查阅其他国家或者地区的刑法典发现，帮助型正犯存在的范围很广，具体的罪名分布展示于表1—1和表1—2中。

表1—1　根据侵害法益类型的不同，对帮助型正犯的罪名梳理

法益类型		罪名的分布及具体条文
危害国家安全罪（2个）		第107条资助危害国家安全犯罪活动罪；第111条为境外非法提供国家秘密、情报罪
危害公共安全罪（1个）		第120条之一帮助恐怖活动罪
破坏社会主义市场经济秩序罪（7个）		第141条提供假药罪；第142条提供劣药罪；第177条之一第1款妨害信用卡管理罪，第2款非法提供信用卡信息罪；第188条违规出具金融票证罪；第191条洗钱罪；第205条虚开增值税发票罪；第229条第1、2款提供虚假证明文件罪
妨害社会管理秩序罪	扰乱社会秩序罪（7个）	第284条之一第2款组织考试作弊罪，第3款非法提供试题、答案罪；第285条第3款提供侵入计算机信息系统的程序、工具罪；第286条之一拒不履行信息网络安全管理义务罪；第287条之二帮助信息网络犯罪活动罪；第290条第4款资助非法聚集罪；第294条第3款包庇、纵容黑社会性质组织罪
	妨害司法罪（5个）	第306条辩护人、诉讼代理人毁灭证据、伪造证据、妨害作证罪；第307条第2款帮助毁灭、伪造证据罪；第310条窝藏、包庇罪；第311条拒绝提供间谍犯罪、恐怖主义犯罪、极端主义犯罪证据罪；第312条掩饰、隐瞒犯罪所得、犯罪所得收益罪
	妨害国边境管理罪（1个）	第320条提供伪造、变造的出入境证件罪
	毒品犯罪（3个）	第349条包庇毒品犯罪分子罪；窝藏、转移、隐瞒毒品、毒赃罪；第354条容留他人吸毒罪；第355条非法提供麻醉药品、精神药品罪
	组织、强迫、引诱、容留、介绍卖淫罪（3个）	第358条协助组织卖淫罪；第359条容留、介绍卖淫罪；第362条窝藏、包庇罪
	制作、贩卖、传播淫秽物品罪（1个）	第363条为他人提供书号出版淫秽书刊罪
危害国防利益罪（1个）		第375条非法提供武装部队专用标志罪
贪污贿赂罪（1个）		第392条介绍贿赂罪
渎职罪（2个）		第405条第2款违法提供出口退税凭证税；第417条帮助犯罪分子逃避处罚罪
军人违反职责罪（1个）		第430条第2款非法提供军事秘密罪

表 1—2　其他国家或者地区的帮助型正犯立法例

其他国家或者地区	法益类型	对应的罪名和条文
德国刑法的帮助型正犯①	妨害性自主权	第 180 条促使未成年人为性行为（给予或者设法提供机会）；第 181 介绍娼妓
	侵害他人生命	第 216 条受嘱托杀人
	庇护和窝赃	第 257 条庇护；第 259 条窝赃
日本刑法的帮助型正犯②	内乱罪	第 79 条帮助内乱罪
	外患罪	第 82 条援助外患
	渎职罪	第 197 条之二向第三者提供贿赂
	伤害罪	第 206 条现场助势
	略取和诱拐罪	第 227 条移交被略取者
韩国刑法的帮助型正犯③	外患罪	第 95 条提供设施利敌；第 87 条提供物品利敌
	公务员职务犯罪	第 130 条提供贿赂予第三人
	脱逃、窝藏罪	第 147 条协助脱逃；第 148 条看守人员协助脱逃；第 151 条窝藏犯人
	伪证与湮灭证据罪	第 155 条湮灭证据
	妨害风化罪	第 242 条介绍卖淫
	杀人罪	第 252 条受托、承诺杀人
意大利刑法的帮助型正犯④	国事罪	第 270 条—3 协助结社者；第 270 条—4 为恐怖主义包括国家恐怖主义目的招募人员；第 270 条—5 为恐怖主义包括国际恐怖主义目的进行训练活动
	侵犯司法管理罪	第 378 条人身包庇；第 379 条物品包庇；第 386 条协助脱逃；第 390 条帮助他人不执行刑罚；第 391 条帮助他人不执行监禁性保安处分
	危害公共秩序罪	第 418 条帮助集团成员
	侵犯人身罪	第 580 条帮助自杀

通过表 1—1 和表 1—2，一方面说明了帮助型正犯在我国刑法分则罪名

----

① 参见《德国刑法典》，冯军译，中国政法大学出版社 2000 年版。

② 参见《日本刑法典》，张明楷译，法律出版社 2006 年版。

③ 参见《韩国刑法典及其单行刑法》，金永哲译，中国人民大学出版社 1996 年版。

④ 参见《意大利最新刑法典》，黄风译，中国人民大学出版社 2007 年版。

体系中的分布是很广的，只有单纯侵犯公民人身权利、民主权利和侵犯财产类犯罪没有此犯罪类型。从整个分布的情况来看，共有 34 个罪名，帮助型正犯罪名数目的庞大足以见其重要性。其中的扰乱公共秩序罪，走私、贩卖、运输、制造毒品罪，妨害司法罪，组织、强迫、引诱、容留、介绍卖淫罪等罪名在妨害社会管理秩序罪中则占有一定的数量，这也成为今后刑法修正中帮助型正犯重点的关注方向之一。罪名分布最多的是妨害社会管理秩序罪一章，共有 21 个罪名，数量占到了罪名总数的 60% 以上，这凸显了帮助型正犯立法的社会防卫性。另一方面通过对比其他主要国家或者地区的刑法典，帮助型正犯的立法实践是真实存在的，只是相关的罪名数量没有我国刑法分则规定的多。德、日、韩、意大利等国家罪名情形已经列出，在纽约州一些辖区也有相关刑事立法，特别针对网络服务提供商的帮助行为作出反应，制定了刑事便利化法令，将援助作为一项单独的犯罪予以惩罚。[①] 每个国家或者地区都有自己的文化、国情，借用学者的观点"中国无论怎样挪用西方，自始至终都有一个中国立场的存在，既包括对西方价值的取舍，也包括对自己古老智慧的化用"[②]。以德、日刑法为参照，我国刑法的严密性是不及的，这与中西方国家所处的环境紧密联系，也就是对待这一问题上要坚持历史唯物主义的立场。西方国家的刑事法治已基本完成，当前的社会矛盾主要是犯罪、个人与国家之间的抗衡。与此有别的是，我们不仅要应对个人和国家之间的矛盾和冲突，更为紧迫的是由风险社会引致的共同体对安全的需要。因此，帮助型正犯的立法范围扩张也是社会防卫和犯罪预防主导下的理性产物。

2. 以具体行为样态为根据划分的类型。简单地说，行为样态主要是指行为的表现形式。正如前文反复提及的一个观点，那就是"帮助行为"不是刑法知识结构的创造和发明，因而对其内在的阐释必须寻诸于其他的知识体系。行为既有"帮助"的外观或者特征，就应该置于帮助行为的表现形式之

---

① Kim Jong Goo. "Accomplice Liability through Neutral Behavior in the US Criminal Law", *Journal of Criminal Law*, 2012, 24（02）:77-108.

② 王人博:《法的中国性》,广西师范大学出版社 2014 年版, 第 243 页。

中，当然，共犯的帮助行为是一个刑法的规范概念，可以将其区分为共犯意义上的帮助行为和非共犯的帮助性行为。随着犯罪类型的增加、异化，帮助型正犯的行为样态呈现出多样性或者有所变化。在刑法中探讨行为的样态，毋宁是对其构成要件要素的研究。从阶层论出发，构成要件要素的该当即表明了违法性要素，而构成要件要素的内容除了行为所造成的侵害结果、危险结果外，特定的行为状况、条件、特定行为的时间、地点以及特定的行为对象与手段也属于其中的内容。[①] 通过对分则所有帮助型正犯的梳理，其构成要件的行为方式主要呈现为以下的几种类型（详见表1—3）。

表1—3　根据行为样态划分的帮助型正犯类型

行为类型	涉及的具体罪名及其条文
资助型（3个）	第 107 条资助危害国家安全犯罪活动罪
	第 120 条之一帮助恐怖活动罪
	第 290 条资助非法聚集罪
提供型（16个）	第 111 条为境外非法提供国家秘密、情报罪
	第 141 条提供假药罪
	第 142 条提供劣药罪
	第 177 条之一第 1 款妨害信用卡管理罪、第 2 款非法提供信用卡信息罪
	第 188 条违规出具金融票证罪
	第 229 条提供虚假证明文件罪
	第 284 条之一第 2 款组织考试作弊罪、第 3 款非法提供试题、答案罪
	第 285 条提供侵入、非控制计算机信息系统的程序、工具罪
	第 287 条之二帮助信息网络犯罪活动罪
	第 320 条提供伪造、变造的出入境证件罪
	第 355 条非法提供麻醉药品、精神药品罪
	第 363 条为他人提供书号出版淫秽书刊罪
	第 375 条非法提供武装部队专用标志罪
	第 405 条违法提供出口退税凭证税罪
	第 431 条第 2 款非法提供军事秘密罪
协助型（1个）	第 358 条协助组织卖淫罪

---

① 参见张明楷：《刑法学》（5 版），法律出版社 2016 年版，第 129 页。

（续表）

行为类型	涉及的具体罪名及其条文
容留型（2个）	第354条容留他人吸毒罪
	第359条容留卖淫罪
介绍型（3个）	第205条虚开增值税发票罪
	第359条介绍卖淫罪
	第392条介绍贿赂罪
包庇型（5个）	第294条包庇、纵容黑社会性质组织罪
	第310条窝藏、包庇罪
	第349条包庇毒品犯罪分子罪；窝藏、转移、隐瞒毒品、毒赃罪
	第362条窝藏、包庇罪
帮助逃避、掩饰型（6个）	第191条洗钱罪
	第286条之一拒不履行信息网络安全管理义务罪
	第306条辩护人、诉讼代理人毁灭证据、伪造证据、妨害作证罪
	第307条第2款帮助毁灭、伪造证据罪
	第312条掩饰、隐瞒犯罪所得、犯罪所得收益罪
	第417条帮助犯罪分子逃避处罚罪

根据分则具体罪名的构成要件的行为类型，帮助型正犯大致可以分为资助型、提供型、协助型、容留型、介绍型、包庇型、帮助逃避和掩饰型，每一种类型对应不同的罪名。严格来说，这七种根据行为样态的划分并不是绝对的精确，例如，帮助恐怖活动罪虽然被纳入资助型的范畴，其构成要件的行为类型却不止资助，还有其他的情形，"资助"是主要的，包括资助恐怖活动组织、资助实施恐怖活动的个人、恐怖活动培训，而为恐怖活动组织、实施恐怖活动组织、恐怖活动培训所为的招募、运送人员，也是其中的情形。表格清晰展示的七种行为样态中，提供型的帮助型正犯占到50%左右。上述类型的行为方式，能不能被帮助行为所周延，这是一个值得深究的问题，如果它们或者当中的部分已经超出了帮助行为的外延，那么，就不属于帮助型正犯的类型。在帮助型正犯的构成行为问题上存在主观说、客观说以及折中说的论争。（1）主观解释论的基本立场认为，法律解释的目标是要寻求制定法律当时，立法者事实上的意思。（2）客观解释论则主张，法律解释的目的不是为了再现曾经的立法者的意图，而是要探明随着社会变迁内在于法律本身的意义和目的。因为法律一经制定就已经与立法者相分离，是具有

独立意义的客观之存在。然需要注意的是，法律解释边界必须是在法律条文语义解释可能的范围内，选择最合乎现在法律目的的解释。(3)而折中说则提出，法律解释的目的在于获得解决现存问题的基准。不以探究立法原意为限，而是应当在法律条文可能的语义范围内，创造性地提示立法意蕴，并且使之能够与现实法律适用的目的相吻合。①而帮助型正犯构成要件的解释上，理应是按照折中说的观点。

在共犯语境中，出现"提供"、"协助"、"介绍"等行为一般体现的是对某项犯罪的实行行为而提供的帮助，同时表明其本身并不是实行行为。然而，在帮助型正犯中有所不同，不仅有部分共犯的帮助行为者，还有具有"帮助性质"的实行行为者。前者成为正犯是立法者考虑到某些的帮助行为自身具有较大的社会危害性，与此同时，其未遂、共犯形态的社会危害性也不能忽视，具有惩罚和独立评价的必要。后者帮助性行为已经被排除于共犯评价体系，却对法益有现实的侵害或者威胁，被立法选择以后的结果。

3. 以帮助行为与关联行为的时间顺序为标准的类型区分。根据帮助行为与实行行为的时间关系，可以将帮助型正犯分为事前帮助型正犯、事中帮助型正犯、事后帮助型正犯。典型的事前帮助型正犯主要有规定在第284条之一的非法提供试题、答案罪；第285条规定的提供侵入、非法控制计算机信息系统的程序、工具罪；第355条非法提供麻醉药品、精神药品罪等；事后帮助型正犯主要有第294条包庇、纵容黑社会性质组织罪；第306条辩护人、诉讼代理人毁灭证据、伪造证据、妨害作证罪；第307条帮助毁灭、伪造证据罪；第310条窝藏、包庇罪；第312条掩饰、隐瞒犯罪所得、犯罪所得收益罪；第349条包庇毒品犯罪分子罪、窝藏、转移、隐瞒毒品、毒赃罪等。此外，帮助型正犯也有可能是发生在事前或者在事中的情形，例如，第120条之一帮助恐怖活动罪，第287条之二帮助信息网络犯罪活动罪，而第107条资助危害国家安全犯罪活动罪的资助时间没有限制，在犯罪组织或者个人实施危害国家安全犯罪之前、之中、之后进行资助的，都可以认定为此罪。

---

① 参见周佳铭：《刑法中的实行行为论纲》，中国人民公安大学出版社2011年版，第113页。

三者之间的界限未必就如此泾渭分明，只是，同一行为人的事前帮助行为已经被评价，事中帮助行为或者事后不会再重复评价，这就与共罚的事后行为的解释原理基本一致，即事后行为是不予评价并非其不具有法益侵害性，只因前行为对法益的侵害已经被评价，基于不可期待行为人实施其他合法行为的理由而不评价。单独的事后帮助行为需要单独定罪和量刑，这成为世界上大多数国家刑法典通行的做法。早在费尔巴哈时就提出包庇犯的概念，是存在于特定的、与已经实施的犯罪常常只是有偶然联系的、被法律规定为应受刑罚处罚的行为之中，如果行为不是在犯罪的实施前包庇人与犯罪人约定的内容，则成立一个独立的犯罪。[①] 关于包庇行为是一个独立的犯罪的观点，也被认为是唯一正确的与通用法相适应的主张，倘若将包庇者视为共犯，显然是没有法律依据的，也是不符合逻辑的，并将会导致对包庇犯的处罚比照主犯所实施犯罪的刑罚来裁量的错误做法。

之所以要区分事前帮助型正犯、事中帮助型正犯以及事后帮助型正犯，一来是考虑了这样的情形，即事前帮助型正犯与其之前的其他犯罪之间有构成牵连犯的可能。例如，行为人为了将他人非法运送到境外，事先伪造出境证件，为偷越国边境的犯罪分子提供帮助。这就可能导致数罪并罚的现象，如为了向他人非法提供试题、答案而实施了非法获取国家秘密的行为，《刑法修正案（九）》增设非法提供试题、答案罪，保护的法益是国家选拔人才、认定资格、鉴别能力的考试制度。[②] 而非法获取国家秘密罪需要保护的是与国家安全和利益相关的法益，所谓的国家秘密通常是有时间限制或者仅限于被特定对象所知悉。[③] 这样看来，帮助型正犯的事前和事中的区分，也可以说是为了罪数的判断。而针对事后帮助型正犯的情形，除了罪数判断的价值和意义，探讨更多的是如何完善的问题，尤其从立法的角度进行的考量。那

---

① 参见安塞尔姆·里特尔·冯·费尔巴哈:《德国刑法教科书》(14 版)，徐久生译，中国方正出版社 2010 年版，第 58 页。

② 参见赵秉志、袁彬:《刑法最新立法争议问题研究》，江苏人民出版社 2016 年版，第 174 页。

③ 参见黎宏:《刑法学》，法律出版社 2012 年版，第 782 页。

么，罪数问题将在犯罪形态的章节重点阐述。二来也是为了界定罪与非罪的界限，对某些特定的帮助型正犯而言，前述所列举的资助危害国家安全犯罪活动罪，同一行为人事前、事中乃至事后提供帮助行为，帮助行为只会评价一次。然而，非法提供试题、答案罪只能是事前或者事中，事后提供试题、答案的行为是不构成犯罪的。所以，帮助行为与被帮助行为时间上的先后关系既关乎罪数问题，也是某些帮助行为罪与非罪的界限。

4.以实现路径的区分划分帮助型正犯的类型。帮助型正犯的实现路径分为入罪化和正犯化两种情形，二者指向的对象有所不同。未被分则规定为构成要件行为时，法律效果也是有差异的。二者的立法理由和目的的差异导致立法态度上的不同。考察帮助型正犯的立法现实，主要源自入罪化生成的正犯类型，正犯化生成的正犯只有为数不多的几个（见表1—4）。二者的联系和区别将会在第二节展开论述。

表1—4　根据实现路径不同划分的帮助型正犯类型

入罪化类型的帮助型正犯	正犯化类型的帮助型正犯
第107条资助危害国家安全犯罪活动罪；第111条为境外非法提供国家秘密、情报罪；第177条之一第2款非法提供信用卡信息罪；第191条洗钱罪；第229条第1、2款提供虚假证明文件罪；第284条之一第3款非法提供试题、答案罪；第290条第4款资助非法聚集罪；第294条第3款包庇、纵容黑社会性质组织罪；第306条辩护人、诉讼代理人毁灭证据、伪造证据、妨害作证罪；第307条第2款帮助毁灭、伪造证据罪；第310条窝藏、包庇罪；第311条拒绝提供间谍犯罪、恐怖主义犯罪、极端主义犯罪证据罪；第312条掩饰、隐瞒犯罪所得、犯罪所得收益罪；第320条提供伪造、变造的出入境证件罪；第349条包庇毒品犯罪分子罪；窝藏、转移、隐瞒毒品、毒赃罪；第354条容留他人吸毒罪；第355条非法提供麻醉药品、精神药品罪；第359条容留、介绍卖淫罪；第362条窝藏、包庇罪；第363条为他人提供书号出版淫秽书刊罪；第375条非法提供武装部队专用标志罪；第392条介绍贿赂罪；第405条第2款违法提供出口退税凭证罪；第417条帮助犯罪分子逃避处罚罪；第430条第2款非法提供军事秘密罪	第120条之一帮助恐怖活动罪；第141条提供假药罪；第142条提供劣药罪；第177条之一第1款妨害信用卡管理罪（提供信用卡）；第205条虚开增值税发票罪；第284条之一第2款组织考试作弊罪；第285条第3款提供侵入计算机信息系统的程序、工具罪；第286条之一拒不履行信息网络安全管理义务罪；第287条之二帮助信息网络犯罪活动罪；第358条协助组织卖淫罪

此外，借鉴学者在帮助犯的种类划分中所提出根据帮助行为对被帮助者

来说是否具有双向性，将帮助型正犯分为居间的帮助型正犯和单向度的帮助型正犯。居间犯罪行为主要指向的情形是，在某一对向性的犯罪中，行为人在其中起到了引荐、沟通和撮合的作用，使犯罪得以实现。典型的如第359条介绍卖淫罪、第392条介绍贿赂罪。在介绍贿赂罪中，其行为方式也是多种多样的，例如，从受贿人的角度来看，可以是受其所托，物色行贿对象、疏通行贿渠道、为受贿人引荐行贿人、转达行贿信息或者为行贿人转交贿赂物或者向受贿人转达行贿人的要求等。而从受贿人一方来看，同样有物色行贿人、为其居间介绍等帮助行为。[①] 于论者而言，处罚刑法已明文规定的居间犯罪行为是无异议的，有问题的是法无明文规定的居间行为该如何处理的问题。毕竟，居间的犯罪行为的单独立法就排除在共犯的语境之外，否则，也不会出现司法实践在"如何处理行贿、受贿的帮助行为与介绍贿赂罪的关系"的难题。现阶段理论上普遍认可的观点主要有两种：获利标准说和利用职务便利说，前者是以行为人是否获得利益来判断是构成行贿罪的共犯或者是介绍贿赂罪；后者则以行为人是否参与国家工作人员利用职务上的便利为他人谋取利益为标准，可以作为受贿罪和介绍贿赂罪的区分。根据罪刑法定的基本原则，法无明文规定不为罪，符合共犯构成的按照共犯处理，既没有被刑法规定，又不属于共犯的，不处罚即可。

第二节 帮助型正犯的正犯性理论及其实现路径的反思

帮助型正犯的实现路径则是表明帮助型正犯的"这一结果"是通过什么过程来完成的，不能完全以立法工具主义笼统地说明。而有关帮助型正犯的性质探讨，主要指的是它作为正犯的理论基础是什么。它的正犯性理论和实现路径是两个有着密切联系又不同的问题。其遵循的逻辑是：实现路径的不同（路径二分法）───➤ 产生帮助型正犯组织结构的差异（结构二元组成）

---

① 参见李晓明：《刑法学分论》，北京大学出版社2017年版，第537—538页。

→进而决定了正犯性基础的差异（正犯原理的区分论证）。作为正犯的表现形式之一，帮助型正犯与其他类型的正犯一样，要经受"正犯性"的拷问和理论论证。例如，对于间接正犯的"正犯性"，基于主客观方面形成了各种不同的见解，有工具说、实行行为性说、因果关系中断说、原因条件区别说、主观说、行为支配说、规范的障碍说以及国民道德观念说。[①] 内部的二元组成结构决定其性质归属要区分展开，即对入罪化的帮助型正犯和正犯化的帮助型正犯分别予以正犯性说理，又将二者统一于帮助型正犯的折中理论，即从形式客观说为基础，借以重要作用说来补强的立场。

一、帮助型正犯的路径二分法

帮助型正犯的路径二分法是指实现帮助型正犯"这一结果"，途经了非共犯帮助性行为入罪化和帮助行为正犯化的各自过程，这两种不同的逻辑进路，其演变和发展的历程应该被区别对待。入罪化和正犯化指向的对象是不同的，正犯化针对的是原本是共犯的帮助行为，因分则规定成为正犯的实行行为，以此生成正犯，称为帮助行为正犯化。而入罪化的"帮助性行为"没有经立法的规定就不是犯罪行为，也不能被评价为共犯的帮助行为，故为非共犯帮助性行为的入罪化。因此，非共犯帮助性行为入罪化和帮助行为正犯化是根据没有分则规定的法律后果来划分。二者至少在以下几个方面表现出不同：其一，分则规定之前的法律效果不同。前者没有被刑法分则规定时，不构成犯罪；后者没有被刑法规定为独立犯罪之前，应当作共犯处理。其二，入罪化的帮助型正犯之法理基础是形式客观说，而正犯化的帮助型正犯在形式客观说的基础上，以实质客观论的重要作用说作更强的说理。其三，立法的内在动因和真实意图。非共犯帮助性行为入罪化扩充犯罪体系，出于犯罪预防的需要或者社会防卫的吁求，把不能被共犯评价，却又对法益有侵害的"帮助性行为"规定为犯罪客观构成要件的行为，在分则中增设罪

---

① 参见肖志锋：《间接正犯的正犯性学说述评》，《法学评论》2009 年第 3 期。

名。而帮助行为正犯化的重心一方面是为了追求量刑上的公正，另一方面也是为了处罚提早化和扩大化的真实目的。未遂的帮助、间接帮助等行为的处罚在共犯评价体系中无法获得正当性，但从正犯视角来看，处罚它的预备、未遂和共犯形态是我国刑法总则的原则性规定。这也符合"世界各国不断推进刑罚处罚的早期化……处罚对预备及未遂的教唆、帮助成为重要的立法方向"[①]。

　　帮助型正犯最主要的来源是入罪化的帮助型正犯，而正犯化的帮助型正犯只是少数，或者说非共犯帮助性行为入罪化是帮助型正犯的常态，帮助行为正犯化是例外。在理论上提出非共犯帮助性行为入罪化作为正犯形成的过程可以被理解：通常被我们熟知的非共犯帮助性行为有片面帮助以及因正犯案件的无法查明，导致无法追究帮助行为可罚性的情形。在某些国家刑法中，承认片面帮助和片面教唆的共犯地位，如"处于边缘"的协助犯罪，不必与实行行为人有共同的意图，也能成立共犯。[②] 曾有论者提出"将片面帮助规定为分则的独立犯罪的主张"[③]。然而，将帮助行为正犯化作为实现帮助型正犯的过程，显然会遭到诘难和质疑。在共犯中实施的非实行行为之人与实施实行行为的正犯之间具有本质的区别，因而若要将共犯者作为正犯处罚，则必须在《刑法》分则中另外设立规定，此即形成对总则关于共同犯罪的例外规定。诚然，也有学者从提升实行行为的视角进行阐释，"将原本属于其他犯罪的帮助行为予以犯罪化，使其独立成罪，成为新的犯罪的实行行为"[④]。或者"从狭义的角度来理解一般指帮助犯的正犯化，即刑法将原本属于刑法分则条文规定的正犯行为的帮助行为，直接规定为正犯行为，并设置独立法定刑的一种立法模式"[⑤]。

---

① 姜敏：《法益保护前置：刑法对食品安全保护的路径选择——以帮助行为正犯化为研究视角》，《北京师范大学学报》（社会科学版）2013 年第 5 期。

② See Van Der Wilt · H. "Joint Criminal Enterprise: Possibilities and Limitations"，*Journal of International Criminal Justice*，2007，5（01）:229-241.

③ 夏勇、罗立新：《论非共犯的帮助犯》，《法学杂志》2000 年第 3 期。

④ 张小虎：《犯罪实行行为之解析》，《政治与法律》2007 年第 2 期。

⑤ 于冲：《帮助行为正犯化的类型研究与入罪化思路》，《政法论坛》2016 年第 4 期。

以现有研究看来，帮助型正犯与非共犯帮助性行为、帮助行为正犯化之间的关系是学者鲜少关注的领域，但不是说没有。在帮助型犯罪的研究中，曾有学者从解释论和立法论的角度就二者的关系进行阐释。根据释义理解，帮助行为实行行为化被人认为是帮助型犯罪的过程。其理由有两个方面：其一，基于解释论的基本立场，帮助行为终究与犯罪的实行行为有别，既不是实行行为就无从直接侵害某种社会关系的问题，亦无从对犯罪的直接客体具有直接的威胁或者破坏性，只是因分则的特别规定而将非实行行为（包括帮助行为）转化为独立犯罪的实行行为，具备了实行行为的法律特征，而实行行为与非实行行为之间只是具有量的差异却是质的统一。其二，从立法论的视角来看，现代社会的共同犯罪化逐渐走向规模化、集团化的发展方向，某些非实行行为有时也能在共同犯罪中起到举足轻重的作用，不仅侵害共同犯罪的法益，俨然还存在其他法益的侵害，具有明显的严重社会危害性，有必要独立成罪。① 立法论视角的观察是合理的，其提出的理由也是可信的。而解释论的具体理由存有缺陷，即犯了前后矛盾的错误。既然帮助行为对法益没有直接的威胁性或者破坏性，而因为分则的特别规定就有了法益的直接威胁性和破坏性，间接破坏性和威胁性转变为直接的破坏性和威胁性难道就仅仅是分则的特别规定，是不是可以认为存在载体不一样就会导致其对法益侵害的程度发生变化。这一点显然论者难以自圆其说，但单从立法论的解说来进行补强，所得出的结论当然差强人意。

书中理解帮助型正犯的实现过程，主要从正犯的内在理论出发，采用分层的分析方法。非共犯帮助性行为入罪化实则就是构成要件观念下的实行行为之正犯论，帮助行为正犯化则是通过重要作用说的实质判断充足的正犯论。前者本身就是构成要件的实行行为，无须转换。后者在未成为正犯之前始终处于共犯的评价体系之中，因在共犯中对结果的实现发挥了至关重要（不可或缺）的作用，才通过立法规定为实行行为，以成立正犯。因此，帮助型正犯与共犯的内在勾连就是通过帮助行为正犯化来完成的。具体来看，

---

① 参见张伟：《帮助犯研究》，中国政法大学出版社 2012 年版，第 186—187 页。

正犯化的帮助型正犯包括了彼罪共犯行为转化为此罪正犯实行行为的情形和将同罪共犯的帮助行为直接提升实行行为的情形。彼罪共犯行为转化为此罪正犯实行行为的情形，主要指向第 177 条之一第 1 款妨害信用卡管理罪（提供信用卡）；第 284 条之一第 2 款组织考试作弊罪。将同罪共犯的帮助行为直接提升实行行为的情形，包括的罪名有：第 120 条之一帮助恐怖活动罪；第 285 条第 3 款提供侵入计算机信息系统的程序、工具罪；第 286 条之一拒不履行信息网络安全管理义务罪；第 287 条之二帮助信息网络犯罪活动罪；第 358 条协助组织卖淫罪。由于帮助行为不是独立存在的，必须有犯罪的参与形态为前提。这就似乎陷入逻辑上的矛盾，实则不然。书中一再强调帮助型正犯这一结果的出现，是帮助行为正犯化的过程所引起的，而帮助行为正犯化这一过程的论证，绝对不能脱离共犯语系而存在。因此，帮助型正犯虽在本质上是一个正犯的问题，其内在的机理却是与共犯有极大的关系。特别是帮助行为的共犯教义学反思主要从以下几个方面着手，以此看出帮助型正犯与共犯的密切关系。

首先，涉及了区分制共犯体系下归责模式的困境以及双层区分制共犯论下的特殊性，引发帮助行为正犯化立法的必要性分歧。有如学者的见地"不同于德、日的分工分类法，我国采取的是作用分类法，在现有共犯体系下就能消解帮助行为处罚的问题，无需采取正犯化立法，毋宁是从犯的主犯化"[①]。反对论者主要基于作用分类只能充足量刑上的需要，帮助行为正犯化不仅关注量刑，也侧重定罪这样的理由来辩驳。其次，紧扣帮助行为正犯化的从属性或独立性主题展开激烈的角逐，例如，有论者提出增设帮助行为正犯化的罪名，是因传统共犯理论在回应现实挑战上的不自洽，从根本上解决该问题必须松动甚至舍弃"共犯从属性说"对司法裁量的枷锁，采用共犯独立性说更符合刑事政策的期许。[②] 支持从属性说的学者也不示弱，直言

---

① 张勇、王杰：《网络帮助行为的犯罪化与非犯罪化》，《苏州大学学报》（哲学社会科学版）2017 年第 3 期。

② 参见陈文昊、郭自力：《刑事立法帮助行为正犯化进程中的共犯独立性提倡：从共犯从属性的理论症结谈起》，《广东行政学院学报》2017 年第 1 期。

"共犯行为正犯化"虽然在一定程度上认识到帮助行为本身的独立性格，但是通过刑法的特殊立法，仍然坚持共犯从属性。再次，经正犯化过程的帮助行为无需以其他正犯该当构成要件的不法行为为必要，但值得注意的是，这并不肯定帮助行为正犯化采用共犯独立说的立场，只是不需要存在另外的正犯即可以成立犯罪。限制从属性是坚持区分制共犯体系国家的立法和理论的通行做法，未来的重点将不在于应"采用独立性说或是某种从属性说"，而应该是"如何正确运用限制从属性说"。最后，从共犯因果关系的维度审视帮助行为正犯化的研究也是别具一格的，并进一步拷问正犯化后的"帮助行为"与法益侵害之间有什么关系。为此，按照理论上就实行行为的帮助行为与法益侵害之关系形成抽象危险说、具体危险说、正犯行为说以及正犯结果说。这些学说始终围绕帮助行为与正犯行为、结果之间的关系产生各自的意见。按照抽象危险说的观点，帮助行为与正犯行为、帮助行为与正犯结果均无要求，只要行为强化、助长了他人的犯罪意思即可。而具体危险说通过"促进"公式，以"客观归责"原理的"危险增加论"进行论证，判断的要素包括了行为当时的时点，从拥有专门知识的人的视角考察。倘若帮助行为确是提高正犯行为的成功可能性，就认定为既遂的帮助。此外，在正犯行为说和正犯结果说两种观点中，二者的区分仅仅体现在因果性的要求，前者要求对正犯行为具有因果性，后者则要求深入建立与正犯结果的因果性。

帮助型正犯通过帮助行为正犯化的立法过程而实现，最重要的动因无非就是定罪与量刑的问题。日本学者高桥则夫在《共犯体系和共犯理论》一书中提到了"共动二重性的正犯论"，在他看来，这一理论主要是针对帮助犯的定罪和量刑问题而产生。其核心在两个内容：在构成要件层面的可罚性问题和对具体情形中共犯的重要性进行适当的量刑之问题。[①] 事实上，帮助行为正犯化在一定程度上与该理论有着极为相同的旨归。具体来看，德、日共犯的分工分类方法与我国共犯人的作用分类法并无对应的逻辑关系。质言

---

① 参见高桥则夫：《共犯体系和共犯理论》，冯军等译，中国人民大学出版社 2010 年版，第 7—18 页。

之，正犯与主犯并非全然等同，帮助犯与从犯亦是如此，这样的观点已经获得学界的普遍认可。由此可以认为，在一个犯罪中，提供帮助的行为者，其作用未必就是次要的，不能直接将之与从犯等同视之。那么，帮助犯正犯化的社会危害性的主从关系图式可以通过这样的方式表达，即（从作用）正犯＜（主作用）帮助犯＜（主作用）正犯。因此，当帮助者在共犯中起到主要作用时，直接作为正犯于法无据，其与在共犯中起主要作用的实行犯又存有差距。按照刑法总则有关从犯的规定，应当适用从轻、减轻或者免除处罚的条款，所导致量刑有失妥当，就与罪责刑相适应原则存有罅隙，实质正义难以显现。

　　与社会危害性考察同样重要的是预防必要性的视角，尤其是针对国家安全、公共安全及其网络信息安全等领域犯罪之帮助行为，预防必要性的考量显得极为重要。根据司法解释的规定，"资助"是指为了恐怖活动组织或者实施恐怖活动的个人筹集、提供经费、物资或者提供场所以及其他物质便利的行为。以体系解释的方法来看，资助危害国家安全犯罪活动罪中的"资助"与司法解释相差无几，只是针对的帮助对象有所不同。尽管有学者认为，资助行为与帮助行为不能等同，否则，也不会有"资助危害国家安全犯罪活动罪既包括了特定共同犯罪中的部分帮助行为，又包括不成立共同犯罪的资助行为"的论断。[①] 然而，资助行为事实上应该被包含在广义的帮助行为之中的，二者适用于分则的犯罪构成要件上无必要纠缠于它们之间的不同。否则，就无法解释帮助恐怖活动犯罪的罪名与罪状之间的对应问题，帮助恐怖活动犯罪的罪状描述就是资助恐怖活动组织、实施恐怖活动的个人或者资助恐怖活动培训，应该认为这二者间的语义学差异并没有必要在刑法上做严格的区分，不然除了只会造成理解的障碍，并无其他的益处。危害国家安全与恐怖活动犯罪的资助行为本身就有极大的法益侵害性，此类犯罪的正犯行为本身具有实施该罪的极大危险性。因此，对该帮助行为在立法上作正犯化处理。一方面加重打击的力度，设置适用总则从犯减免事由的障碍；另

---

① 　参见张明楷：《刑法学》（5 版），法律出版社 2016 年版，第 683 页。

一方面是使得处罚具有法益侵害性的"帮助行为"的共犯有了正当性的根据。共犯的刑事责任属于相对于正犯的二次责任，那么作为"二次责任"的共犯僭越为"一次责任"的实行正犯，无疑属于刑法保护节点的提前，这种提前旨在通过前置的刑事处罚强化对法益的保护。[1] 最终，能有效实现刑罚的犯罪预防目的。

二、二元组成结构下正犯原理的区分论证

帮助型正犯实现路径的二分法产生了入罪化的帮助型正犯和正犯化的帮助型正犯两种组成。此二元组成结构决定了它在正犯性论证上主要采用的是区分说的观点。而正犯性论证的目的和意图，最终也是为了明确帮助型正犯究竟应具备怎样的性质，才能让教唆与帮助正犯之人从属其上，成立共犯。因此，帮助型正犯以承认区分制共犯体系为前提，而区分制共犯体系以限制正犯概念为基础，可以说"限制正犯概念架构了整个正犯与共犯的二元参与体系"[2]。然而，限制正犯概念只提供了判断正犯的构成要件视角，并不能说明正犯性的理论基础问题。限制正犯概念对亲自实施构成要件实行行为的要求，在区分正犯与共犯的理论中被加以修正。理论上主要先后经历了主观说到客观说、行为事实支配说的变迁，确切地说，客观说中的重要作用说是日本的通说，而行为事实支配论是在当今德国正犯论上占有通说地位的观点。主观说分为意思说和利益说，以实现自己的犯罪意思或者为了自己的利益实施犯罪，就是正犯。客观说从形式到实质的开启，形式客观说认为实施了犯罪构成要件实行行为的人是正犯，与占据通说地位的限制正犯概念存在逻辑上的一致性，因此，形式客观说一度成为理论上非常重要的学说。然而，被实质客观说修正并非理论的偶然，源于形式客观说的理论缺陷，即严格遵循构成要件观念的形式客观说无法有效地解决间接正犯、共谋共同正犯等

---

[1] 参见张勇、王杰:《帮助信息网络犯罪活动罪的"从犯主犯化"及共犯责任》,《上海政法学院学报》(法治论丛) 2017 年第 1 期。

[2] 蔡圣伟:《论间接正犯概念内涵的演变》,《东吴法律学报》2008 年第 3 期。

正犯性和处罚问题。[①] 从形式到实质的正犯理论变迁，愈发走向实质化，因此，"最终形成当今正犯理论主流学说即客观实质的正犯论"[②]。需要注意的是，对于识别正犯的理论，学者们并未达成共识和一致，有些学者认为是主观说、形式客观说、实质客观说，另有学者概括为主观说、客观说、犯罪事实支配论。相比较而言，后者的观点更为合理。形式客观说和实质客观说均属于客观说，实质客观说存在"必要性说"、"同时性说"、"优势说"的分野，"重要作用说"就是实质客观说的观点之一。而犯罪事实支配说被认为是综合了主客观理论的学说，与实质客观说存有本质的区别。

帮助型正犯结构的二元组成决定其正犯性论证的区分观点，入罪化的帮助型正犯采用了形式客观说的原理。而正犯化的帮助型正犯以正犯自居的理由，并不仅仅是因为分则直接规定了构成要件客观方面的行为，更应该被强调的是在原共犯中所实施的帮助行为起至关重要的作用，才考虑以分则直接规定为构成要件的实行行为。以此认为支撑正犯化的帮助型正犯之理论基础是形式客观说为基础，借以实质客观论的重要作用说来补强的立场。帮助型正犯的正犯性原理并非单一的形式客观说或者实质客观说，毋宁是形式客观说与实质客观说的相互结合。相对其他的正犯类型而言，帮助型正犯的正犯性具有非单一性且复杂的特点。

其一，入罪化的帮助型正犯坚持的是形式客观说的立场，这意味着必须把实行行为必要说作为首要的执行准则，因为构成要件的观念是罪刑法定原则最有力的维护。在构成要件行为的正犯判断出现僵硬时，即无法对间接正犯、正犯背后的正犯、犯罪的幕后者的法益侵害性行为进行归责时，才考虑另辟蹊径从实质化寻找正犯成立的依据。形式客观说就是以实行行为为必要，也从此处看出正犯与实行犯之间并非一一对应的关系，实施构成要件的行为是实行犯，也是纯正正犯，但不是正犯的全部。这就消除了长期以来，正犯等同于实行犯的理论误读。在一定程度上，正犯与实行行为之间的关系

---

① 参见瞿俊森:《正犯与正犯体系研究》,《刑事法评论》2013 年第 1 期。

② 刘艳红:《论正犯理论的客观实质化》,《中国法学》2011 年第 4 期。

可以说是"为什么"和"怎么样"的关系，即帮助行为者为什么承担正犯的责任和怎样认定帮助型正犯。更彻底地说，帮助型正犯的"正犯性"旨在解决帮助行为的实施者承担正犯责任的正当理由，而帮助型正犯的实行行为探讨目的是为了明确成立范围，以便于在司法实践过程中更好地判断其实行行为的类型，从而防止处罚不当罚的行为。它们是一个问题的两个方面，二者之间存在先后的逻辑关系。因而，首先需要确定其正犯的地位，才能进一步探讨实行行为的问题。

非共犯帮助性行为入罪化实质上就是分则规定实施了"帮助性质"的实行行为，采用的是形式判断的立场。因为形式的实行行为从构成要件的角度来认识和界定实行行为，就是指分则中具体犯罪构成客观方面的行为。[①] 而实质的实行行为以法益侵害的危险性来认识实行行为，就是"把包含着实现犯罪的现实危险性的行为解释为实行行为"[②]。实质实行行为的法益侵害的危险性只能作为形式实行行为出罪的进一步判断，而不能独立存在。也就是说，实行行为的判断首先是形式的，实质上的探讨只有在构成要件的行为不具有法益侵害危险性而排除犯罪的层面才有价值。如果不以形式实行行为为基础，独立进行实质实行行为的判断将会导致破坏刑法的罪刑法定，因为法益侵害危险的判断存在诸多主观性、不确定性和肆意性。因此，非共犯帮助行为入罪化的正犯性论证所依托的实行行为，实则是形式实行行为论为主兼顾出罪意义上的实质实行行为说，表现的是层层递推的关系。

其二，正犯化的帮助型正犯之正犯性论证是以形式客观说为基础，结合实质客观论的重要作用说作更强的说理。首先，实质客观说是为了弥补形式客观说的缺陷而产生。其基本观点认为，形式客观说最大的特点在于强调构成要件的定型性，但是与此同时又主张扩张构成要件，或者从整体上把握构成要件的符合性，显然自相矛盾。实质客观说强调，应当用实质的观点考察

---

① 参见奥村正雄：《论实行行为的概念》，王昭武译，《法律科学》（西北政法大学学报）2013 年第 2 期。

② 大谷实：《刑法讲义总论》（新版 2 版），黎宏译，中国人民大学出版社 2008 年版，第 125 页。

正犯与共犯的区别，但是如何"实质"化，并没有达成共识。其主要有以下几种不同的观点：（1）原因条件区别说，该说认为，在引起犯罪结果发生的诸条件中，有重大价值的条件为原因，价值轻微的条件为单纯条件者。对于结果之发生有共同原因的关系则为共同正犯，仅为犯罪结果发生的单纯条件者，为从犯。（2）重大影响说，该说认为，对犯罪的完成有重大影响者是正犯，仅有轻微影响者，是从犯。[①]（3）优势说，该说认为，共同正犯与共犯的最大标准为正犯对犯罪事实具有优势关系，而共犯所加功的犯罪事实仅为附随部分。[②]（4）危险性程度说，该说认为，正犯与教唆犯或者帮助犯相比较多的优先性，故应当以行为在客观上危险程度作为区分正犯与共犯的标准。[③]（5）必要性说，该说认为凡是对于犯罪构成事实具有不可或缺的参与者，即是正犯，其余皆为共犯。（6）同时说，该说认为，在犯罪行为时参与的人均为共同正犯，而在犯罪前后参与的人为帮助犯。（7）重要作用说，该说认为对犯罪实现起了重要作用者是正犯，只起了从属性作用的是从犯。而判断是否其重要作用，则需要以共同者内部的地位，对实行行为加功的有无、程度为标准。这是日本的通说，平野龙一、西原春夫、大谷实等都支持这种观点。[④]

　　重要作用说与根据作用的主从分类最为接近，但是，以重要作用说的实质判断拟在于弥补形式客观说的漏洞和缺陷，其可以将在犯罪中发挥了重要作用的非实行行为者认定为正犯，追求其相应的刑事责任。而主从作用分类法，虽可以直接将在共犯中发挥重要作用的帮助行为人作为主犯处理，以期化解量刑上的不正义，却阻截了处罚时点提早化和处罚扩大化的发挥。而且重要作用说是不光注意到了行为人在犯罪中的作用，更为看重的是其行为的功能和意义，而这一点正是我国共犯作用分类法所欠缺的。因此，在实质客观说的主张里，以"重要作用说"强化正犯化的帮助型正犯的论证是最为合

---

①　参见马克昌：《犯罪通论》，武汉大学出版社1999年版，第126—143页。
②　参见张明楷：《外国刑法纲要》（2版），清华大学出版社2007年版，第302页。
③　参见林山田：《刑法通论》（下册）（增订十版），北京大学出版社2012年版，第9页。
④　参见陈家林：《试论正犯的两个问题》，《现代法学》2005年第2期。

适的。在原共同犯罪中，行为人实施的帮助行为对犯罪起到至关重要的作用，以至于仍旧适用共犯的处罚，其结果一面丧失了量刑之正义性，更为要紧的一面消除了原本在共犯中处罚未遂帮助、间接帮助等障碍，提前处罚时点和扩大处罚范围。

综上，帮助型正犯的正犯性原理与其实现路径一样，均采取了一分为二的观察视角，各自在其正犯性理论的轨迹下实现从正犯原理、正犯类型的逻辑自洽。然而，它们并不是完全独立运行的两条平行线，最终在帮助型正犯中得以统一，所谓的统一实则就是折中的观点和理念，统一并非二者的混同，总是存在孰主孰次、孰先孰后的考量。因此，本书从正犯到帮助型正犯再到其正犯性论证，始终贯彻这样的立场，以保持理论之间的自洽性和延续性（如图1—3）。

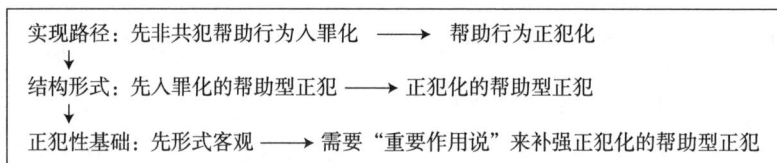

实现路径：先非共犯帮助行为入罪化 ⟶ 帮助行为正犯化
↓
结构形式：先入罪化的帮助型正犯 ⟶ 正犯化的帮助型正犯
↓
正犯性基础：先形式客观 ⟶ 需要"重要作用说"来补强正犯化的帮助型正犯

图1—3 帮助型正犯的"一分为二论"到"合二为一"

三、帮助型正犯范围的必要性限缩

帮助型正犯的立法扩张与刑事犯罪圈的扩大是点和面的关系，申言之，帮助型正犯的扩大化是犯罪圈扩大化的具体表现形式。而犯罪圈与帮助型正犯的扩大化都是对社会现实的回应，尤其是网络犯罪治理法网严密化，因为"互联网时代创新的节奏如此之快，以至于立法者争相制定新的措施应对新的犯罪行为，比如病毒邮件、网络黑客等。但在某些情形下会模糊创造者与犯罪行为人之间的界线，造成处罚不当罚的现象"[1]。因此，帮助型正犯的

---

[1] Martin Benton,Newhall J., "Techology and the Guilty Mind:When do Technology Providers Become Criminal Accomplices?", *Journal of Criminal Law & Criminology* 2015, 105（01）:95-148.

立法并不是盲目的，必须有合理的边界。毕竟，犯罪圈扩大化与刑事资源有限性之间的紧张关系始终存在，犯罪圈不可能无限扩张，应该有其合理的边界，这样的"边界规则意识"也适用于帮助型正犯。因为"边界意识强调每个领域的有限性和相对性决定了它在运行时，具有自己特殊的规则"[①]。对帮助型正犯的具体审视应该从非共犯帮助性行为入罪化和帮助行为正犯化两个方面着手，即二者的存在现状和立法态度上有所不同。作为帮助型正犯的主要组成部分，非共犯帮助性行为只能发生在具有法益侵害现实危险的情形下才能考虑入罪化，而共犯帮助行为更是应该严格限制其正犯化，首先在现有的共犯体系内消解，确实不得已的情形下才能跳脱出共犯的评价。这样看来，帮助型正犯的合理性反思总体上还是持谨慎的态度。帮助型正犯的理论型构，除了要进行正犯性论证外，必须经受刑法基本原则的检视、规范内部的一致、立法的自省三大方面的拷问和质疑。

（一）法益保护原则的审查

法益概念的历史基础，必须向格劳秀斯（Hugo Grotius）和霍布斯（Thomas Hobbes）去寻根，而不是像施维格（Erick Schwinge）、齐普夫（Reinhard—Zipf）、毛拉赫（Heinz Maurach）、皮特·希奈（Peter Sina）等主张的那样，去寻求 19 世纪初期的自由主义，而作为现代意义上法益概念的创始人当属比恩鲍姆（Birnbaum）。法益概念随着社会阶段的发展，从最初使用是为了对中世纪以来得到扩张的、暧昧的犯罪概念进行实质性的限定 ⟶ 实定性的方法论（目的论）的法益概念 ⟶ 肯定了应给付对法益概念的立法性约束（限制机能）⟶ 社会现实取入的法益论。

对于帮助型正犯而言，为什么要通过刑罚这种强有力的制裁来处罚非共犯的帮助性行为以及将原本只是间接侵害法益的帮助行为直接规定为正犯的实行行为。诸如，《刑法》第 284 条之一第 3 款为何要处罚非法提供试题、

[①]　谢江平：《从元意识到边界意识：〈边界意识和人的解放〉读后》，《学术研究》2008 年第 4 期。

答案这种帮助行为，为何要制定"不得非法提供试题、答案"这种所谓的禁止规范，并对违反者处以刑罚。这是因为它破坏考试的公平竞争秩序，损害了国家制度的严肃性，严重影响了考试选拔人才制度的公正性和公信力，从而有保护这种价值的必要。[①] 刑法规范"既有决定何为值得动用刑罚来保护的法益这种规范评价机能，又具有基于这种评价发布禁止、命令的命令机能"[②]。犯罪的本质就在于侵害了法益。因此，在帮助型正犯的立法上坚持的也是"无法益就无犯罪的原则"。这一点尤为重要，特别是帮助型正犯的未遂形态，正犯前的帮助犯，处在共犯体系内进行评价，其未遂形态、间接帮助行为在刑法上不处罚。而帮助型正犯立法在一定程度上扩张了刑罚的处罚范围，使得未遂形态、共犯形态具有了可罚性，其主要在于正犯化后的未遂形态、共犯形态与法益侵害的距离在缩减。

（二）刑法谦抑性的检视

刑法具有秩序维持机能和自由保障机能，然其能够现实地发挥作用也绝不是无限的，对犯罪而言刑罚是最为严厉的手段，却不是决定性手段。因此，"刑法不应该以所有的违法行为、所有的有责行为作为当然的对象，只限于在必要的不得已的范围才应该适用刑罚"[③]。这种谦抑主义原则应该总是在刑法立法和运用中都加以考虑的基本原理。而最早明确提出刑法谦抑精神，当属可罚的违法性理论的倡导者宫本英修以及违法可罚性理论的完成者佐伯千仞。可罚的违法性理论意图通过对可罚性进行实质的判断来限定处罚的范围，实现刑法的谦抑主义。

帮助型正犯立法的考量中，同样要经受谦抑性的拷问，例如，中立帮助行为的可罚性问题，具体表现为明知他人购买商品用于犯罪，还予以出售商品；明知乘客乘坐交通工具是为了前往犯罪，出租车司机载其至犯罪地点；

---

① 参见赵秉志、袁彬：《刑法最新立法争议问题研究》，江苏人民出版社 2016 年版，第 11 页。
② 乌尔斯·金德霍伊泽尔：《刑法总论教科书》，蔡桂生译，北京大学出版社 2015 年版，第 22—26 页。
③ 大塚仁：《刑法概说总论》（3 版），冯军译，中国人民大学出版社 2003 年版，第 26 页。

银行职员明知客户的犯罪意图为其办理存款、转账业务；网络服务提供商，明知行为人的犯罪意图而为其提供正常的网络接入服务；等等。现阶段在我国纳入刑事立法的中立帮助行为，直指的就是网络服务提供商，其中，帮助信息网络活动罪被认为是帮助型正犯的具体罪名之一。应该来说，中立帮助行为相较犯罪的帮助行为而言存有特殊性，它们是出于正当业务行为自由或日常生活行为自由的行使而便利了相关犯罪。因此，刑法的介入程度应该是有所不同的。

（三）规范统一性和协调性的考察

规范的统一性和协调性主要表现在两个方面：其一是总则与分则之间的关系，刑法的总则规范与分则规范各具特色，总则规范基本上是裁判规范，分则规范也是裁判规范，但是大部分同时是行为规范，总则起到对分则的制约和指导意义。帮助型正犯的分则立法与刑法总则的共同犯罪规定之间的紧张关系表现得尤为明显，在帮助行为正犯化的批判研究中，有部分指向帮助型正犯架空共犯的总则规定。事实上，这样的担忧是有根据的。随着对帮助行为设置独立罪名的立法越来越多，有可能导致刑法共犯的帮助犯立法的虚置。帮助犯的处罚根据是历经了上百年的理论和实践认知的结果，轻易将其设置独立的罪名和法定刑，一来会使分则条文变得冗余，二来就是会与总则的规定之间发生冲突。其二是此罪与彼罪以及罪名内部的自洽，"由于犯罪错综复杂，为了避免处罚的空隙，刑法不得不从不同侧面、以不同方式规定各种类型的犯罪"[1]。在帮助型正犯立法模式中，无法通过既有罪名的犯罪构成对帮助行为进行规制时，会考虑增设新的罪名或者在原有条文基础上扩张、变更其行为类型、对象等。此时，就应该注意此罪与彼罪以及罪名内部的自洽，避免重复评价。

---

[1]　张明楷：《刑法学》（5 版），法律出版社 2016 年版，第 27 页。

（四）情绪性、象征性立法现象的警惕

情绪性立法、象征性立法虽然在用词上有所区别，但二者的结论在一定程度上都是表达了对当下立法现状的忧虑。结合安全意识、国家任务的扩张、新的法文化兴起等诸多因素，传统的刑罚理论体系似乎也无法回避规范结构及其功能的调整。但是事实上，结合安全思维的刑罚理论却又明显表现出国家权力扩张及其独占等现象，刑罚最后手段的规范逻辑亦被迫重新调整。自20世纪80年代以降，德国刑法学者就针对刑法扩张的现象提出多样性的分析及其批判，如"风险刑法"、"预防刑法"、"危险刑法"、"安全刑法"等。这些不同形式的刑法名称或者描述，本质上实为兼具分析性与批判性的概念，并同时指向于现代刑法此一上位的规范模型。基本上现代刑法代表的理论趋势乃是当代刑法理论走向"后预防式"的危险防御或者秩序管制的思维。为了积极排除社会容易增加的不安全感，现代刑法亦是发展为一种纯粹象征性的规范宣誓，这就是所谓的"象征刑法"。[①] 经济学者克雷姆斯的论述，表明了象征性立法是立法者在特定时空与社会背景下对于社会问题的情绪或者价值偏好，并不发挥实质的规制效果。[②] 将此概念移植到对我国刑事立法问题的讨论是刘艳红教授，在其证明的论据里，最为重要的理由是帮助型正犯罪名的司法审判率低。比如，帮助恐怖活动罪、帮助信息网络活动罪在北大法意网上的案例是零或者极低审判率，用以为自己的结论作更充分的说明。而提出情绪性立法概念的学者认为，"立法机关在修改刑事法律的过程中，受到一定规模的情绪化民意或者舆论的影响，从而某些法律条文的增设、修改、删除是非理性的、妥协性的产物，忽视了立法自身的规律性、科学性"[③]。

---

① 参见古承宗：《风险社会与现代刑法的象征性》，《科技法律评论》2013年第1期。
② 参见刘艳红：《象征性立法对刑法功能的损害：二十年来中国刑事立法总评》，《政治与法律》2017年第3期。
③ 参见刘宪权：《刑事立法应力戒情绪：以〈刑法修正案（九）〉为视角》，《法学评论》2016年第1期。

的确检验真理的最佳路径就是实践，现实的状况很复杂，但不完全是通过判决书的有无就能作出绝对肯定或者否定的结论。事实上，全国检察机关以上述列举的帮助型罪名起诉的案件非常多的，2012 年，批准逮捕涉嫌资助恐怖活动犯罪案件 2 件共 10 人，提起公诉 2 件共 3 人；2013 年，全国检察机关批准逮捕涉嫌资助恐怖活动犯罪案件 3 件共 4 人，提起公诉 2 件共 13 人。① 而法院也不是"零审判"，在反洗钱报告中就曾经出现过两例以帮助恐怖主义活动罪的判决。此外，《刑法修正案（九）》实施以来，非法提供试题、答案罪 18 个，帮助信息网络活动罪也有 7 个案例，其中 2016 年 12 月就有 5 个，2017 年 1 个，暂且如学者所言，是象征性立法的体现。那么，与刑法的其他罪名相对比，如侵占罪从 1979 年至今一审判决是 64712 件，总共 38 年，每年平均下来也才 7 件。再如，破坏交通工具罪平均算下来每年 1 个案例都达不到，刑法中还有诸多的罪名也同样如此。难道这些都叫象征性立法？完全以判决书的有无或者多少作为评判的标准，并不能客观反映真实状况，《刑法修正案（九）》颁布实施的时间也不过才几年，这会就下结论可能有些为时过早，进而对此种论证方法的合理性表示怀疑。当然，学者提出的问题也是值得注意和警惕的，一味地"追求的是通过罪名的设置来取得安抚民众不安心理的效果，至于该罪刑规范是否真正能够预防、遏制该种犯罪行为，并不在立法者的考量范围之内"已然违背了刑事立法的基本规律和自有价值。② 立法应该在尊重民意的同时，在民意和立法活动的关系之间保持张弛有度。当下除了对于新刑法扩张进行的情绪性立法、象征性立法之批评，更应该重视的是新犯罪立法的明确性，"法律的模糊性会给社会造成了经济损失的代价，因为刑事处罚的首要目标是威慑，但当禁止行为的限制不明确时，法律就会阻碍社会的发展和科技的创新，这不仅是合法的，而

---

① 参见王新：《零适用的审判现状：审视资助恐怖活动罪的适用》，《政治与法律》2012 年第 7 期。

② 参见程红：《象征性刑法及其规避》，《法商研究》2017 年第 6 期。

且是可取的"①。此外，刑法作为社会治理的最后保障，只有遭遇社会自我答责系统无力时，才可以考虑动用刑法。

第三节　帮助型正犯与其他正犯类型的辨析

帮助型正犯的界定还应该包括它与其他正犯类型的对比分析，以此显现其个性特征。常见的正犯类型主要有单独正犯、同时正犯、共同正犯、间接正犯、共谋共同正犯以及承继的正犯。根据它们之间表现出的共性或者特殊性，形成纯正正犯和修正正犯两个大类型，其中纯正正犯以实施分则规定的构成要件客观方面的行为，包括单独正犯、同时正犯和共同正犯。修正正犯以行为事实支配论修正形式客观说的正犯结论，间接正犯、共谋共同正犯以及承继的正犯是其下位类型。因此，帮助型正犯与其他正犯类型的辨析，可以分别归于与纯正正犯的辨析以及与修正正犯的辨析。其目的旨在理论上为帮助型正犯正本清源，与其他正犯类型一样具有作为正犯存在的合理性和必要性。

一、帮助型正犯与其他纯正正犯类型之辨析

正犯首先是纯正的正犯，其次是修正的正犯。纯正正犯是指具体实施刑法分则基本构成要件行为的犯罪人，主要有单独正犯、同时正犯和共同正犯。②帮助型正犯首先是入罪化的帮助型正犯，其次是正犯化的帮助型正犯；前者的理论基础是形式客观说，后者是形式客观说为主，辅以实质客观说的补强。从正犯外观来看，两种类型的帮助型正犯均是分则规定了构成要件客观方面之行为，属于纯正正犯的范畴。然而，正犯化的帮助型正犯有一

---

① Kerr O.S."Forword:Accounting for Technological Chang"，*Harvard Journal of Law & Public Policy*.2013,36（02）:404-408.

② 参见童德华:《正犯的基本问题》,《中国法学》2004 年第 4 期。

定的特殊性，共犯帮助行为直接规定为构成要件的实行行为需要更为充分的理由，即帮助行为在原共犯中发挥了至关重要的作用，足以对犯罪的实现产生与正犯相当的效果。这样来看，帮助型正犯不是完全纯粹意义上的纯正正犯，外在表现出纯正正犯的形式，其中，正犯化的帮助型正犯之内在品格具有实质客观说的坚持。不禁使人产生疑问，那会不会是修正正犯？结论肯定不是。一是在共同犯罪中，支配犯罪过程的只能是被帮助之行为人，实施帮助行为之人不可能支配犯罪的流程，否则就已经做正犯认定，无关正犯化的问题。二是修正正犯之所以提出，最为重要的是因分则构成要件规定的空白。而正犯化的帮助型正犯之各罪有分则的规定，只是与纯粹的形式判断相比有些许特殊性。

（一）帮助型正犯与单独正犯、共同正犯的辨析

1.帮助型正犯与单独正犯的关系辨析。德国刑法第 25 条规定了自己实施犯罪的，依照正犯论处，这就是单独正犯的最直接依据，同时也是刑法分则最为常见的立法模式。单独正犯将"实行行为直接在立法上加以规定"[1]。这样看来，帮助型正犯就与单独正犯无异，二者的关系并不复杂（如图1—4）。在一定意义上看，帮助型正犯就是从单独正犯中抽象出来具有"帮助性质"实行行为的一类，都是基于形式客观说的正犯立场。然而，正犯化的帮助型

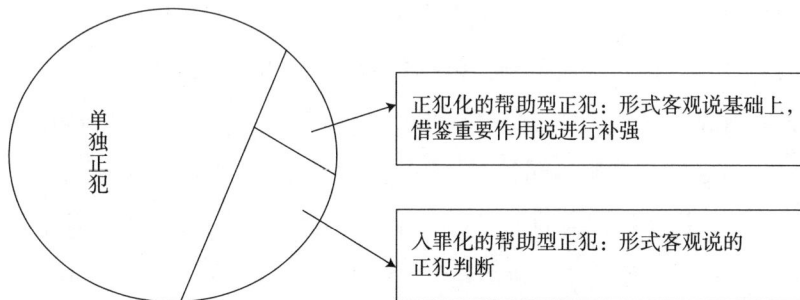

图 1—4　帮助型正犯与单独正犯的关系

---

[1]　车浩：《从间接正犯到直接正犯：评〈刑法修正案（七）〉关于内幕交易罪的修改》，《政法论坛》2009 年第 3 期。

正犯不应止于构成要件实行行为的形式判断，还必须有重要作用说的实质认同。否则，仅凭借立法工具主义将彼共犯的帮助行为，直接规定为此罪正犯的实行行为终究难以令人信服。

2. 帮助型正犯与共同正犯的联系和区别。肯定帮助型正犯属于单独正犯，与共同正犯的关系辨析，实则也是单独正犯与共同正犯的辨析。共同正犯历来是个很复杂的问题，我国《刑法》第 25 条规定了共同犯罪是指二人以上共同故意犯罪，似乎从中无法直接明确共同正犯的基本含义。理论上认为，共同正犯是指二人以上共同实行犯罪的情况。具体地说，各行为人相互利用、补充对方的整体行为，必须是在共同实现构成要件的意思下，进而实现构成要件的情形，坚持的是部分行为全部责任的处罚原则。[1] 对共同正犯是共犯还是正犯，至今学说上还存有分歧。在现有的理论研究中，特别是大多数日本学者的著作中，共同正犯被置于共犯部分讨论呈现压倒性的优势。也就是说，"如果认为共同正犯也是一种共犯的话，那么，与单独正犯相同的正犯原理就是不妥当的"[2]。在有关共同正犯判断基准的学说中，形式说，即通过以严格的实行行为概念为基准的学说。从实质上来看，认为共犯的处罚根据在于法益侵害这一结果的因果性立场出发，将实行行为即具有结果发生的具体危险性的行为的分担作为共同"正犯"而加重处罚。但是，由于其形式性而游离了现实社会中所产生的共犯现象的多样性，不能充分把握其具有作为共同"正犯"之当罚性的犯罪参与者，尤其是犯罪组织性、集体性地实施的场合，隐藏在背后策划、指挥犯罪的人，即便没有承担犯罪的实行，对于犯罪实现也起了重要的作用。可以说，具有作为与实行者相同的或者说是超过实行者的"正犯当罚性"。因此，对于犯罪的实现起重要作用的人，仅以欠缺形式的实行行为的分担为由就认定为帮助犯，这一点的不合理性是不可否认的，就即使当初采取严格形式说的学者，也在理论上有所松动，正如小野清一郎从"全体性考察"这一视角出发，将"欠缺实行的行为"也包

---

[1] 参见张明楷：《刑法学》（5 版），法律出版社 2016 年版，第 396 页。

[2] 西田典之：《共犯理论的展开》，江溯、李世阳译，中国法制出版社 2017 年版，第 56 页。

含进实行行为之中。[1] 曾根威彦从使处罚的具体妥当性优先考量上突破了形式说的瓶颈。因此，在共同正犯的基准选择上，采行实质的实行共同正犯论立场，也就是说维持"实行"的这一前提，部分分担构成要件该当行为时，将实行概念作为规范性、实质性的理解。这样看来，共同正犯看作正犯是有正当性的事由。

肯定共同正犯的"正犯性"，接下来将要探讨的就是与帮助型正犯之间的鉴别，其主要体现在以下几个方面。第一，正犯形式的异同。共同正犯属于纯正正犯的基本形式，那么，这在一定程度上就把共同正犯与单独正犯在法律上的价值等同起来，而契机在于实施了构成要件客观方面的行为。在这一点上，共同正犯与帮助型正犯应归属于相同的正犯形式。所不同的是，正犯化的帮助型正犯发生的内在机理是需要重要作用说的补强，借助于立法工具固定在分则的一种正犯形式。第二，法律效果不同。通说认为共同正犯的法律效果是"部分行为全部责任"，为此奠定基础是三种基本的机能，即归责扩张机能、犯罪事实统合机能以及正犯性赋予机能。[2] 换句话说，就是旨在将归责范围扩大至其他共同参与者行为的基础上（归责扩张机能），结合所有共同参与者的行为（犯罪事实统合机能），就犯罪整体认定共同参与者（正犯性赋予机能）皆为正犯，从而扩大了分则的构成要件，将其责任承担者及于共同参与的实行者。帮助型正犯是单独正犯，没有部分行为全部责任的基础。第三，共同正犯有"共同对象"的探讨。为此，在共同正犯的"共同"上一直存在行为共同说和犯罪共同说的对立，如今形成对立的亦不是绝对的行为共同说和犯罪共同说，毋宁是缓和的行为共同说和缓和的部分犯罪共同说。二者的根本区别在于承认不同构成要件之间的共同正犯，具体体现于持重故意者的罪责。在轻罪的限度之内成立共同正犯，重罪故意者成立的是重罪的单独犯是缓和的部分犯罪共同说之基本观点；而在缓和的行为共同

---

[1]　参见西田典之：《共犯理论的展开》，江溯、李世阳译，中国法制出版社 2017 年版，第 58—59 页。

[2]　参见松原芳博：《刑法总论重要问题》，王昭武译，中国政法大学出版社 2015 年版，第 290 页。

说看来，直接认定重罪的共同正犯应发生在持重罪的故意者之情形。① 基于不同的立场，会产生不同的结果，其存在"数人一罪"和"数人数罪"之间的差异。

（二）帮助型正犯与同时正犯的辨析

在同时正犯的界定上，形成通说的观点认为二人以上在同一机会独立实施同种犯罪，在没有共同的意思联络下产生的并非共同实行犯的结果。② 举个例子来说明，就是假设 A 和 B 几乎同时对 C 实施暴力，C 遭受了伤害，虽然是由其中某人的暴力造成了伤害，但不能辨别究竟是谁的暴力所造成，而且 A 与 B 之间并无共犯关系。以上是日本学界有关同时正犯的通说观点。在我国刑法理论对同时犯的理解，也大致相同。两个以上的行为人无意思联络的情况下，同时或者近乎同时地对同一对象实施同一犯罪或者实施具有重合性质的犯罪。③ 在德、日等国家的刑法典中，没有直接对同时犯进行规定。因此，同时犯的定位并不是很明确，存有理论上的论争，也就是同时犯到底是不是一种独立的犯罪形态的问题。

在德国，同时犯隶属于单独正犯的范畴。此外，根据德国学者的理解，对于数人实施犯罪但却并不共同行事的情况，在《刑法典》并没有明确地加以规定。这样看来，谁独立于他人实现了某一构成要件，或者和他人同时实施行为但却没有形成共同的行为决意。④ 那么，同时正犯应该包括了两种情况：其一，与上文提到二人以上同时实施行为，却无共同的决意；其二，利用他人的行为决意以实现自己的目标的，也成立同时正犯，是支配性的观点所得出的结论。比如，A 知道，B 要在次日夜晚于 C 回家途中设埋伏枪杀

---

① 参见十河太郎：《论共同正犯的抽象的事实错误》，王昭武译，《江海学刊》2014 年第 5 期。

② 参见大谷实：《刑法各论》（2 版），黎宏译，中国人民大学出版社 2008 年版，第 31 页。

③ 参见高治：《论因果关系不明场合下同时犯的责任归属：以同时伤害案件为重点》，《中国刑事法杂志》2012 年第 10 期。

④ 参见乌尔斯·金德霍伊泽尔：《刑法总论教科书》（6 版），蔡桂生译，北京大学出版社 2015 年版，第 409 页。

C。A 诱使他的敌人 D，在相应的时间点抵达 B 的埋伏点。昏暗中，B 以为 D 是 C，便将其枪杀。由此看出，该论者认为同时正犯是独立的犯罪形态，属于正犯的类型之一。在提出反对意见的学者看来，同时犯属于与共犯（特别是共同正犯）既有联系又有区别的一个理论范畴，并非是犯罪的一种独立形态。[①] 本书采行的是承认同时犯的正犯地位，却不认可其二所列举的情形，同时犯的理解应该只是限于日本理论的通说，不包括金德霍伊泽尔教授所提到由行为支配论所得到的结论，此种情形应该考虑是间接正犯或者其他情形。申言之，同时正犯是纯正正犯的表现形式之一，以自己的行为实施犯罪构成要件。

厘清同时正犯的基本问题，接下来就要对其与帮助型正犯之间的关系进行辨析。可以说，二者的区别主要通过几个方面体现出来。第一，因果关系的独立性。同时犯由于不是共犯，个人就只对自己的行为所造成的结果承担责任。即便在查明是由于数人的暴行引起伤害结果的场合，只要无法具体查明其中谁的暴行引起了结果，那么个人就分别在暴行或者轻伤害的限度之内承担刑事责任。这一点与帮助型正犯是一致的。但是，这与正犯化情形下的帮助型正犯的差异性就出来了，后者是以犯罪参与形态为前提。从因果共犯论的视角，其贯彻的基本原则是行为人对因自己行为导致的结果承担罪责。利用或者通过他人行为与结果产生因果关系的，亦应承担罪责。因此，因果关系使得共犯人的范围扩大，对通过他人实施非自身亲历的行为，也如同由自己的行为所产生的结果那样，承担同样的责任。[②] 正犯化的帮助型正犯首先纳入到共同犯罪中予以考查，因为某些特定犯罪帮助行为对犯罪的实现起到至关重要的作用，并且与之相关的未遂、共犯形态与法益侵害的距离在缩减，立法考虑将其直接规定为正犯的实行行为，以便扩大处罚范围和提前处罚时点。在这一点上，同时犯与帮助型正犯之间的差异就不言而喻。第二，

[①] 参见高治：《论因果关系不明场合下同时犯的责任归属：以同时伤害案件为重点》，《中国刑事法杂志》2012 年第 10 期。

[②] 参见西田典之：《日本刑法总论》（2 版），王昭武、刘明祥译，法律出版社 2013 年版，第 305 页。

责任承担的原则不同。当同时犯的因果关系是独立的时候，那么，本就是个人就自己的行为承担刑责。然而，在因果关系不明时，根据"存疑时有利被告人"以及"责任自负"的原则，每个同时犯都只负未遂的责任。理论上对因果关系不明确，也形成了共犯拟制肯定说与否定说两种对立的见解，这主要出于对日本刑法第 207 条规定了同时正犯处罚的特例的理解异议所形成。之所以说它是特例，是因为其把原本不是共犯的同时犯，按照共同犯罪来处理，"在两人以上对他人实施暴力伤害时，当所造成的伤害之轻重程度与实施伤害之人无法被明确辨别时，是否共同实行都不影响采用共犯处断的结果"①。根据共犯拟制说的观点，刑法第 207 条的规定以有因果关系的举证责任的转换为前提，将不是共同实行犯的情况也作为共同实行犯看待，是对共同实行犯在法律上的拟制规定。② 肯定说就是支持同时伤害按照共犯处理，否定说反之。

二、帮助型正犯与修正正犯的辨析

1. 帮助型正犯与间接正犯的辨析。间接正犯通常会在规定了正犯的刑法中与单独正犯同时规定，例如《德国刑法典》第 25 条自己实施犯罪，或通过他人实施犯罪的，依正犯论处。其中，通过他人实施犯罪就认为是间接正犯的依据。间接正犯一方面基于行为事实支配理论成为正犯，另外是通过他人犯罪，因此，将其归属于修正正犯中，理论上对间接正犯的研究可谓有着极其深厚的渊源和背景。从刑法史上考察，间接正犯概念是以 19 世纪德国刑法学为中心的近代理论刑法学的产物，其发展史首先是有关正犯与共犯的区分。在罗马法和日耳曼法中并没有明确区分正犯和共犯，而中世纪的意大利法逐渐形成了二者概念上的区别，从后来的《加洛林纳法典》中明显有了区分的立法思想。直到 19 世纪，费尔巴哈在《实证刑法的基本原则和基本

---

① 《日本刑法典》，张明楷译，法律出版社 2006 年版，第 76 页。
② 参见大谷实:《刑法各论》（2 版），黎宏译，中国人民大学出版社 2008 年版，第 32 页。

概念的修订》一书中提出了"犯罪发起者"的概念，精神的发起者就相当于现在的间接正犯或者教唆犯。随后，刑法学家施蒂贝尔在其发表的文章中，细化了犯罪概念为直接发起者和间接发起者，但是这一间接发起者与现在的间接正犯并不是统一概念，间接发起者的适用范围非常广。随后又历经了毕克迈耶、宾丁、考勒等学者的研究，最终迈耶给间接正犯下定义为："通过因法律理由上不能成为正犯的人实现犯罪构成要件者，依正犯论处，称其为间接正犯。"[①]李斯特在其著述中认为，间接正犯概念的提出是为了教唆犯的补充，尽管此种观点有待商榷，却对间接正犯与教唆犯的区分产生了积极的意义。

现在的通说认为，间接正犯通常是指利用不能成为规范障碍之他人以实现自己之犯罪，或者利用他人为工具以实现自己之犯罪的一种正犯形态。[②]间接正犯这一概念虽"不是刑法典的东西，而是近代刑法理论学的产物"，然目前世界范围内间接正犯的情形直接或者间接规定于刑法中的国家或者地区，主要有《韩国刑法典》第 34 条规定、《德国刑法典》第 25 条规定的通过他人实施犯罪，依正犯论处。[③]与日本刑法至今没有对间接正犯作出明文规定相比，日本的刑法学界普遍承认间接正犯的概念，代表学者有大塚仁、西原春夫、大谷实和齐藤金作，并且认可它属于正犯的一种形态。[④]按照学者金德霍伊泽尔的观点来看，间接正犯有若干重要类型，存在于犯罪阶层的每一个阶段，例如，在构成要件阶层上就存在着间接正犯的五种类型，分别是犯罪工具的构成错误型、动机错误型、故意却没资格的犯罪工具型、没蓄意但故意的犯罪工具型以及针对加重构成要件的认识错误型；在正当化阶层也存在两种情形下的间接正犯类型。此外，罪责阶层的缺失也会衍生出几种

[①]　西原春夫：《间接正犯的理论》，成文堂 1962 年版，第 53 页；转引自朴宗根：《正犯论》，法律出版社 2009 年版，第 77 页。

[②]　参见林钰雄：《新刑法总则》，中国人民公安大学出版社 2009 年版，第 318 页。

[③]　参见大塚仁：《刑法概说各论》（3 版），冯军译，中国人民大学出版社 2009 年版，第 162 页。

[④]　参见山中敬一：《刑法总论Ⅱ》，成文堂 1999 年版，第 768 页；转引自朴宗根：《正犯论》，法律出版社 2009 年版，第 71 页。

间接正犯的类型。① 帮助型正犯的类型其实也是极其繁多的，不同于间接正犯在每一个阶层的多种存在类型。以帮助恐怖活动罪为例，该罪构成要件行为包括了六种类型，对恐怖活动组织的资助、对实施恐怖活动的个人的资助、对恐怖活动培训的资助、为恐怖组织（包括恐怖组织培训）招募或者运送人员提供资助。②

通过对间接正犯的梳理与分析，不难发现帮助型正犯与间接正犯之间主要体现在二者的区别上：（1）间接正犯属于修正正犯的类型，利用他人的行为实施犯罪，并非本源意义上的实行行为，是修正的存在；帮助型正犯是纯正正犯的类型之一，直接实施分则构成要件客观方面的行为，不存在利用他人行为实施犯罪的情形。正犯化的帮助型正犯虽以共犯为前提，与正犯之间不是利用与被利用的关系。（2）间接正犯只在仅有的几处分则条文中规定，而正犯性论证从实质化的正犯理论中找到正解。而帮助型正犯的正犯性显然通过形式客观说就能得以维系。但是，正犯化的帮助型正犯借助重要作用说，对原本属于共犯帮助行为规定为正犯实行行为的说理，有一定的相似性。可以说，重要作用说也是正犯理论实质化的表现。

2. 帮助型正犯与共谋共同正犯的辨别。共谋共同正犯的含义主要是说二人以上共谋实行犯罪，其中有人动手实行时，不直接分担实行行为的共谋者也成为共同正犯。共谋共同正犯是由日本判例所承认的，提出的理由是，有必要以正犯来处罚在背后订立计划、指示实行的幕后者。③ 从统计结果看实务中复数参与案件的处理情况，共谋共同正犯占压倒性多数，教唆犯与帮助犯占极少数。共谋共同正犯的现实状况也是极其复杂的，法院判决所承认的共谋共同正犯根据划分的标准不同分为不同的类型，其中有支配型共谋共同正犯和分担型共谋共同正犯的类型，前者代表集团头目和成员之间的关

---

① 参见乌尔斯·金德霍伊泽尔：《刑法总论教科书》（6版），蔡桂生译，北京大学出版社2015年版，第411—415页。

② 参见张明楷：《刑法学》（5版），法律出版社2016年版，第704页。

③ 参见佐伯仁志：《刑法总论的思之道·乐之道》，于佳佳译，中国政法大学出版社2017年版，第393页。

系；后一类型中，各个正犯行为人地位对等，分工实施各自的任务。还有主导型、相互教唆型以及任务分担型的种类。主导型又细分为单纯主导型、在预备阶段促使结成犯罪意思的帮助行为、有组织犯罪中的形态。而任务分担型也分为三种形态，分别是分担与犯罪实行密切相关的行为、分担其他的或者在预备阶段促使结成犯罪意思的帮助行为以及分担复数犯罪、并实行。因此，共谋共同正犯的现实状况也引起了学界激烈的讨论。

　　共谋共同正犯的理论争议很大，首先是肯定说和否定说，虽然否定说已经没有什么影响力，其将共谋的情形认定为从犯或者间接正犯的思路也不是完全没有道理可言。不过，肯定共谋共同正犯已然成为主流。因为现实存在的复杂情形使得在有关共谋共同正犯的学说上，形成了形式性实行共同正犯说、共同意思主体说、实质性实行共同正犯说、准实行共同共正犯说以及基于行为支配说承认共同正犯的五种观点。因受到刑法条文规定"共同实行"的影响，形式性实行行为共同正犯说一直以来都是日本的通说，但是，形式性实行行为共同正犯说不能把实行行为人背后的黑手作为正犯来处罚。共同意思主体说把共犯现象理解为超过个人存在的共同意思主体的活动，共同意思主体实行了犯罪时，其构成人员全体成立共同正犯。对此，批评共同意思主体说是违反了个人责任原则，现实中的共谋共同正犯并非全部是组织体，用团体理论来说明全部共犯现象是不现实的。实质实行共同正犯说维持的是实行行为＝未遂的成立＝正犯的逻辑，同时，从规范视角把实行行为定义为具有造成结果发生现实危险的行为，以此概念来肯定共谋共同正犯。但是，正犯和共犯的区别未必与行为的危险性相对应，因此，也不可取。实质性实行共同正犯说与准实行共同共正犯说能肯定共谋者的参与对犯罪事实有事实性贡献，发挥了相当于实行的重要作用，就能承认共谋共同正犯。[①] 以此与帮助型正犯进行比较研究，可以得出以下结论。(1) 二者呈现的载体不同，共谋共同正犯没有在分则中规定构成要件客观方面的行为，帮助型正犯

---

①　参见前田雅英:《刑法总论讲义》(5 版)，曾文科译，东京大学出版会 2011 年版，第414 页。

是分则的规定。(2)二者正犯性基础不同,共谋共同正犯的正犯性论证有赖于实质的正犯理论,不论是共同意思主体说、行为事实支配论也好,实质性实行行为论也罢,都与帮助型正犯的形式客观说不同。

3. 帮助型正犯与承继的正犯的辨别。什么是承继的正犯?通常来看有先行为人和后行为人各自实施行为的部分,后行为人参与实行犯罪并不是独立的意思,而是以共同实行的意思,这就是所谓承继的正犯。① 例如,A 以盗窃的意思实施胁迫,在使得 C 陷入不能抗拒的状态的阶段,偶尔经过的 B 以共同实行的意思,单独或者与 A 共同取得 C 的财物时,根据承继的共同正犯否定说,A 成立抢劫罪,B 成立盗窃罪。根据承继的共同正犯肯定说,A 和 B 均成立抢劫罪的共同正犯。对于承继的正犯而言,后行为对其加功前行为者已经惹起的犯罪部分是否承担罪责是非常重要又难解的问题。为此,理论上形成了全面承继说、承继否定说以及限定承继说。② 首先,全面承继说曾经是日本学界有影响力的学说,只要对先行为事实存在认识或者容忍,就应该对包括先行为事实在内的所有犯罪事实担责。理由是一罪的“整体不可分性”和在法律价值上对后行为者认识或者容忍先行为的事实,认定为事前存在的意思联络。其次,承继否定说在批评全面承继说违反个人责任原则的基础上,认为按照个人责任以及行为主义,对于中途参与者,只能就参与之后的事实成立共犯。出于行为共同说的基本立场,即使后行为者认识到先行为者的行为,只要没有加功于先行为,不应回溯到该行为成立共犯关系,采行目的行为论及行为支配论的见地,其结论就是后行为者无需承担共同正犯的罪责,因为后行为者对先行为者所实施的行为不可能有行为支配。而限定承继说则不同于前面的两种学说,提出在利用先行为者的行为效果的,可以认定为承继的共犯。后行为者只对其行为的部分成立共同正犯是原则,却也存在例外,即当后行为人已经认识到先行为者行为的性质和状况,仍然以共同实行的意思介入其先行为,就肯定后行为者对整个犯罪的罪责。

---

① 参见张明楷:《外国刑法纲要》(2 版),清华大学出版社 2007 年版,第 16 页。
② 参见松原芳博:《刑法总论重要问题》,王昭武译,中国政法大学出版社 2015 年版,第 319 页。

因吸收后行为人的行为被认为是利用了先行为者的行为所致效果的延续，理应与先行为人成立共同正犯。①

在承继的正犯问题上，除了后行为是否需要担责的问题，还产生了后行为担什么责任的疑问？就是中途参与的后行为者对整个犯罪事实抑或对自己参与之后的事实成立共同正犯或者从犯？有学者坚持认为，共同正犯是基于相互合意的行为支配作为处罚的根据，因而只能就参与之后的事实成立共同正犯。从犯是以从属于正犯的法益侵害作为处罚根据，因而只要部分性地促进了正犯的法益侵害，就可以对整个法益侵害成立共犯，从而否定共同正犯的成立，而坚持承继的从犯。此处从犯指的肯定就是帮助犯，不可能是教唆犯，因为先行为人实施了一部分实行行为之后，不可能再有承继的教唆，教唆是使他人产生犯意的行为。既然存在承继的帮助犯，势必与帮助型正犯有相似之处，毕竟，承继的帮助犯实施了帮助行为，帮助型正犯也是实施了帮助行为，只是承继的帮助犯属于狭义共犯的范畴。但是，"至于究竟成立的是共同正犯还是从犯，应该根据有观共同正犯与从犯的一般区别标准来决定，取决于中途参与者对参与后的事实是否施加了（修正的）行为支配"。②

赞同限定的承继说的观点认为，后行为者有条件地承担责任，至于承担什么样的责任，倾向于共同正犯的责任认定而不是承继的从犯。然而，承继的共同正犯与帮助型正犯的区别主要表现在以下几个方面。（1）正犯类型归属上的区别。承继的正犯是修正正犯，帮助型正犯因分则规定了构成要件客观方面的行为属于纯正正犯。（2）正犯性说理上不同。承继的正犯以行为事实支配论为支撑，帮助型正犯则是形式客观说，只在正犯化的帮助型正犯上，借鉴了重要作用说对帮助行为正犯化的说理和论证。（3）承继的正犯不仅在主观上对共同实行意思有要求，还要求客观上有实行行为共同的事实。正犯化的帮助型正犯虽以共犯为前提，帮助行为人不是共同实行的结果，只

---

① 参见马克昌：《比较刑法原理》，武汉大学出版社2002年版，第632页。

② 松原芳博：《刑法总论重要问题》，王昭武译，中国政法大学出版社2015年版，第322页。

是加功于实行行为。

通过帮助型正犯与其他正犯类型的对比研究，一方面是要论证它作为正犯类型扩容的可能性，另一方面也突出了其特殊性。隶属于规范的单独正犯，理论的纯正正犯，又因在正犯化的帮助型正犯问题上表现出独特性。此种独特性与修正正犯不同，却又表现出殊途同归的目的。修正正犯是无法通过形式客观说认定正犯，应采用正犯的实质理论。帮助型正犯基于形式客观说确立正犯，又借用了实质理解正犯的重要作用说对其进行理由的补强和说明。

第二章　帮助型正犯处罚的正当性根据

帮助型正犯的立法动因就是要解决第二个基本问题，即立法者为什么要采用帮助型正犯的立法例，有哪些理由或者说是从哪些方面来进行考虑的，这些理由是否合理。针对上述问题，本章主要立足于当前与帮助型正犯密切相关的研究，对学者所提出的各种立法理由进行检视性研究，以此形成三个切入视角。其一，刑事政策的目的性考量，作为首要的立法理由，终究表达了刑法的刑事政策化导向，致使帮助型正犯的范围在刑法历次修正中不断得以扩张。其二，共同犯罪归责的现实困惑是最核心的立法缘由，以正犯理论为起点对帮助型正犯进行系统的研究，并不意味着排斥共犯分析范式的适用。非共犯帮助性行为与帮助行为在共犯从属性理论下，从具有帮助性的所有行为中剥离出来。时代变迁不仅创造了生活的便利，也带来了犯罪的异化，共犯从属性的固有思维束缚了对犯罪起到不可或缺之帮助行为的重新认知，由此引发了罪刑均衡的深层危机。因此，共犯行为跳脱出原有的窠臼朝向正犯的终极归宿，才得以成行。在传统共犯归责语境下，无法实现对异化的或者新型犯罪的帮助行为进行正义且合理的责任分配，由此可以认为，这一立法模式有存在的特殊价值。其三，刑法实质化的基本要求。可以说，这是最难以感知却又真实存在的立法原因，毋宁认为帮助型正犯是刑法实质化发展的缩影。

第一节　刑事政策的目的性考量

刑法制度的建构除了考虑规范性的内在变量，还必须把政策作为刑罚制度结构中的一个重要的参数来考虑。[①] 自 1997 年《刑法》通过至今，已相继颁布了十个刑法修正案，以此来看，两个修正案的间隔时间是 2 年。在此背景下，有学者提出了我国进入了所谓"刑事立法活性化"的时期。[②] 尽管较近的两次刑法修正案，即《刑法修正案（八）》与《刑法修正案（九）》（以下简称《刑修（八）》和《刑修（九）》），均被认为是两次大规模废除死刑罪名的立法，却不能否定犯罪化、处罚早期化和重刑化的总体倾向。这些都与刑事政策息息相关，抑制犯罪的对策即刑事政策，是经刑事法来实现和体现的。对于刑事政策和刑事立法而言，与犯罪形势、社会、经济的状况相适应的重要性是不言而喻的。[③] 诸多的挑战与不确定性使得公众产生风险意识，并加剧了焦虑感与不安全感，以"安全"为目的的风险管理显然就成为现代国家政策不可或缺的部分。[④] 因此，新刑事政策的潮流在属于积极的刑事立法时代过去的十几年中，新增或者修改诸多条文和罪名，包含多方面的内容，但其中心是通过犯罪化或者重罚化来强化惩罚，体现了以"体感治安"的恶化为背景的安全、安心的要求而强化处罚的政策，因而也得到舆论的支持。帮助型正犯也正是基于此背景而得以在刑事立法中崭露头角并最终在分则条文中自成规模。对此，理应从促成刑事政策的如下三个重要维度来考察帮助型正犯的立法理由。

一、社会重大关切的及时回应

近年来，动摇刑事立法变迁的根基始终是由社会发展所带来的。社会生

---

① 参见劳东燕：《风险社会中的刑法：社会转型与刑法理论的变迁》，北京大学出版社 2015 年版，第 35 页。

② 参见程红、吴荣富：《刑事立法活性化与刑法理念的转变》，《云南大学学报》（法学版）2016 年第 4 期。

③ 参见大谷实：《刑事政策学》（新版），黎宏译，中国人民大学出版社 2009 年版，第 104—105 页。

④ 参见安东尼·吉登斯：《新版社会学》（4 版），赵旭东等译，北京大学出版社 2003 年版，第 211 页。

活的新情况和新问题层出不穷、不断涌现、社会热点的犯罪现象频频使得司法实践遭遇难题。尤其是世界大多数国家都存在恐怖主义、极端主义犯罪，同时存在网络盛行时代的新型犯罪。如何合理且有效地治理，成为刑事立法考量的重要问题。社会重大关切的及时回应首当其冲，毕竟，作为调整社会生活的一部分，刑法充当了最后却又是较为重要的手段，对重大社会关切的回应就是要对其自身作出必要的调整。社会重大关切的回应从两个层面进行解读，其一是社会大众所关注的重要社会问题，引起立法者的重视，对刑法自身的检讨和反思，进行调整、变更；其二是公众对刑事司法的重大案件、争议案件、裁判形成的评价，促使刑事司法的自省，推动错案的纠正，从而达到刑法自我修复的目的。因此，社会重大关切成为帮助型正犯立法非常重要的理由。总体上来看，主要体现在以下几个方面。

（一）对严重暴力恐怖活动犯罪及其资助行为的"零容忍"

"9·11"事件以后，世界各国迅速作出反应，尽管恐怖活动犯罪治理受到空前重视，却始终没有消失殆尽，并在全世界范围持续发酵。2004年西班牙铁路袭击案、2005年英国伦敦爆炸案、2008年印度孟买恐怖袭击事件、2009年美国底特律机场袭击案和2011年俄罗斯莫斯科机场自杀性袭击案。[①]而法国仅在2015年就遭遇连续性的恐怖袭击，"基地"组织成员在图卢兹枪杀学生、教师和士兵案，巴黎一家杂志社总部也遭到袭击，等等，其中，最为严重的恐怖袭击当属首都辖区发生的多起袭击，据资料显示，该次袭击共130人死亡、受伤的350人中有99人是重度伤害。发生在突尼斯首都巴尔多的博物馆的恐怖袭击案件，共计23人死亡。[②]距离时间较近发生在英国曼彻斯特体育馆的恐怖主义活动，也造成22人死亡、59人受伤。[③]此外，中国部分地区遭遇的恐怖活动，后果也是极其严重的，自1992年第一起发生在新疆乌鲁木齐的暴力恐怖事件——汽车爆炸案件以来，恐怖主义犯罪就

---

① 参见新华网新闻，http://news.xinhuanet.com/world/c_1118409308.htm［2016-3-22］。

② 参见环球网新闻，http://world.huanqiu.com/hot/130116.html2016-07/9［2016-07-9］。

③ 参见中国军网，http://www.81.cn/jfjbmap/content/content_178271.htm［2017-05-24］。

没有间断过，直至今日仍在持续。其中，主要以新疆地区居多，仅 2014 年新疆地区的乌鲁木齐、喀什、巴楚、和田等地均发生不同程度的恐怖袭击案件，死伤无数，最严重的是发生在乌鲁木齐的打砸抢烧事件，造成 197 人死亡，1700 人受伤。还有几起震惊世界的恐怖主义案件，如 2013 年 10 月 28 日北京金水桥事件、2014 年昆明火车站砍杀事件也造成了多数无辜人员的死伤。[①] 严重暴力恐怖主义、极端主义引起了公众的极大不满以及不安全感。因此，我国于 2015 年 12 月 27 日发布了《中华人民共和国反恐怖主义法》。恐怖主义活动的惨绝人寰，公众的热议和关注，也引起刑事立法的一波震动。

《刑法修正案（九）》针对恐怖主义犯罪增设和修改的条文是 1997 年《刑法》以来幅度最大的一次，对第 120 条之一帮助恐怖活动罪的修改，在其中增设之二准备实施恐怖活动罪、之三宣扬恐怖主义、极端主义、煽动实施恐怖活动罪、之四利用极端主义破坏法律实施罪、之五强制穿戴宣扬恐怖主义、极端主义服饰、标志罪，以及之六的非法持有宣扬恐怖主义、极端主义物品罪。其中，帮助恐怖活动罪系帮助型正犯的典型罪名，这是该罪于的第一次修改是在 2001 年《刑法修正案件（三）》中。《刑法修正案（九）》对帮助恐怖活动罪的内容修改之大是前所未有的，主要体现以下几个方面的特点：其一，增加了该罪构成要件的多种行为类型，较原有的资助恐怖组织、资助实施恐怖活动个人，增加了资助恐怖活动组织、为恐怖活动组织招募、运送人员、为实施恐怖活动招募、运送人员以及为恐怖活动培训招募、运送人员。需要注意的是所有的资助对象均依托"恐怖活动"，也说明了我国对恐怖活动犯罪打击的全面性。据联合国大会在 1999 年通过的《制止向恐怖主义提供资助的国际公约》表明，资助的对象是"恐怖主义"，而恐怖主义理解并没有获得共识，而我国强调与"恐怖活动"有关的资助行为，在一定程度上来说是做到防止处罚漏洞的最大化，入罪门槛降低，处罚范围扩大，刑罚惩处严厉。如果只是"恐怖组织"，范围就过于狭窄，资助其他组织

---

① 参见网易新闻，http://news.163.com/special/attacked_city〔 2016-05-13 〕。

实施了恐怖活动同样构罪。"个人"法定化为可能实施恐怖主义行为的任何个人，即"实施恐怖活动的个人，不限定于恐怖分子"[①]。并且只要资助了与"恐怖活动"有关的培训、招募、运送都属于帮助恐怖活动罪构成要件的行为类型。其二，处罚适用排除了刑法总则第 27 条关于对比从犯"应当从轻、减轻处罚或者免除处罚"的规定，帮助行为不能成为从宽处罚的情节。以此可见，在恐怖活动和资助恐怖活动的问题上，社会公众的反映和立法者的立法都采取了"零容忍"的态度。

然而，不得不注意的是资助恐怖活动犯罪的"零容忍"与帮助恐怖活动犯罪"较少审判"之现状形成强烈的反差。事实上，恐怖组织的维持与恐怖活动的实施均需要强有力的物质支持。据资料显示，其中"基地组织"用以维持全球网络恐怖的费用就已达到数十亿美元之多，而部分政府组织也会成为恐怖组织的有力支持者。[②] 但从司法实践的情况来看，从《刑法修正案(三)》增设资助恐怖活动罪到《刑法修正案（九）》的出台，司法机关以资助恐怖活动罪批捕、起诉和定罪的案件非常少。从 2003 年至 2009 年检察机关对资助恐怖活动罪的批捕数据来看，有四年未曾有检察机关批捕和提起公诉的任何一起资助恐怖活动罪的案件。2003 年和 2004 年虽有批捕和提供公诉的案例，却也是少之又少，每年仅对一个案件且一人提起公诉，而 2003 年批准逮捕的只有 1 个案件的 4 人，2004 年则是 6 个案件 11 人。对此，有学者将其认为是"最突出地反映了我国立法者严厉打击恐怖犯罪的姿态，最充分地发挥了象征性立法的安抚功能"[③]。另有研究从规范的意义上阐释了该现象，认为之所以造成司法机关适用《刑法》第 120 条之一较低的现实，主要是由该罪质罪状规定存在抽象的局限性，以至于操作性的瑕疵，引发对具体案件事实认定的障碍。例如，行为人已经筹集但尚未提供资金的行为能否

---

① 于志刚：《恐怖活动犯罪中资助行为之内涵：从国际社会立法差异性角度进行的分析》，《云南大学学报》(法学版) 2006 年第 2 期。

② *See* Deborah Srour Politis."Money Laundering,Terrorism Financing and Financial Networks", *IDF Law Review*, 2003（01）:258-259.

③ 刘艳红：《象征性立法对刑法功能的损害：二十年来中国刑事立法总评》，《政治与法律》2017 年第 3 期。

独立评价为资助行为，抑或成立帮助恐怖活动罪是否需要以实施具体恐怖活动为条件等问题存在着认识分歧。[①] 的确检验真理的最佳路径就是实践，现实的状况很复杂，但不是通过判决书的有无就能作出绝对肯定或者否定的结论。事实上，全国检察机关以上述列举的帮助型罪名起诉的案件非常多，2012 年，批准逮捕涉嫌资助恐怖活动犯罪案件 2 件共 10 人，提起公诉 2 件共 3 人；2013 年，全国检察机关批准逮捕涉嫌资助恐怖活动犯罪案件 3 件共 4 人，提起公诉 2 件共 13 人。而法院也不是"零审判"，在反洗钱报告中就曾经出现过两例以帮助恐怖主义活动罪的判决。帮助恐怖活动罪低审判率的重要原因，与洗钱罪不无关系。根据美国司法部的调查，恐怖活动的经费中有 30% 左右是来自于融资，通过洗钱来转移。[②] 不同于美国的立法模式，将涉及资助恐怖主义的洗钱或者反洗钱定义为资助恐怖主义犯罪，如 1994 年《美国刑法典》第 18 章 2339A 节规定了"向恐怖主义分子提供物质支持"的罪名。我国采用的是将资助恐怖主义犯罪，增列为洗钱罪的"上游犯罪"类型。因此，不能单方面从帮助恐怖活动罪的低审判率来否定其存在价值。

（二）完善惩处网络信息犯罪的法律规定

信息网络犯罪一直备受公众瞩目，网络的迅猛发展与普及，形成新型网络社会与现实社会并存的"双层社会"。而在新型法益和网络犯罪对象不断增加的推动下，网络犯罪罪名体系的扩大化已然成为刑事立法未来发展的方向之一。电信诈骗、病毒攻击、数据泄密等安全事件频发，网络传播"黄毒"的快播案、敲诈病毒案、借贷宝木马病毒案、不雅照案以及最近的"WannaCry"网络病毒攻击案的大规模爆发，并迅速席卷了全球计算机网络，包括英国、意大利、俄罗斯、美国在内的 150 多个国家沦陷，多处关键基础设施瘫痪，而在中国也有近 3 万家机构的网络受影响，其中包括警卫机

---

① 参见王新:《零适用的审判现状:审视资助恐怖活动罪的适用》,《政治与法律》2012 年第 7 期。

② *See* Jr.Fletcher.N.Baldwin., "Organized Crime,Terrorism and Money Laundering in the Americas:A Introduction", *Fla.J.Int*'l L.2002（15）:3-35.

构、政府设施部门、高校等。[①] 信息网络犯罪的立法演变，随之呈现不断扩张的基本态势，在 1997 年《刑法》中，网络犯罪的罪名基本未涉及，唯独在第六章妨害社会管理秩序罪第一节第 286 条与第 287 条规定了两个有关计算机犯罪的罪名。在如今看来，确实无法涵盖诸多的网络犯罪。直至《刑法修正案（七）》，网络犯罪的罪名体系才得以进一步严密，其第九项在刑法第 285 条中增加两款作为第 2 款、第 3 款的内容，使得有关计算机犯罪的罪名增加了三个，即非法获取计算机信息系统数据罪、非法控制计算机信息系统罪和提供侵入、非法控制计算机信息系统程序、工具罪。《刑法修正案（九）》对第 285 条作再次的修改，将犯罪主体扩张到单位。在第 286 条之下增设了拒不履行信息网络安全管理义务罪，在一定程度上填补了网络服务提供商不作为义务引致的犯罪，并增设第 287 条之一和之二的内容，帮助信息网络犯罪活动罪就是在此背景下的衍生物，与第 286 条的拒不履行信息网络安全管理义务罪共筑正反面围堵网络犯罪之高墙。从罪名完善的维度考量，网络犯罪的刑事立法转向体现在以下三个方面：其一，计算机系统保护的特殊领域延伸至对所有计算机系统的保护。其二，不满足于计算机系统安全的保护，范围扩大到了计算机数据安全的保护。其三，突破了原制裁的单一，制裁的范围不仅有计算机信息系统的安全，还包括非法提供程序、工具的行为。[②]

随着网络技术的飞速发展为我国司法审判带来新挑战，发生在 2016 年轰动全国的"快播案"较为典型。"快播案"的制造者为深圳市的快播科技有限公司，该公司于 2007 年成立，在明知网络系统服务器大量缓存介入淫秽表演视频并进行传播而不予管理，还从中间接获取巨额的非法利益。2012 年，相关管理部门对其给予行政警告处罚，并责令整改。该公司随之因投入使用"110"不良信息管理平台，过滤色情信息，得到网络监管的合格验收

---

① 参见中国贸易金融网络，http://www.sinotf.com/GB/News/Enterprise/ 2NMDAwMDI0M-DU2Ng.html/［2017-05-31］。

② 参见于冲:《网络犯罪罪名体系的立法完善与发展思路：从 97 年刑法到〈刑法修正案（九）草案〉》,《中国政法大学学报》2015 年第 4 期。

后，又提供淫秽视频表演视频的缓存和传播，并因此作为刑事案件处理。[1]快播公司作为网络服务商应当承担其安全管理义务，在明知其系统内缓存大量淫秽视频未处理，并放任其传播，以从中牟取非法利益。从犯罪的基本事实来看，认定为《刑法》第 286 条之一的拒不履行信息网络安全管理义务罪，同时又触犯其他罪名的，依照处罚较重的规定处罚。该案最终经一审、二审判决快播公司及王欣等四名被告成立《刑法》第 363 条的传播淫秽物品牟利罪。

当然，有学者表达了对当下立法现状的忧虑，提出帮助网络犯罪活动罪本质上系情绪性、象征性的立法。情绪性立法意为"立法机关在修改刑事法律的过程中，受到一定规模的情绪化民意或者舆论的影响，从而某些法律条文的增设、修改、删除是非理性的、妥协性的产物，忽视了立法自身的规律性、科学性"[2]。而象征性立法的概念是源自于 20 世纪 80 年代德国及其瑞士学者关于立法理论的分析，主要用于解决立法的正当性问题。通过学者克雷姆斯的论述，表明了象征性立法是立法者在特定时空与社会背景下对于社会问题的情绪或者价值偏好，并不发挥实质的规制效果。[3] 依据同帮助恐怖活动罪如出一辙，均是由低审判率这一结果推导出立法的非妥当性。这对帮助信息网络犯罪活动罪来说实乃不公，《刑法修正案（九）》颁布实施至今，已经可以查到一审判决书 8 个，其中 2015 年 11 月、12 月各 1 个，2016 年总共 5 个，2017 年 2 个。[4] 这足以说明帮助信息网络犯罪活动罪已经发挥了规制的效果，但由于此罪名的立法时间不长，仅以当前的低审判率就恣意认为判断其价值不足，显然有失妥当。这一点可以通过考察刑法其他罪名来否定结论的不合理性，例如，破坏交通工具罪平均算下来每年 1 个案例都达不

---

[1] 参见央广网，http://www.cnr.cn/china/gdgg/20160913/t20160913_523132997.shtml［2016-9-13］。

[2] 刘宪权：《刑事立法应力戒情绪：以〈刑法修正案（九）〉为视角》，《法学评论》2016 年第 1 期。

[3] 参见刘艳红：《象征性立法对刑法功能的损害：二十年来中国刑事立法总评》，《政治与法律》2017 年第 3 期。

[4] 数据来源北大法宝法律数据库，http://www.pkulaw.com/［2018-5-6］。

到，刑法中还有诸多的罪名也同样如此。难道这些都叫象征性立法？完全以判决书的有无或者多少作为评判的标准，并不能客观反映真实状况，《刑法修正案（九）》颁布实施的时间也不过 2 年，这会就下结论不禁有些为时过早。至少此种方法的科学性值得商榷。然而，学者提出的问题却也是值得注意和警惕的，立法在尊重民意的同时，如何保持民意和立法活动的关系之间张弛有度。此外，刑法作为社会治理的最后保障，只有在遭遇社会自我答责系统无力时，才考虑动用刑法。

（三）帮助组织考试作弊行为的严惩

考试作弊的负面报道不绝于耳，虽然有关政府部门三令五申地禁止，大到国家级别的考试小到普通的期末考试都加强反作弊措施，然而，每逢重大考试还是会曝出作弊的消息。在广东省电白县 2000 年曾经发生震惊全国的高考舞弊案，该案为有预谋、有组织、有分工的高考作弊的团伙作案，涉及教师、考生甚至是教育部门的工作人员，作案手段及其工具主要是利用 BP 机或者纸条传递答案。[1]2004 年河南镇平县高考舞弊案，37 人参与作弊 6 人刑拘。[2]2006 年重庆市研究生入学考试作弊案，2007 年西安市全国研究生入学考试作弊案，2012 年福建泉州司法考试作弊案，2014 年国家执业药师资格考试作弊案等，这些考试作弊的现象严重破坏了考试的公平竞争秩序，损害了国家考试制度的严肃性，严重影响了考试选拔人才制度的公正性和公信力。对考试作弊的行为，每每有媒体的报道，都会引起公众的大肆热议，持续发酵。为此，《刑法修正案（九）》增设第 284 条之一的罪名，即组织考试作弊罪、非法出售、提供试题、答案罪。为他人实施组织考试作弊罪提供作弊器材或者帮助的，同样按照组织考试作弊罪处罚。此条款是否属于帮助型正犯，目前尚存争议，而非法提供试题、答案罪却是正犯。

在《刑法修正案（九）》出台之前，对于组织考试作弊的行为、为他人

---

① 参见网易新闻，http://news.163.com/09/0520/00/59NGB5VO0001124J.html［2017-12-3］。

② 参见人民网，http://www.people.com.cn/GB/jiaoyu/1054/2572354.html［2017-11-8］。

组织考试作弊提供器材或者其他帮助的行为，以及非法向他人出售或者提供考试试题、答案的行为，通常是以非法获取国家秘密罪、非法生产、销售间谍专用器材罪或者故意泄露国家秘密罪追究刑事责任。此处涉及罪数问题，在下文将会详细探讨。在修正案中，组织考试作弊罪的第 2 款为他人组织作弊提供帮助的行为和单独的非法提供试题、答案罪，行为人实施的均是帮助行为。但是，属于帮助型正犯的只有非法提供试题、答案罪，为组织作弊提供作弊器材或者其他帮助，尽管因为第 2 款的规定排除其构成组织考试作弊罪的帮助犯，却没有独立的罪名和法定刑，要按照组织考试作弊罪的法定刑处罚。因此，从立法的角度来看，为组织考试作弊提供作弊器材及其他帮助的，并非帮助型正犯，诚如"本规定不是典型的帮助犯的正犯化，只是帮助犯量刑的正犯化"[①]。此外，帮助型正犯与原罪正犯的法定刑总是存在差距的，比如协助组织卖淫罪和组织卖淫罪的法定刑设置上是不同的，介绍贿赂罪分别与受贿罪、行贿罪的法定刑也有区别。既没有独立的罪名也没有法定刑设置上的区分，明显不符合罪责刑相适应的帮助型正犯立法初衷。反观非法提供试题、答案罪，严格地限定了提供试题、答案的帮助行为，其他的帮助行为符合组织考试作弊罪第 2 款的规定，则按照组织考试作弊罪处罚。对组织考试作弊的帮助行为入罪化遭到了诸多诟病，认为其"将帮助行为'正犯化'缺乏合理性，因为与为危害国家安全和公共安全的犯罪提供帮助行为相比，为组织考试作弊提供帮助的行为危害性是不可及的，不应该同前者一样将之区别对待，其法益达不到如此的高度"[②]。即便如此，仍旧不能否定其帮助型正犯的存在。

帮助型正犯不止存在于上述列举的三种犯罪中，也就是说社会的重大关切也不仅仅集中在网络案件、恐怖主义活动案件、危险驾驶案等领域，还包括危害社会管理犯罪的考试作弊案、贪腐犯罪案件等均是社会公众关注的热点。本书主要是根据最新的立法动向，透视社会重大关切的帮助型正犯动

---

① 张明楷：《刑法学》（5 版），法律出版社 2016 年版，第 1045 页。
② 周天泓：《对刑法修正案九（草案）第三十二条的探讨》，《人民法院报》2015 年第 6 期。

态。转型期的国内社会状况极其复杂，既要面临完成法治国家建设的艰巨任务，同时又要应对现代风险引发的一系列犯罪问题，社会治理工程的复杂性遭遇了前所未有的挑战。个人和国家的对立紧张关系不再成为主要矛盾，风险引致的危机，促进了个人对共同体的绝对依附关系。当人们历经了恐怖主义的浩劫，计算机病毒的全球肆虐，却无法通过自我的防御完成保护时，只能把安全的维护寄希望于国家这样一个强大的实体。以上的案例和数据无非是对当前刑事立法及时回应社会重大关切的必要性说明，暴恐犯罪、网络犯罪中的帮助行为正犯化立法是研究该问题聚焦最多的领域。恐怖主义活动、网络犯罪离不开物质的保障，帮助型正犯立法正是在切断其犯罪来源上发挥了重要的作用，毕竟，"刑法禁止威胁或者侵害法益的举止，有权力动用刑罚来威胁哪些对社会极度有害的行为，就是要确证一种期待，被社会大众所遵守，积极地强化对法忠诚和对法秩序的信任"①。

二、积极的一般预防之主张

刑法对重大社会事件的回应，在一定程度上是与民众的期待密不可分的。受制于刑罚的正当性要求，法益保护的目的和惩罚犯罪之间的关系如何平衡。有学者提出，通过积极一般预防理论来解决这一难题，既做到从回应民众之期待达到对规范有效性的确证和认同，又因法益保护和犯罪处罚之间符合比例的要求而实现平衡。②在"共犯正犯化"研究中提出，共犯正犯化立法范围的逐渐扩大强化了刑法风险的"预防性"色彩，是预防性立法策略的代表，也是法益保护为核心转向风险预防刑法的体现。③这一观点既有合理的方面，也有值得怀疑之处。在本书看来，帮助型正犯也是刑事立法的预

---

① 乌尔斯·金德霍伊泽尔：《刑法总论教科书》，蔡桂生译，北京大学出版社 2015 年版，第 22—26 页。

② 陈金林：《刑罚的正当化危机与积极的一般预防》，《法学评论》2014 年第 4 期。

③ 参见王兵兵：《"共犯正犯化"立法质疑：以帮助信息网络犯罪活动罪的增设为视角》，《苏州大学学报》（法学版）2017 年第 1 期。

防性策略，这一点上与论者的观点殊途同归，但是刑法核心仍然是保护法益，风险预防的终极目标旨在法益的保护，好比当下在风险刑法背景"法益稀薄化"的概念那般经不起推敲。犯罪预防本就不是风险刑法的产物，早在贝卡利亚就提出刑罚的目的在于预防犯罪，并且征表双重预防的思想，"特殊预防"和"一般预防"的概念最终是由边沁提出的。因此，帮助型正犯是刑法预防犯罪的立法对策之一，仍然是以保护法益为中心，二者之间并不是相互对立的关系。

当今的刑法理论皆将预防犯罪作为刑罚正当目的的事实是无法改变的，尽管刑罚目的论的观点汗牛充栋，其主要的观点有：(1) 报应刑和预防刑的统一，预防包括了一般预防和特殊预防；(2) 一般预防和个别预防，刑罚的目的不包括报应刑；(3) 特殊预防与报应的统一，一般预防不是刑罚的目的。[①] 虽然帮助型正犯是犯罪预防的刑事立法体现，却不能忽视报应刑的刑罚目的，将诸多的帮助行为入罪化或者帮助犯正犯化为更为严密刑事法网以及刑罚处罚的提早化，但也不是所有的帮助犯均能实现正犯化，根据帮助型正犯的内在原理，即在犯罪中具有实施支配可能性或者发挥了决定性作用的才有正犯化的可能，并且入罪化或者处罚的提早化并不是无上限的，仍然要平衡犯人因其犯行所有的罪责，以实现正义，正所谓"绝不能以预防犯罪是刑罚的目的之名，侵害刑法的正义性"[②]。众所周知，近代意义上的一般预防理论是由费尔巴哈提出，并呈一定的体系性。在费氏的立场里，刑罚的目的并非是对犯罪的报应，而是积极与消极地形成心理强制。刑罚的威吓作用可降低犯罪的动机，进而预防犯罪，这便是消极心理强制的体现；而刑罚的积极意义在于使得社会大众在规范的范围内遵守其内容。[③] 一般预防理论可以说是"犯罪对策论"，其基本导向是预防未来犯罪。

在一定意义上说，帮助型正犯的立法实质上彰显了犯罪预防的积极主张，尤其是一般预防，因为特殊预防的目的是通过刑罚的保安、威慑与再社

---

① 参见周少华：《刑罚目的观之理论清理》，《东方法学》2012 年第 1 期。

② 张明楷：《责任刑与预防刑》，北京大学出版社 2015 年版，第 4 页。

③ 参见林钰雄：《新刑法总则》，中国公安大学出版社 2009 年版，第 13 页。

会化功能实现的，而从帮助型正犯的立法理由来看，分则的单独规定围堵了帮助行为适用刑罚总则的法定减轻情节，从两个方面对社会大众造成不同的效果：其一，是对社会大众形成心理强制的威吓；其二，对没有违反规范的民众而言，无疑带有激励、表彰和肯定的意义，因为"刑法对违法行为的评价释放了坚守规范的人是正确的，反之触犯规范的人就是错误的信息"①。当然这不是说刑法中只有帮助型正犯立法体现了犯罪预防，毋宁说它是犯罪预防的表现之一。帮助型正犯一方面是出于对严重的犯罪，例如，危害国家安全的资助行为、恐怖活动的帮助行为的积极预防目的，将其帮助犯罪予以类型化。另一方面将具有可罚性的帮助行为予以犯罪化，例如，网络犯罪活动的帮助行为、组织考试作弊的帮助行为、组织卖淫犯罪的帮助行为等，以防止法益保护出现漏洞，严密刑事法网。帮助型正犯也体现了犯罪预防在刑事处遇上的创意，因为"历史证明仅仅是把犯罪预防着墨于刑法加重或者减轻，是不负责任的刑事政策。在刑事处遇制度上，对于新世纪需要新的创意"②。

三、风险社会范式下刑法的价值序次

刑事政策的合目的性考量应该与社会风险治理的调频一致，风险社会的现代性自反开启了刑法的现代转型，其基本思维方式促使刑法范式的转换，引起立法范式和研究范式两个层面的波澜。帮助型正犯的立法变迁过程，无不刻下立法者治理社会风险的时代烙印，分则罪名从逐渐扩大到小有规模，彰显了刑事立法出于审时度势时的价值选择。帮助型正犯作为立法者应对社会风险的手段之一固然存有其积极的意义和价值，却也不能无视它的弊端和不足。一方面帮助型正犯扩张刑罚处罚范围的同时，产生的是边界危机的基本问题，无限扩大其范围会导致刑法体系性失衡以及国民行动自由的限制。

---

① 周光权：《行为无价值论与积极一般预防》，《南京师大学报》（社会科学版）2015 年第 1 期。

② 许玉秀：《当代刑法思潮》，中国民主法制出版社 2005 年版，第 48 页。

另一方面帮助型正犯可能产生处罚提早化不当的直接后果，刑法的预防功能僭越其他机能的发挥。风险社会的刑事政策已然被"犯罪预防"所主导，"作为对未来的威胁和诊断，风险也拥有并发展出一种与预防性行为的实践联系"[1]。然而，良好的社会秩序始终需要三重防线的共同运行，首当其冲的是道德防线，排在其次的是民事法、行政法防线，刑法作为最后的防线发挥着底线保障性作用。

风险社会理论与其说是后现代思潮，毋宁说是社会的现代性自反，其基本价值之一在于引发了诸多领域的反思及修正。在应对风险的过程中，最突出的问题莫过于"风险"支配着人们关于自由和安全的辩论。安全和自由作为刑法的价值追求，从来都不是对立的关系，二者只存在位阶的问题。不同的历史时期，安全和自由轮换成为第一位价值诉求，安全无非表现为秩序的维护、公共安全，自由是指国民行动上的少受干扰，因为自由本来就是相对的。肯定帮助型正犯立法的价值在于防范风险以实现犯罪预防目的，毕竟，不同于自由主义时期个人和国家之间的对立关系，在风险社会，表现的是犯罪与个人及共同体的对立。因此，个人对共同体的依附性越来越强，国家通过立法来防控风险、预防犯罪，维护社会的安全和稳定。立法的实践也表明了这样的立场，帮助型正犯立法适用的扩大主要是对侵害国家安全、公共安全以及社会管理秩序的法益保护。这在一定程度上集中反映了犯罪化和重罚化的倾向，当然，犯罪化和重罚化并不是只见其弊不见其利，实际上是受到几个重要因素的影响，出现了应视为犯罪加以处罚的新型危害现象以及对既有的特定行为及其现象的社会评价发生了变化。这种新犯罪类型的创设及法定刑的上调不是全凭民意的高涨，也是基于一定案件数量的飙升，否则容易陷入民粹主义的刑法观。[2] 帮助型正犯的扩张实则"受益"于频繁的修改刑法活动中，并且广泛适用于公共安全、社会秩序的犯罪领域，实则也是来自于国民对安全的需要。加上某些事件"在媒体的推动下，促使公众对犯罪现

---

[1]　乌尔里希·贝克:《风险社会》，何博闻译，译林出版社 2004 年版，第 35 页。

[2]　参见川出敏裕、金光旭:《刑事政策》，钱叶六等译，中国政法大学出版社 2016 年版，第 92—93 页。

实印象的偏离"①。我们必须清楚地意识到：刑事立法中反映国民呼声的做法，其本身并非不好，但是也并非只要使得刑罚变得更加严厉就能直接预防犯罪，因为仍然应该恪守刑法谦抑性秉性。

近代以来，刑法确立了社会正义最后一道防线的保障法地位，以处罚结果犯为原则，处罚危险犯、行为犯为例外的基本理念以及责任主义原则等，这些决定了刑法应有的谦抑性和保障性。我国当前的刑事立法是以犯罪化为内容，过度刑法化所体现的不仅仅是法条的增加，同时也反映着国家的刑事政策和治理理念。当前诸多国家选择将刑法作为社会治理的优先手段，将社会效应作为重要的考虑因素，这将存在侵害公民自由、浪费司法资源、弱化治理其他方面资源配置的风险。在帮助型正犯的立法中，立法者运用设置独立罪名的方式，直接处罚行为，对共犯的帮助行为正犯化、独立化，无疑体现着刑法的扩张，但也存在上述类似的风险。关于犯罪与刑罚的讨论，除了朴素的个人体验或者常识，更应该重视以统计为根据的科学意见。

帮助型正犯带来了两个立法的新趋势：一是用单独设立罪名将突破刑法总则，处罚共犯帮助行为；二是非共犯帮助性行为大量入罪化。在《刑罚修正案（九）》中，帮助信息网络犯罪活动罪、资助非法聚集罪、帮助恐怖活动罪以及拒不履行信息网络安全管理义务罪的定罪，其均不以实际的损害结果的出现为必要条件。这类立法的设立体现出刑法的积极预防与威慑作用，但是却导致刑法总则关于犯罪中从犯规定的空置。帮助行为正犯化的模式，直接把实施帮助行为者作为正犯的实行行为对待。同时，也会导致可预测性的降低和个人义务的无限扩大，尤其对中立的帮助行为的处罚和认定。众所周知，在日常生活或正常交易中的中立的帮助行为，行为人对其违法性认识本身缺少了解，对被帮助者的信息、情况了解和审查更是非常薄弱，此类行为本身对于违法性认识就弱，通常更不可能对自己的行为是否构成违法有所警惕和清晰的认识，而对此类行为的处罚和认定，将使得行为人对自行为是

① Duffy・B,Wake・R,Burrows・T, Bremner・P."Closing the gaps:crime and public perceptions", *International Review of Law, Computers&Technology*, 2008（22）:17-44.

否合法的预测性的降低。同时，帮助行为正犯化确实对部分提供帮助者的义务进行了扩张，以网络帮助行为为例，本身分工明确，各司其职的互联网服务提供者，若要彻底避免自身犯罪，应尽可能地对其所提供的服务进行审查，以避免造成违法的风险，这显然不符合正常的互联网运营的方式，加重了网络服务提供者的义务，这样的束缚与本身以自由为优势的互联网空间相矛盾，更会对创新造成不利的影响。

第二节　共同犯罪归责的现实困惑

帮助型正犯立法的重要缘由之一是因当前共犯归责模式的缺陷，产生了立法的这一现实需要。总体上看，主要来自三个方面的问题：其一，无法充足共犯从属性要求的帮助性行为，被拒斥于共犯评价体系之外，诸如，"因缺乏故意的正犯行为而不作帮助犯处罚的情形"[①]。其可能经过立法工具主义实现犯罪化，即非共犯帮助性行为的入罪化。即便已经锁定的共犯，却因正犯案件的无法查明，引发帮助行为可罚性的质疑而无法追究。其二，我国的双层次共犯区分体系具有偏向量刑而轻视行为类型的特点，这就导致了与绝对的共犯分工分类产生逻辑上的交集和错位。帮助行为在主、从犯位置上的不固定看似游刃有余，恰恰模糊了行为本身的刑法意义，只因一个合理的刑法体系应该更重视基于行为进行的惩罚，而不是完全是结果。[②] 其三，刑事政策的犯罪预防目的贯穿于刑法体系，共犯领域不能无视犯罪预防、处罚扩大化的趋势，却又碍于处罚间接帮助、未遂帮助会遭遇理论的发难，选择退却。然而，前述由从属性引发的冲突，并不意味着在共犯认定上独立性立场的倒戈。行为类型的强调也并非是为了全然否定作用分类法，只是借以帮助

---

① 汉斯·海因里希·耶塞克、托马斯·魏根特：《德国刑法教科书》（下），中国法制出版社 2017 年版，第 889 页。

② See Morse·SJ."Reason,Results,and Criminal Responsibility", *University of Illinois Law Review*, 2004（02）:363-444.

型正犯弥合二者的罅隙。所以说，正是基于共犯归责的现实困顿，才有立法上采取帮助型正犯的必要性和紧迫性。

一、共犯从属性的桎梏

共犯从属性中的"共犯"仅限于实施了非基本构成要件行为的狭义共犯，即教唆犯与帮助犯。它们是以依赖于故意之正犯的存在而存在，因为只有实施了正犯行为，教唆犯和帮助犯的不法构成才得以实现。[1] 由此看出，正犯故意实施违法行为成为追究共犯责任的连接点。共犯从属性理论包含了与共犯理论基础相关的一系列基本问题，其本身并不是一个简单的概念。[2] 反思共犯从属性的桎梏应该采取如下两种模式：其一，基于共犯从属性的基本要求，在共犯认定和处罚上对正犯主行为的依赖，导致具有法益侵害性的帮助性行为无法纳入共犯评价体系。也就是说，并非所有的帮助性行为都能纳入共犯评价系统，被拦截于共犯高墙外的此类行为该何去何从？部分被立法选择规定于分则中作为犯罪处理，即非共犯帮助性行为入罪化。较为典型的是，在正犯缺乏故意的主行为以及"不能成立正犯的非构成要件该当行为（自杀或者自伤行为）"的情形下，不符合从属性对共犯的点，无法被共犯所评价。只能在确有必要借以处罚的情形下，将此类为他人自杀或者自伤提供帮助的行为在分则中予以规定，方能作为处罚的依据。[3] 其二，共犯帮助行为的可罚性悖论，即来自正犯的可罚性与违反个人责任的忧思，会导致其归责上的迷局。此外，本身立足于共犯评价系统的帮助行为，因犯罪异化现象面临罪责刑相适应的现实危机以及处罚扩大化的障碍，正犯化的目标就是要摆脱这一困顿，有助于正义价值和预防目的双重实现。

---

[1]　参见汉斯·海因里希·耶塞克、托马斯·魏根特：《德国刑法教科书》（下），中国法制出版社 2017 年版，第 887 页。

[2]　参见李洁、谭堃：《论共犯从属性理论的内涵》，《国家检察官学院学报》2011 年第 1 期。

[3]　参见林山田：《刑法通论（下册）》（增订十版），北京大学出版社 2012 年版，第 18 页。

（一）共犯从属性限缩帮助性行为成立共犯的范围

共犯从属性是有关共犯性质的理论，国内外学者在其基本内涵的界定问题上始终未达成共识。大塚仁是从构成要件来论述共犯从属性的，其核心意思是首先区分基本构成要件和修正的构成要件，前者是正犯的实行行为，后者分别是教唆犯和帮助犯之教唆行为、帮助行为，并认为这二者不仅有性格上的差异，在犯罪性上教唆犯、帮助犯也低于实行犯。只有当实行者实施了实行行为，教唆犯、帮助犯才具有可罚性。日本刑法第 61 条与第 62 条就分别规定了教唆犯、帮助犯以正犯为前提，同时也说明实行行为与教唆、帮助行为之间是有区别的。德国学者罗克辛在共犯从属性的问题上，采用了将法益侵犯概念作为共犯不法前提之做法。即共犯与正犯相互区别，其行为并非是构成要件之行为，但是具有构成要件故意之不法行为，也就是故意侵害之行为类型。在罗克辛看来，共犯不是亲自该当构成要件之行为者，只是间接地借由正犯之行为来对法益实施侵害，故而间接侵害法益的行为也应予以处罚。共犯行为的不法是由正犯行为不法形成的，不法规范标准的构成要件之认定是可以规范共犯的。如此一来，共犯处罚的基础就与其前提的从属性可以衔接，也揭露了构成要件对于行为人限制的根本立场。这种以法益侵害为实质理由的说明，现在得到广泛的认同，日本学者平野龙一和前田雅英也都以法益侵害的实质来论证共犯从属性。从构成要件转向法益侵害的考量，表明了"共犯从属性"的发展在正犯与共犯的"连接点"要求上愈发减少，还有"独立性"走向。然而，放弃"共犯从属性"可能面临刑罚范围无限放大以及《总则》规定虚置的风险。

反观国内研究，有学者基于日本学者对共犯从属性的理论，例如，植田重正从三个层面对从属性进行区分，即犯罪从属性、可罚从属性和实行从属性，并分别适用于共犯之共犯性、共犯之处罚根据以及共犯之实行性三个领域。平野龙一亦将从属性划分为实行从属性、要素从属性与罪名从属性三种类型，而团藤重光、山中敬一等学者还有各自的理论和观点。他们对共犯从属性的阐释较为合理，即认为共犯从属性与从属性说并非相同层面的问题，前者是一个包括了诸多内涵的体系，因涉及的问题不同，该体系会采取不同的立场。共犯从属性区分为可罚从属性和实行从属性，前者是为了解释处罚共犯的实质根据，采用的是否定从属说倒向独立性的观点，而后者是在有关共犯成立条件问题上，坚持从属性说而放弃独立性说。[①] 这就很好地解除了因一直以来在共犯成立和共犯处罚上的不加以区分的做法，以至于陷入的两难困境——共犯行为的可罚性来自正犯的可罚行为与共犯行为本身就具有可罚性，否则与违背个人责任原则之间相互矛盾，即"共犯的可罚性不是从正犯那里'借来'的；如果说共犯行为本身不可罚，只是因为正犯行为的可罚性，共犯才可罚，则违反个人责任原理"。[②] 而个人责任原则是说个人承担的责任仅仅是自己行为实施的犯罪而非他人行为产生的罪责。[③] 书中一再强调，并非所有的帮助行为都能进入共犯视野，就是立足于共犯成立的从属性这个层面来谈，那就是说非共犯帮助性行为因为没有实行从属性，所以不能成立共犯，也不是共犯行为。例如，第177条非法提供信用卡信息罪，没有正犯实行着手的问题，自然不能成立犯罪的共犯。第284条非法出售、提供试题、答案罪，为实施考试作弊行为，向他人提供第一款规定的考试的试题、答案的。考试作弊的行为并非就是犯罪的实行行为，那就不成立共犯。根据实行从属性说的观点，"帮助者的可罚性归结于对正犯行为的处罚，其刑罚后果可谓是'从属'的"[④]。脱离正犯行为谈共犯行为，法益侵害或者侵害危险的实现就已经不可能了，因为共犯行为对法益的侵害不是直接的，而是间接且依附于正犯行为的。共犯的犯罪性因正犯行为才得以表现，未有犯罪性的共犯行为在刑法上没有评价的必要和意义。由此推断，非共犯帮助性行为的犯罪性无须通过正犯来表现。

---

① 参见李洁、谭堃：《论共犯从属性理论的内涵》，《国家检察官学院学报》2011年第1期。

② 张明楷：《刑法的基本立场》，中国法制出版社2002年版，第294页。

③ 西原春夫：《犯罪实行行为论》，戴波、江溯译，北京大学出版社2006年版，第247页。

④ 恩施特·贝林：《构成要件理论》，王安异译，中国人民公安大学出版社2006年版，第183页。

（二）被共犯从属性绑架的帮助行为遭遇犯罪异化时，引发罪责刑相适应的现实危机

一方面是非共犯帮助性行为无法被共犯从属性消解，另一方面就是犯罪异化致使现有共犯评价体系的归责疲软。异化理论来源于马克思在《1844年经济学哲学手稿》系统的阐释，直至今日也一直是西方马克思主义研究的热点。如劳动异化、技术异化、消费异化等现象大量存在，社会犯罪的问题不可能在普遍性异化的情形下独善其身，即犯罪同样会出现异化。犯罪异化的出现就意味着原先建立起来的共犯秩序遭遇治理无力的现实危机。犯罪异化的具体表现为犯罪空间的位移、犯罪主体突破"人"的范围、犯罪工具的隐蔽和无形等，例如由传统的现实空间转向虚拟空间，由人工智能 AI 实施犯罪以及由实物工具转向病原体、病毒等难以被发现的犯罪工具。

共犯从属性理论绑架的帮助行为遭遇了犯罪异化有两种情形：一种把共犯从属性与从属性说相互等同，进而认为与共犯独立性说相互对立。由此认为当没法追究正犯时，从犯就不能认定，进而把帮助行为正犯化理解为专治此类顽疾的药方。例如，第 287 条帮助信息网络犯罪活动罪就常常被认为是为了打击此类犯罪而特别设立。造成这一误读的缘由是将共犯从属性不加区分地完全适用于共犯的认定和处罚，继而提出了化解帮助行为正犯化立法的难题，就是要完全倒向共犯独立性的阵营。[①] 共犯独立性的坚持使得原本非共犯的帮助行为，尤其是片面帮助犯，均可纳入帮助犯进行处理。而根据我国双层区分制共犯体系，分工分类法与作用分类法之间并无必然的逻辑关系。也就是说，在犯罪中帮助行为所产生的作用也可能是主要的，因此，帮助行为或者帮助犯的正犯化成为不必要。然而，这一观点只积极追求帮助行为入罪的结果，而忽视了对其处罚的限制。脱离了共犯从属性，对帮助行为处罚的界限将会被模糊，最终导致处罚范围的无限扩大。因此，混淆了共犯

---

① 参见陈文昊、郭自力：《刑事立法帮助行为正犯化进程中的共犯独立性提倡：从共犯从属性的理论症结谈起》，《广东行政学院学报》2017 年第 1 期。

从属性理论与从属性说，用共犯从属性绑架了遭遇无法追究正犯的异化共犯情形，必然寄希望走向共犯独行性说来解决该问题。

另一种是帮助型正犯的立法选择与"共犯从属性"引致帮助行为在当前共犯归责的缺位有密切的关系，从而引起司法裁量的束缚。传统共犯归责的固有思维把帮助行为作为从犯的行为对待，而忽略了行为类型与作用的大小，二者之间并没有逻辑上的对应关系。也就是说，帮助行为不一定在犯罪中就只是起到次要的、辅助的作用，正犯的行为也不一定就是主要作用。这样的异变也不是今时今日才有，要不然也不会在1979年《刑法》就有帮助型正犯的立法条文。随着社会的变迁，异变越来越明显，不仅发生在具有严重社会危害性的犯罪领域，一些侵害性不是特别严重的犯罪同样存在。例如，资助危害国家安全犯罪活动、帮助恐怖活动犯罪、帮助信息网络犯罪活动、帮助掩饰、隐藏类、对组织考试作弊的帮助、证件类犯罪的帮助、组织卖淫的帮助等。以网络犯罪为例，网络领域出现的新问题，使得传统共同犯罪积重难返、捉襟见肘。换言之，在网络犯罪领域共同犯罪的性质发生了异化，"面对网络空间中传统犯罪的变异态势，将部分预备行为提升、独立化为实行行为，将部分共犯行为加以正犯化，将会是未来刑事立法无法回避的两个选择"[1]。在这种结构之下，帮助者起到的绝非次要、辅助的作用。

因此，尽管区分为实行从属性和可罚从属性分别对应共犯成立和共犯处罚，共犯成立范围有所拓宽，然却无法解决异化犯罪的情形。异化犯罪不仅是改变了原先共犯帮助行为在犯罪中的作用、地位，还使得诸多在共犯语境中无法处罚的间接帮助、帮助的未遂等问题不能合理解决。而帮助型正犯实则是突破共犯从属性的桎梏，将非共犯帮助性行为入罪化以及通过正犯化解决量刑适当和处罚扩大的目的。

---

[1]　于志刚：《网络犯罪与中国刑法应对》，《中国社会科学》2010年第3期。

二、不同共犯分类方法的逻辑错位

不同共犯分类方法的逻辑错位是针对共犯的分工分类法与作用分类法而言，两种分类方法的依据各不相同。然而，二者之间并非是互斥的关系，帮助行为的实施者在犯罪中有可能被认定为主犯或者从犯，同理共同犯罪中实施实行行者有可能认为是主犯抑或从犯。这就是说，两种分类方法存在逻辑上的错位，并非是一一对应的关系。也正因如此，在帮助型正犯的问题上，可以认为帮助行为独立成罪是没必要的，因为我国现有的共犯分类系统能消化掉犯罪的异化现象，起到重要作用的帮助行为按照主犯来处罚没有任何障碍，无需借助理论探讨其正犯、实行犯的转换。这样的考量有一定的合理性。然而，不得不说，这一观点却是不完全的，因为它只从共犯这一个视角来思考问题，忽视了此类现象作为正犯所带来的效果。立法上的这一做法，真的只是单纯为了实现量刑上的正义？在本书看来，帮助型正犯更为看重的是处罚扩大化和出发时点的提前化，"共犯的刑事责任属于相对于正犯的二次责任，那么作为'二次责任'的共犯僭越为'一次责任'的实行正犯，无疑属于刑法保护节点的提前，这种提前旨在通过前置的刑事处罚强化对法益的保护"[1]。量刑只是一方面，况且在帮助行为正犯化的情形下，刑事责任未必就比帮助犯的轻。

目前来看，帮助型正犯是多数实行区分制共犯体系国家刑事立法的共有物，例如，德国刑法、日本刑法、韩国刑法以及意大利刑法等。不同于德、日参与体系下对犯罪参与人的分工分类法，我国对犯罪参与人按照其在犯罪中的作用进行分类为主，同时兼顾了分工分类的方法，被称为双层区分共犯模式。[2] 通过刑法的规定，此种双层次共犯评价体系仍旧侧重在量刑阶段的意义和价值，犯罪成立上行为类型的重要性并不明显，也就是定罪意义上的功能较弱。通常把帮助行为实施者认为是从犯，也就是在犯罪中起到次要作

---

[1]　张勇、王杰:《帮助信息网络犯罪活动罪的"从犯主犯化"及共犯责任》,《上海政法学院学报》(法治论丛) 2017 年第 1 期。

[2]　参见钱叶六:《双层区分制下正犯与共犯的区分》,《法学研究》2012 年第 1 期。

用或者辅助作用的犯罪人，进而适用总则的法定减轻理由——对于从犯，应当从轻、减轻或者免除处罚。而具体犯罪构成要件的行为类型是法定的，单纯以作用的大小认定构成某罪的主犯、从犯，而不是首先以定罪为前提，本身就存在违背罪刑法定的危险，以及司法裁量过程中自由裁量空间过度的问题。一味地只是遵从共犯人的分工，则会导致量刑妥当性的缺失。

参与形态和参与者在共同犯罪中的作用大小之间并没有逻辑对应关系，那么，我国的双层区分制体系与德、日参与人区分制度之间的关系是怎样的呢？根据《刑法》第 26 条的规定，主犯主要分为两种：犯罪集团的首要分子和首要分子以外的主犯，两种主犯的刑事责任也是分别加以规定的；前者按照集团所犯的全部罪行处罚，后者应当按照其所参与的或者组织、指挥的全部犯罪处罚。从犯也分为两种，即在共同犯罪中起次要作用的犯罪分子和在共同犯罪中起到辅助作用的犯罪分子。传统的观点认为，次要作用是相对于主要作用而言的，与主要作用相比，重要性较差，属于次要的实行犯，而起到辅助作用的从犯就等同于是帮助犯。[①] 实行犯与正犯不是同一概念的观点已经取代了传统理论认为的二者同一说，正犯概念的外延比实行犯大，也就是说正犯除了实行犯外，还有其他的情形，由此，也可以逻辑地推出帮助行为与主犯、从犯之间的关系（如图 2—1）。

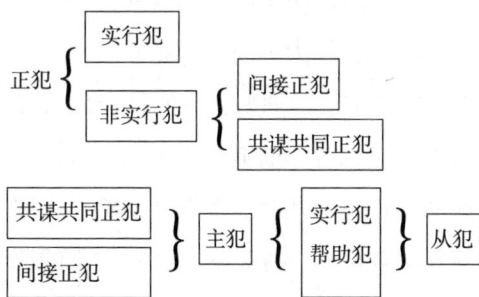

图 2—1　两种共犯分类法的逻辑错位

上述的图示均说明了主犯和从犯之间并不是非此即彼的关系，二者之间

[①]　参见高铭暄、马克昌：《刑法学》（7 版），北京大学出版社 2016 年版，第 175 页。

有交集。在共同犯罪中，起到主要作用的有可能是正犯中的实行犯，起到次要作用的实行犯成立从犯。而帮助犯在共犯中，有可能起到主要作用，也可能起到次要作用。必须说明的前提是前述所言的，排除正犯中的实行犯在同一个共同犯罪中既是主犯又是从犯的情形，这样的情形在一个共同犯罪中是不存在的。以此可以得出，间接正犯和共谋共同正犯因为在犯罪中对整个犯罪事实的绝对支配，只可能成为主犯，不能成为从犯。而帮助型正犯同间接正犯、共谋共同正犯一般只能成立主犯，不能成立从犯，但是与起到主要作用的实行犯、间接正犯、共谋共同正犯有所区别，否则也无需在刑事责任对帮助型正犯加以区别。明确了帮助型正犯的主从关系，有必要对其社会危害性图景进行描绘，因为在我国刑法语境中"社会危害性具有强大的解释功能"①。以社会危害性大小来表示帮助行为正犯化情形的帮助型正犯的关系（如图2—2）。

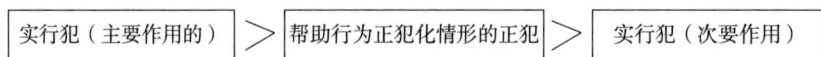

实行犯（主要作用的） ＞ 帮助行为正犯化情形的正犯 ＞ 实行犯（次要作用）

图2—2　帮助型正犯与主从犯的社会危害性

在这一关系中也间接揭示了帮助行为正犯化情形下的帮助型正犯之所以被分则单独设置条文，一方面说明了此类的帮助行为在共犯中的重要性，与普通促进、辅助意义上的帮助行为不同，对犯罪结果的实现具有必不可少的作用；另一方面在共同犯罪中，帮助型正犯的社会危害性低于主要作用的实行犯，这一点可以从立法对二者的刑事责任甄别上看出。对于相对起到次要作用的从犯来说，帮助型正犯的社会危害性又要略显高些。所以，即使是次要作用的从犯在我国刑法规定中，也是实行必减主义的原则，而帮助型正犯不能适用刑法总则关于从犯的法定减轻处罚。可以说，通过考察分类方法的逻辑错位，有助于厘清帮助型正犯的社会危害性与刑事责任之间的关系，即

---

① 魏东:《论社会危害性理论与实质刑法观的关联关系与风险防范》,《现代法学》2010 年第 6 期。

帮助型正犯的社会危害性与刑事责任之间呈现的是正相关的关系。例如，帮助恐怖犯罪活动罪的法定刑设置是五年有期徒刑、拘役、管制或者剥夺政治权利，并处罚金；出现情节严重时，有期徒刑在五年以上，并处罚金或者没收财产。恐怖活动组织的参加者分为两种，一种是积极参加者，处三年以上十年以下，并处罚金；另一种是其他参加者，处三年以下有期徒刑、拘役、管制或者剥夺政治权利，可以并处罚金。这两个罪名就是诠释这一关系最典型的事例，帮助恐怖犯罪活动罪的量刑就介于组织、领导恐怖活动罪主要作用的实行犯与其次要作用的实行犯之间。然而，作用的强调并非是帮助型正犯侧重的，单纯对认为是严惩起到主要作用的帮助行为，显然太过片面，真实的目的在于确立起正犯地位以便扩大打击面，提前处罚时点，凸显对犯罪预防的刑法追求。

三、帮助行为的归责障碍

判例和通说至今都以贯之地采用实行从属性，但是，目前是通过条文制约建构从属性说的基础，实行就应该被认为是指该当基本构成要件的行为，不包括共犯构成要件和预备罪的构成要件。由此，可以进一步"推导出在刑法中没有规定的再间接教唆和间接帮助以及预备罪的共犯是不可罚的"[1]。刑法的因果关系是指实行行为与法益侵害结果之间的因果关系。在共犯体系中，帮助行为显然不是实行行为，其被刑罚处罚的理由在于促进了法益的侵害，与正犯行为之间有因果关系的存在。诚如"刑法上理解因果关系，法益保护的思想具有决定性作用，也就是说凭借于对规范的遵守，当事人必须避免或者阻止那种被评价为损害法益的特定损害。按照这种目标设定，因果联系在一定程度上便是'行动方案'"[2]。行为归责主要与实行行为的界定相关，

---

[1]　西田典之：《共犯理论的展开》，江溯、李世阳译，中国法制出版社 2017 年版，第 22 页。

[2]　乌尔斯·金德霍伊泽尔：《刑法总论教科书》（6 版），蔡桂生译，北京大学出版社 2015 年版，第 7 页。

狭义的结果归责大致与刑法因果关系所讨论的主题相对应。[①] 从德国刑法学的发展谱系看，归责概念的重视是始于普芬道夫时代，费尔巴哈在使用归责概念的同时，根据对象的不同区分为两种归责，即是对行为的归责和对责任的归责，前者意指的是某个主体是某个事实的自由的原因，后者则表示行为人对事实归责的责任。[②] 帮助行为的处罚以对帮助行为的归责为前提，不能归责于帮助行为，就不能对其进行处罚。在共同犯罪中，帮助犯处罚的根据分别有责任共犯论、不法共犯论以及因果共犯论三种基本的立场。责任共犯论与不法共犯论因存有无法克服的天然缺陷，决定了帮助犯处罚只能是围绕着因果共犯论为核心而展开。要归责于帮助者的最低限度要求，是帮助行为对犯罪流程产生实际上的影响，有因果贡献。[③] 也就是说，在帮助的因果关系问题上，坚持的是因果关系必要说的观点，这也与当前在德、日刑法居于支配性地位的"限制正犯概念"及"共犯从属性说"之立场互相衔接。

一直以来，帮助犯的归责重心在于帮助行为对于正犯实行本犯罪行为及结果，是否需要存在因果关系或者贡献？主要形成两种完全相背离的意见，即因果关系不要说和因果关系的必要说。前者是指只要帮助行为对正犯实行行为"可能"有所助益就足以，无需帮助行为有实际的作用，即使是无效的帮助，也能对帮助行为人进行归责，其可罚性未必要依照适用在正犯领域的因果或者归责关系而定。[④] 在因果关系肯定说看来，帮助行为与帮助结果必须有因果贡献，否则就仅止于帮助行为本身未达到帮助目的的未遂帮助阶段，未遂的帮助不可罚。确定了帮助行为的因果关系，还应该进一步关注因果关系的具体内容，关键要明确的是"帮助行为、实行行为以及正犯结果之间的关系问题"。换句话说，就是要弄清楚帮助行为之因果关系的具体内容究竟是帮助行为与实行行为，还是帮助行为与正犯结果之间的关系。帮助

---

① 参见劳东燕:《风险社会中的刑法:社会转型与刑法理论的变迁》，北京大学出版社2015年版，第87页。

② 参见张明楷:《犯罪论的基本问题》，法律出版社2017年版，第88—89页。

③ 参见陈子平:《刑法总论》(增修版)，中国人民大学出版社2009年版，第409页。

④ 参见韩忠谟:《刑法原理》，北京大学出版社2009年版，第283页。

行为与正犯结果实则已经包含了与实行行为的因果关系，也就是说，共犯责任的建立必须有促进行为或者促进结果，至少有促进行为的情形下才能建立。① 而只是把帮助行为与实行行为之间的关系作为帮助因果关系的具体内容，可以认为因果关系的要求比与结果因果关系低。对于帮助型正犯而言，帮助的因果关系无需与单独正犯的因果关系相同，将"帮助之因果关系"求知于"帮助行为与实行行为间的关系"即可，无须直接求知于帮助行为与正犯结果间的关系。②

帮助型正犯在"帮助因果关系"问题上采取了必要说，并且只要求"帮助行为与实行行为间的关系"。这不禁让人产生困惑，帮助犯的"因果关系"亦不过如此，理论上型构"帮助型正犯"这一概念，岂不是多此一举。事实上，立法实践的经验告诉我们，二者之间本是相互关联的，帮助型正犯中部分罪名就是由帮助犯得来，这也应承了实现帮助型正犯的路径之一——帮助行为正犯化，只是帮助犯与帮助型正犯毕竟属于不同范畴，"帮助的因果关系"在二者之间还是存有差别。主要体现在三点：其一，是过程的超越，也就是说帮助行为不再拘泥于对正犯实行行为的促进公式，已经达至实行行为一般，适用帮助犯刑事责任的"必减主义"，有失公平；其二，是结果的更胜一筹，简言之，按照因果共犯论的惹起说认为帮助犯是通过正犯行为而间接地侵害法益，从这点来说，帮助型正犯亦是如此，只是侵害程度上比帮助犯要低或者说法益种类上有所选择。举个简单的例子，侵害了严重公共法益情形下的帮助行为就不再以帮助犯处理，某些危害社会秩序的法益的帮助行为也直接被认为是正犯行为，而侵害公民人身权利、财产权利类的法益却没有帮助型正犯的立法。这并不是说哪一个法益更重要，意在表明帮助型正犯的立法不轻易进入私法益的领域，显然也是立法者的审慎。其三，是在某些帮助型正犯因果关系的判断上，会遭遇一种尴尬，那就是正犯实行行为不可罚或者不是犯罪行为，却要处罚帮助行为，着实令人费解。常发生的实例，

---

① *See* Young Cho Gi."Intellectual Accomplice and the Causality of Accomplice". *Journal of Criminal Law*, 2014，26（03）:61-91.

② 参见陈子平：《刑法总论》（增修版），中国人民大学出版社 2009 年版，第 410 页。

不同于传统物联社会的有形空间，网络犯罪中技术熟练的行为人"黑客"往往是不容易被抓获的，处于犯罪链低端的参与其犯罪之行为人容易被发现，就要面临因不能确立正犯，共犯行为如何认定的问题。① 然而，正犯实行行为的不可罚有可能是因为它对法益侵害而言是无足轻重的，却不能以此否认帮助行为的重要性，再次需要强调的是行为类型不能替代作用大小的逻辑。因此，合理对待正犯行为结果归属于帮助行为者，不至于出现重刑化或者轻刑化的极端。

当然，在归责问题上，有学者意图通过所谓的风险提高理论或者强化因果关系的观点，来消弭帮助行为与正犯行为之间的关系，直接进行归责。只能说可以参考和借鉴，不能被完全认可。反观德国刑法理论上炙手可热的客观归责理论，将因果关系问题与归责问题区分看待。因果关系的基础是条件说，只有在肯定了因果关系的前提下，才考虑是否是行为所制造了符合构成要件且不被允许的危险，此不被允许的危险是在构成要件的保护范围内实现时，才能将该结果归责于行为。② 在实行行为的范围上，客观归责理论对行为的范围和性质并未禁锢，这在一定程度上来说有助于建构帮助型正犯的因果关系理论，帮助行为如果制造了不被允许的风险，并且在构成要件范围内，似乎用以解释帮助型正犯，更为合理。也省去诸多更为复杂的论证，特别是正犯性的论证，应以危险的制造即可替代。以至于在帮助型正犯的范围限缩中，也可以用客观归责理论来解释某些帮助行为不被正犯化或者不属于构成要件的行为类型。但是，需要再次强调的是"单单以所谓的提高风险或者说行为人的行为使犯罪容易实现，根本就不足以建构起使用刑罚的基础"③。

---

① *See* Hui K.k.,Kim S.s,Wang Q.q."Cybercrime Deterrence and International Legislation: Evidence from Distributed Denial of Service Attacks". *MIS Quarterly*, 2017,41（02）:497-A11.

② 参见张明楷:《刑法学》(5 版)，法律出版社 2016 年版，第 178 页。

③ 黄荣坚:《基础刑法学》(3 版)，中国人民大学出版社 2009 年版，第 557 页。

第三节　刑法实质化的基本诉求

帮助型正犯的立法分布在一定程度上表明了对社会防御系统的刑法强化，这实际上暗合了立法实质化所追求的实质公正、社会福利之应然逻辑。尽管实质刑法观的倡导者极力再推行一种理念，实质正义对形式正义的矫正，将排除虽符合条文规定却不当的入罪。[1] 具体来看，实质刑法观是在坚持形式理性的基础上，更强调"结论的合理性、妥当性必须优先于逻辑的整合性"[2]。然而，这一主张也遭到诸多质疑。形成一定影响的观点是因实质立法建构论的理性主义，有可能不当地干预个人的自由和发展。[3] 尽管如此，刑法的实质化发展仍然是趋势，且帮助型正犯也不能置实质化背景独善其身。因此，刑法实质化理应成为考量帮助型正犯立法的基本理由之一。以往研究仅涉及正犯概念的实质化问题，没有拓展到有关实质化的其他知识形态，比如说它的构成要件类型实质化、罪责的实质化等问题。在帮助型正犯的结构组成中，部分帮助行为毕竟不是本源意义上的实行行为，就好比共谋行为一样，帮助者或共谋者为什么就能成立正犯呢？本书第一章就提到了"正犯性"的判断在形式客观说的基础上，借以重要说的实质客观进行补强和作更强的确证，这与刑法实质化理论存有暗合。因此，帮助型正犯作为实质刑法观的缩影，应该从其自身蕴含的实质化刑法问题入手进行相关的探讨，主要体现在以下四个方面：其一，正犯概念的实质化发展，拟成为解决帮助型正犯具有正犯地位的补充依据，帮助行为人成为正犯的可能性问题；其二，构成要件行为类型的实质化，旨在释清此类帮助行为成为构成要件行为类型的理由，强调行为的变化；其三，实质违法性，帮助行为的违法性判断的实质标准；其四，罪责的实质理性，主要从责任承担的正义性，探讨帮助型正犯设置的合理性。透视刑法理论实质化研究帮助型正犯的问题，必须

---

① 参见刘艳红：《实质刑法的体系化思考》，《法学评论》2014 年第 4 期。

② 前田雅英：《刑法总论讲义》（5 版），曾文科译，北京大学出版社 2017 年版，第 19 页。

③ 邓正来：《自由与秩序》，江西教育出版社 1998 年版，第 11 页。

也始终摒弃这样的一种观点：实质化带来犯罪化。实质化更强调的是非犯罪化或者减少入罪化的原旨，细究刑法分则条文的适用就会发现，并没有对具体行为事实作出规定，仍然是有赖于对构成要件的解释来认定行为的符合性。解释的方法有很多种，解释的结论有可能就会形形色色，一味地加入法益侵害性或者社会危害性作为对形式理性的修正或者说限制，毋宁说已经倒向了实质论的方向。实质论所能提供的实质标准，本质上也是限制处罚范围，排除只是符合形式理性却不具有实质的危害性或者社会危害性行为的犯罪性，这样看来就实质化并不是犯罪化。当今德国目的理性体系大行其道，直指犯罪论体系之设计目的在于犯罪预防，进而在这一目标的指引下安排其中的要素。

一、构成要件行为类型的实质化

贝林的构成要件论对现代刑法教义学的贡献之一，是区分了构成要件类型和不法类型，"不法类型是规范类型，而构成要件类型只是进行挑选生活事件的预备工作，只是进行描述性的个别化，规范化本身不得放到类型之中去"[1]。帮助型犯罪是一种犯罪类型，这一犯罪类型是由刑法分则的诸多具有某种特质罪名所组成的，共性的特征就是由帮助行为实施构成要件的行为类型，而它们各自的构成要件类型又是个性的，具体的每个犯罪的行为类型都是不同的。因此，帮助型犯罪不能与具体的犯罪的构成要件类型混同。确切地说，帮助型犯罪作为一种犯罪类型，显现的是不法类型，不法类型就不止于构成要件类型，应该还有违法类型。构成要件类型实质上就是立法者基于科学的或者是民意的依据，对由帮助行为进行的事件或者活动进行筛选，最终行为类型不是只靠分则条文就能看出的，更多是有赖于法律的解释，明确而具体地圈定行为类型的范围和内容。以往的帮助型犯罪研究，更多集中于犯罪类型的层面进行，也就是笼统地把诸多由帮助性行为实施的活动高度

---

[1]　蔡桂生：《德国刑法学中构成要件论的演变》，《刑事法评论》2012年第2期。

抽象为某一类型的犯罪。而构成要件的行为类型确是不能进行抽象，因为其是每个具体罪名独有的，也是不相同的。例如，帮助行为表达的只是一个抽象、笼统的活动，而有些犯罪是物质上的帮助，有些犯罪却是技术上的帮助，当然也有精神上的帮助，只是精神上的帮助在帮助犯中可以发生，在帮助型正犯中没有存在的必要。

构成要件类型实质化存在两个层面的问题：一个就是行为类型的问题，终归也是实行行为的实质化问题；另一个是实质解释的问题。尽管每个罪名的构成要件的行为解释也是具体的，但是，在解释上应该有一个统一的标准，即标准的实质化。在正犯概念实质化发展的内容中，以因果关系的法益侵害取代了构成要件的关联性，是判断正犯概念的实质转向，随之带来的也是实行行为认定的实质化。刑法分则条文的适用必须依赖于具体各犯罪的构成要件的解释，一直以来形式解释和实质解释是两种不同的立场，曾经还掀起了中国学术界的争鸣。不同于德、日的阶层犯罪论体系，平面耦合式犯罪论体系从整体上把犯罪的主、客观要件统一起来。然而，二者在刑法的实质化问题上有着惊人的一致，可谓殊途同归。前者主张对"构成要件的解释上不能停留在条文字面意思上，必须以法益保护为指导，同时考虑了违法性和有责性的可罚性程度"[1]。后者认为："我国刑法犯罪构成要件是从整体上说明行为的社会危害性达到应当追究刑事责任程度的各种要件之统一，它从来就是实质的。"[2]法益保护和社会危害性本就是实质的理论，但是，说是实质的解释论也好，实质的思维方式也罢，其实并不是一定把它与形式理性相互对立。就是说解释帮助型相关罪名的条文时，以坚持实质解释论的立场为主，同时不忽视形式解释的重要性。

在帮助型正犯的具体罪名中，构成要件的解释不能脱离条文的形式表达，而实质理论主要是用来限制其解释的范围，但是，无论是社会危害性还是法益保护，都是太过于抽象的实质性理论，才有学者提出的违法性、有责

---

[1]　张明楷:《实质解释论的再提倡》,《中国法学》2010 年第 4 期。
[2]　刘艳红:《犯罪构成要件：形式抑或实质类型》,《政法论坛》2008 年第 5 期。

性程度的考察或者是处罚和预防必要性、合理性的介入。帮助型正犯的罪名是很复杂的，范围也是很广的。在每一个具体的犯罪中，什么样的帮助行为才足以纳入其构成要件的行为类型之中，按照条文的字面意思进行解释，显然作为案件判决的依据是徒劳的，甚至是危险的，因为语言具有不确定性、多义性。例如，帮助恐怖活动罪的构成要件的行为类型有六种，司法解释对"资助"进行界定，其主要体现为恐怖组织、实施恐怖活动的个人或者恐怖活动培训筹集、提供经费、物资或者提供活动场所、训练基地以及其他物质便利的行为。诸如此类的帮助行为于公共安全而言，有抽象的危险。然而，恐怖组织以及其犯罪活动均具有较大的法益侵害性和危险性，刑法的预防必要性也是极大的。① 试想医者帮助正在实施恐怖活动的个人疗伤的行为，显然不属于帮助恐怖活动罪的构成要件行为类型，医者仅仅是在偶然情况下提供帮助行为，对公共安全法益而言没有任何的危险，没有处罚的必要性，也没有预防的必要性。近年来有关中立帮助行为可罚性问题，理论上存有很大的争议。通常认为，中立帮助行为是指外观上无害，客观上对正犯行为或者结果有促进作用，最常见的就是一些日常生活的行为、职业行为、习惯性的业务活动等，例如，刀具店老板出售菜刀的行为。② 当通过既有的刑法分则的罪名无法处罚网络中立帮助行为时，也会将无正犯或者因网络犯罪的隐秘性、复杂性无法追究正犯的帮助行为直接通过立法，设置单独的罪名。但是，实质解释不等同于入罪逻辑，更不是重罪逻辑。

解释帮助行为正犯化相关刑法条文时，以坚持实质解释论的立场为主，同时不忽视形式解释的重要性。解释是在认定了正犯的基础之上对规范的阐释，在解释帮助犯的正犯化规范时，以法益保护的目的为指导，同时受制于罪刑法定的基本原则。实质解释论的提倡者张明楷教授提出其实质解释是有特定的指向，主要适用于构成要件的解释，包含两个方面的内容：符合性的判断与相关未遂犯等问题的解释，必须有处罚必要性和预防必要性的考量。

① 张明楷：《刑法学》（5 版），法律出版社 2016 年版，第 704 页。
② 参见陈洪兵：《中立的帮助行为论》，《中外法学》2008 年第 6 期。

例如，介绍贿赂罪与行贿罪、受贿罪共犯的区分，必须从实质解释的角度进行把握。从介绍贿赂罪的字面含义来看，介绍贿赂的行为与行贿罪、受贿罪的帮助行为对法益侵害相差甚远，仅仅一个介绍贿赂的行为对于"职务的不可收买性、公正性"的法益侵害性还没有达到值得科处刑罚的程度，而行贿罪、受贿罪的帮助行为是通过实行行为间接侵害了法益，促成了正犯实施符合构成要件的法益侵害行为。所以，介绍贿赂罪有"情节严重"的要求，而行贿罪、受贿罪的帮助犯没有这一规定。此外，甲从乙处（正常营业商店）购买菜刀可能是去伤人，乙仍然出售，后来甲果真用在乙处买的菜刀伤了人，如果有人说乙构成了故意伤害罪的共犯，一旦刑法阻止了乙出售菜刀的行为，那么社会的正常交易就会被扰乱，其可能的后果之一就是过度犯罪化，进而导致日常生活的活动萎缩，侵害到人民的行动自由。因此，实质解释不是入罪解释，只是需要考虑其边界的合理性问题。

二、违法性的实质走向

在分析犯罪的特性时，不由联想到与之相近或者相关的概念，即违法行为、违法性、犯罪、危害行为等。刑法中的违法行为已经在构成要件的探讨中消弭，违法性成为另一个核心的问题。对违法性的判定，通常有形式和实质两个方面的内容。违法性的实质判定是认定行为是否构成犯罪的关键。因此，刑事违法性与实质违法性的鉴别出现了两种观察视角。总体来说，形式违法性的概念并无太大的争议，形成分歧的是实质违法性是法益的侵害，抑或是社会生活之秩序。这种主张在一定意义上丰富了违法性实质内容的内涵，并确认了违法性的实质性判定的价值和意义。

大多数的大陆法系国家刑法理论，倾向于从阻却违法事由的法定性做消极性的判断。[①] 也就是在构成要件与违法性的关系上，坚持了征表说的观

---

① 参见徐岱、沈志民、刘余敏：《犯罪本质与实质违法性的判定》，《吉林大学社会科学学报》2009 年第 6 期。

点，拒斥存在事由说和折中说。存在事由说和折中说本质上认同了构成要件含有一切违法要素，有悖于大陆法系国家犯罪成立的三层次递进式的判定模式，将违法性完全融会到构成要件该当性中，使违法性本身丧失了独立的评价价值。事实上，构成要件并不一定包含一切违法要素，即使有时构成要件含有规范要素，也不能把符合构成要件行为都视为违法性行为。在征表说看来，构成要件具有法定性、类型性和定型性，违法性是被推定的，当行为符合了构成要件的要求，则初步推定行为的违法性，一旦该行为缺乏违法要素或者具备违法阻却事由，该违法性的推定就被瓦解。以此可见，构成要件对违法性有积极和消极的两重意义：积极意义就是指该当构成要件就推定了形式违法，消极意义则是阻却事由将违法的推定止步于此，无须进入有责性的评价。

以上的内容是从构成要件和违法性之间关系切入实质违法性的问题，回归违法性判断本体更为重要。违法性判断紧扣"结果无价值和行为无价值"的主题，结果无价值与行为无价值之争超越了违法性判断的领域，延伸犯罪论、刑罚论与许多具体犯罪的各个方面。因此，帮助型正犯的违法性判断或者对实质违法性的探讨，仍然是以"行为无价值和结果无价值"进行。帮助型正犯呈现的抽象危险犯、行为犯的特征，违法性判断坚持行为无价值二元论的立场，这不是说在其他类型的犯罪就换了一套违法性的判断标准，毋宁说行为无价值二元论置于具体的帮助型正犯中探讨。按照行为无价值二元论的观点，将行为的规范违反与法益的侵害同时评价，只有是行为规范的违反引起了法益的侵害才能认为是犯罪。[1] 众所周知，当前的行为无价值和结果无价值之聚讼已经不再是把二者简单对立，由此发展行为无价值二元论和结果无价值。前者是在客观的法益侵害之外，同时考虑主观意志内容是否得到实现，综合评价法益侵害的过程。[2] 在结果无价值论的立场上看，只是将犯罪的实质看作是结果发生、行为对社会外界造成影响的产物。[3] 按照共犯从

---

① 参见曾根威彦：《刑法学基础》，黎宏译，法律出版社 2005 年版，第 85 页。
② 参见周光权：《行为无价值与结果无价值的关系》，《政治与法律》2015 年第 1 期。
③ 参见曾根威彦：《刑法学基础》，黎宏译，法律出版社 2005 年版，第 85 页。

属性的理解，帮助犯从属于正犯的不法，所以帮助行为本身并不一定直接地实现对法益的侵害。而对帮助型正犯来说，刑法主要择取了某些侵害国家安全、公共安全或者社会秩序的基本犯罪的帮助行为、资助行为进行类型化，这类帮助行为不是局限在间接对法益的侵害问题上，行为本身可能对法益产生了威胁。[①]

三、罪责的实质理性

责任决定了国家刑罚权的基础和边界，关系到处罚合法性的问题。通说的观点认为，帮助行为对法益侵害而言是一种间接的存在。帮助行为正犯化的立法带来的直接影响，即是刑罚的提早化和刑罚范围的扩大化。一方面，未遂的帮助行为不处罚的情形，也因正犯的确立使得处罚的常态化、提早处罚；另一方面，原先作为帮助犯或者不作为犯罪处理的帮助行为，一旦确立正犯的地位，改变了对其间接帮助行为或者教唆行为鲜少处罚的现状。在帮助型正犯中，除了帮助行为刑罚处罚的合理性问题，还有间接帮助行为、未遂帮助行为等处罚合法性的问题，而责任的认定成为了刑罚权的关键。帮助型正犯的有责性判断，探讨的是一个符合刑法分则规定的构成要件的违法帮助行为以及与之相关的未完成形态、共犯形态行为，是否有罪责的问题。在帮助型正犯的罪责探讨上，可以从两个方面进行，定罪责任和量刑责任。将构成要件符合性认为是违法、有责类型，则可以认为是一个定性的判断过程，以此就可以认为，责任就是一个有内在量的变化、横跨可罚性判断的犯罪论和研究量刑规则的刑罚论的教义学范畴。[②]

首先需要明示的是罪责的实质理性既不是指实质责任，也不是指实质责任论的观点，它们之间是存有差别的。其一，实质责任概念与形式责任概

---

① 参见陈毅坚、孟莉莉:《"共犯正犯化"立法模式正当性评析》,《中山大学法律评论》2010 年第 2 期。

② 参见王钰:《功能责任论中责任和预防的概念: 兼与冯军教授商榷》,《中外法学》2015 年第 4 期。

念相对，前者意在解决的是，符合什么前提条件才能判断行为人是有责任的，后者则是现行法要求的基础和前提。其二，实质责任论是有关责任论本质的一种观点，由日本的前田雅英教授所主张，与旧说的心理责任论、通说的规范责任论和新说的社会责任论有所区别。其三，罪责的实质理性其实是说，罪责理论发展的实质化。主要是超越了原有的规范责任论，将刑罚目的贯彻到责任理论，也就是预防的必要性纳入责任的考量。毋宁是融合了规范责任论的内容，并且以责任的预防为基点来考虑责任的有无。①刘艳红教授在实质刑法观的体系化思考中提到有责性的问题，其认为实质刑法观有其独特的有责性。罪责理论的变迁实则与刑法的发展和变化亦步亦趋，从结果责任论、心理责任论、规范责任论到功能责任论的嬗变，预防刑的特性愈加突出，顺应刑法理论的实质化。责任是对"过去行为之规范性的非难"作为内容，与刑事政策目的"对于将来犯罪之预防"一同作为刑罚发动的前提和依据，这也是帮助行为入罪的正当理由。

在德国刑法占有通说地位的规范责任论，是自觉于旧说的心理责任论发展起来的，或者说是在对心理责任论的反叛中产生的。心理责任论在没有认识过失的归责问题上陷入了困境并无法解决，违法阻却事由与责任排除事由在此理论下无法进行区分，这却是被规范责任论所解决的困惑，因此规范责任论一度占有非常重要的理论地位。它把有责性看作是对于行为人不法行为的可非难性，行为人基于故意或者过失而有不法行为，不能绝对地肯定其刑事责任，必须进一步做评价的工作。换句话说，依据构成要件符合性推定违法和有责，有责性的确认不是由故意或者过失来决定的，而故意、过失只是责任的基本要素之一。此外，还应该排除责任事由和阻却责任事由，才能认定有责。功能责任论属于社会责任论的范畴，社会责任论以社会预防机制归责，简单地说为了社会安全，即使人不自由，还是必须有刑罚。功能责任论并非是单一的结论和观点，主要分为两个路径：其一较为典型的是雅各布斯教授为代表而主张的功能责任论；其二则是罗克辛教授在规范可交谈性理

---

① 参见冯军：《刑法教义学的立场和方法》，《中外法学》2014 年第 1 期。

论基础上构建的体系性责任概念。[①] 雅氏指出，刑罚的目的并非要求刑罚的正当性，只是不能将个人作为公共利益的工具即可。由于刑法处罚不法行为并不是因为行为侵害法益，而是侵害法益之行为背后所代表的对于法规范否定态度，以稳定规范而达到一般预防的功能。[②] 最核心的思想是责任即"缺乏法忠诚"，而责任要由行为人来偿还。但是，其遭受的诟病在于责任的实体内容会被预防所替代，责任对量刑或者处罚的意义也就随之失去。此外，对于增强民众法忠诚的判断不可能有一个统一的标准进行评价某种刑罚是否是必要的，这就无法将责任的概念确定下来。相比雅各布斯教授的做法，罗克辛教授在责任的基础上揉碎了预防必要性的考量，以此要素的相互制约共同打造体系性概念的责任综合体。具体来说就是，将预防必要性补充以人的规范可交谈性的责任基础，只有在行为人实施了有责任的行为，有且处罚该行为确有预防的必要性，行为人就对其行为具有答责性。不得不说，罗克辛的观点相对雅氏柔和了很多，而且预防不仅是一般预防，还包括了特殊预防。

帮助型正犯在很大程度上体现了犯罪预防导向"对于将来犯罪之预防"。根据立法经验，帮助型正犯主观罪过由故意构成，只要故意实施符合分则构成要件规定的帮助性实行行为类型，就推定有责，进一步排除阻却责任事由。从这一点上看，是规范责任论的基本立场，但是，刑事立法的帮助型正犯扩张，促进犯罪的预防以及量刑上的合理化。实质上要在权衡责任有无、大小和预防必要性的有无、大小的基础上作出的。尽管"现代社会是一个价值多元的陌生社会，在这个社会里，人们只有定位于法规范，才能够正确行动"[③]。这一说法有失偏颇，然而，不得不引起重视和深思。因此，帮助型正犯的罪责理论上采用以罗克辛为代表的学者主张的"规范的可交谈性"理论以及负责性概念，预防不是替代责任而是补充，"责任"保有独立的意义。

---

① 参见王钰：《功能责任论中责任和预防的概念：兼与冯军教授商榷》，《中外法学》2015年第4期。

② 参见黄荣坚：《基础刑法学》（下册），中国人民大学出版社2009年版，第398页。

③ 冯军：《刑法中的责任原则：兼与张明楷教授商榷》，《中外法学》2012年第1期。

责任跨越了犯罪论和刑罚论，通常认为有"故意、过失的责任主义"、"结果加重犯的责任主义"、"量刑的责任主义"三种形态，前两种属于犯罪论的责任，最后的"量刑的责任主义"是刑罚论上刑罚适用的责任主义。简言之，刑罚论的责任问题就是量刑责任。按照通说的见解，刑罚必须以"责任的量"作为限度。按照德国刑法第 46 条的规定，量刑的唯一标准就是行为人的责任。这不仅是理论界普遍认可的观点，司法实践部门在这一问题上与理论界的通行观点保持一致，也就是在责任相适应的范围内确定处罚的范围，不能高或低。而我国刑法在量刑的基本原则上也近乎是一致的，其第 5 条的规定就将此理念表现得淋漓尽致，刑罚的轻重不仅要与犯罪行为相适应，还与刑事责任之间保持相互适应性。在本书看来，这一总的量刑原则通过一定的解释，就可以与现代预防刑法的观念相适应。在量刑的过程中，存在大量的减免事由，无外乎是介入了刑事政策的根本考量，更是体现了一种预防的思想。同理，分则部分罪名在犯罪的成立上似乎突破了罪责报应之原则的解释范畴，其本质上是刑法目的所谓的结果，这就足以表明了量刑问题上的全面功能责任论。帮助型正犯的发生依托于犯罪参与关系，但重点关注的仍然是"个人以及个人作为承担责任的行为人的独立地位"[①]。

实践表明了帮助型正犯的形成与发展的过程，历经了由少及多的立法变迁，即从最早规定在 1979 年《刑法》第八章渎职犯罪第 185 条的介绍贿赂罪至现有的诸多有关帮助型正犯的罪名。对于帮助型正犯而言，种类的划分侧重同一空间的横向梳理，这就体现了帮助型正犯出现在公共法益的罪名占据了绝对的优势。而按照时间顺序的厘清更能显现帮助型正犯在立法中所扮演的并不是无足轻重的角色，毋宁说是很重要的，也足以反映了立法对日益翻新、复杂的犯罪现实的回应（帮助型正犯的立法变迁，详见表 2—1）。然而，理论对帮助型正犯立法存在始终有争议，整体上看形成支持和反对两种相左的观点。在此必须再次说明，目前理论上并没有确立帮助型正

---

① 艾伦·诺里：《刑罚、责任与正义》，杨丹译，中国人民大学出版社 2009 年版，第 152 页。

犯的概念，所谓对"帮助型正犯的不同意见"应该理解为"就刑法分则单独把帮助行为作为犯罪处理"的分歧，本书极力主张用帮助型正犯来概括这类立法现象。帮助型正犯立法的倡导者认为，针对近年来国内外恐怖主义、网络犯罪的严峻态势，犯罪的异化、手段的翻新，帮助行为的危害性已经跳脱出传统的认知，甚至对犯罪的成立起到决定性作用。[①] 所以，从犯罪预防的视角出发，应当承认这一立法的必要性。反对意见主要从违反了共犯的基本理论，割裂了总则对分则的制约关系，无端制造了刑法规范的冗余以及违背了罪刑均衡的基本刑法原则等方面批评立法上的这一做法，并指认部分罪名的增设和修改是情绪性、象征性立法的体现。[②] 此外，也不乏反思性或者检视性研究，它既不同于支持者那般兴致高昂，也不如反对者的极力唱衰，反而是乐见其成地接受再审视其中的不可取之处，以提出修复性或者治愈系的观点。[③] 毋宁相信"合乎理性的就是现实的，现实的也就是合乎理性的"[④]，从而进一步审思其背后蕴含的深刻道理。其争论的背后始终没有脱离自由保障和安全、秩序的焦距，而不论是当前分则罪名体系的分布还是随着时间变迁的帮助型正犯，无一不在表达刑法对"秩序"价值、"安全"价值的不懈追求。

表 2—1　分则帮助型正犯罪名的变迁

刑法及其历次修正案	帮助型正犯的分则罪名增设或者修改
1979 年刑法	第 162 条窝藏、作假证明包庇反革命分子；第 185 条介绍贿赂

[①]　参见赵秉志、袁彬：《刑法最新立法争议问题研究》，江苏人民出版社 2016 年版，第 56 页。

[②]　刘艳红：《象征性立法对刑法功能的损害：二十年来中国刑事立法总评》，《政治与法律》2017 年第 3 期；刘宪权：《刑事立法应力戒情绪：以〈刑法修正案（九）〉为视角》，《法学评论》2016 年第 1 期。

[③]　阎二鹏：《共犯行为正犯化及其反思》，《国家检察官学院学报》2013 年第 3 期；阎二鹏：《法教义学视角下帮助行为正犯化的省思：以〈中华人民共和国刑法修正案（九）〉为视角》，《社会科学辑刊》2016 年第 4 期。

[④]　黑格尔：《法哲学原理》，范扬等译，商务印书馆 2014 年版，第 4 页。

（续表）

刑法及其历次修正案	帮助型正犯的分则罪名增设或者修改
1997 年刑法	第 107 条资助危害国家安全犯罪活动罪；第 125 条非法储存枪支、弹药、爆炸物罪；第 171 条运输假币罪；第 188 条非法出具金融票证罪；第 229 条中介组织人员提供虚假证明文件罪；第 294 条包庇、纵容黑社会性质组织罪；第 306 条辩护人、诉讼代理人毁灭证据、伪造证据、妨害作证罪；第 307 条帮助毁灭、伪造证据罪；第 310 条窝藏、包庇罪；第 312 条窝藏、转移、收购、销售赃物罪；第 320 条提供伪造、变造的出入境证件罪；第 349 条包庇毒品犯罪分子罪；窝藏、转移、隐瞒毒品、毒赃罪；第 354 条容留他人吸毒罪；第 355 条非法提供麻醉药品、精神药品罪；第 359 条容留、介绍卖淫罪；第 362 条包庇罪；第 363 条为他人提供书号出版淫秽书刊罪；第 392 条介绍贿赂罪；第 417 条帮助犯罪分子逃避处罚罪
刑法修正案（三）	第 120 条之一帮助恐怖活动罪；第 125 条第 2 款非法运输、存储毒害性、放射性、传染病病原体等物质罪
刑法修正案（六）	第 188 条非法出具金融票证罪（修改）；第 312 条掩饰、隐瞒犯罪所得、犯罪所得收益罪（修改）
刑法修正案（七）	第 253 条之一侵犯公民个人信息罪；第 285 条提供侵入、非法控制计算机信息系统的程序、工具罪；第 312 条掩饰、隐瞒犯罪所得、犯罪所得收益罪（修改）；第 375 条非法提供武装部队专用标志罪
刑法修正案（八）	第 107 条资助危害国家政权犯罪活动罪（修改）；第 358 条协助组织卖淫罪修改；第 355 条非法提供麻醉药品、精神药品罪（修改）
刑法修正案（九）	第 120 条之一帮助恐怖活动罪（修改）；第 253 条之一侵犯公民个人信息（修改）；第 284 条非法提供试题、答案罪；第 285 条提供侵入、非法控制计算机信息系统的程序、工具罪（修改）；第 287 条之二帮助信息网络犯罪活动罪（增设）；第 358 条非法运输制毒物品（修改）；第 355 条非法提供麻醉药品、精神药品罪（修改）；第 358 条协助组织卖淫罪（修改）；第 392 条介绍贿赂罪（修改）
刑法修正案（十一）	第 141 条提供假药罪（修改）；第 142 条提供劣药罪（修改）

　　有关秩序的维护和自由保障之间的边界问题，既是抽象的却也是深刻的，任何时代的刑法从未背离过这一永恒的主题。二者从来都不是非此即彼的关系，只是位阶的问题，坚持历史唯物主义的眼光，不轻言孰是孰非。社会秩序是时空组织起来的有关社会实践的网络，受制于不同社会背景下一系列复杂的、相互连接的、多种人与人之间互动的因素，"秩序"、"安全"

价值的维系就一定会侵蚀自由的边界么？每种国情、每个阶段的具体状况，都会对刑事立法提出各自的诉求。当然这不能成为故步自封的借口，只是如何在本土化的过程中找到合适的一种。当下的中国既要面临社会转型的社会矛盾，又要经受住风险日益增多的现实考验，现代性和后现代性交织一体的复杂局面，一味保有刑法的低姿态适宜与否？刑法的谦抑性决定了它在参与社会治理过程中不能生机勃勃，却也不能无视社会效果。犯罪空间的模糊化、犯罪手段的多样化、犯罪类型的复杂化导致所有国家在限制犯罪问题上出现惊人的一致，西方社会不断积淀的经验说明了现代犯罪产生于"文化冲突"，恐怖主义犯罪、极端主义犯罪表现得尤为明显。帮助型正犯的出现、扩张并非偶然，它带来的最直接后果无非两个，刑事处罚的提早化和刑事可罚范围的扩大化。处罚的提前化是相对于帮助行为成立共犯情形而言的，根据占据通说地位的共犯限制从属性原则，狭义共犯的处罚性有赖于正犯构成要件的符合性和违法性，帮助型正犯撼动了这样的根基，对帮助行为的处罚不需要从属于正犯的不法，因而可以说是具备了独立可罚性的不法内涵。扩大刑事处罚的范围意指倘若帮助行为提升为正犯行为，那么，对其实施的教唆与帮助行为都会成立共犯，而且即使没有真正的正犯，也要处罚该帮助行为。倘若帮助行为没有正犯化，那么，对帮助行为的教唆可以认定为帮助犯，而对帮助行为实施的帮助在不能肯定其与正犯结果的因果性，也不承担帮助犯的责任。[1] 而不论是处罚时点的提前或者刑罚范围的扩大，帮助型正犯的存在均不是某一方面的理由能决定的，重点应从刑事政策、对帮助行为归责的现实困境以及罪刑均衡三个方面进行考量，也系帮助型正犯立法正当性的主要根源。

---

[1]　参见张明楷:《论帮助信息网络犯罪活动罪》,《政治与法律》2016 年第 2 期。

第三章 帮助型正犯的基本构成

犯罪构成包括共同犯罪构成与具体犯罪构成，前者的构成要件要素是所有犯罪都必须具备的，后者则是针对除了共同犯罪构成要件要素之外还具备特殊构成要件要素的情形。[①] 帮助型正犯的犯罪构成实则就是具体犯罪构成的表现，针对的是成立帮助型正犯的一切主客观要件要素的问题。对此，无论采取四要件论或是阶层犯罪论，最终都是为了解决犯罪认定的问题，从这一点上来说二者是殊途同归的。然而，帮助型正犯的立法姿态，无疑是功能主义刑法观的真实写照。功能主义刑法观"认同法律是适应社会需要的产物的观念"[②]。申言之，其所追求的是刑法的社会功能，注重对社会问题的积极回应。功能主义刑法观粉饰下的帮助型正犯，理应在逻辑性和实用性统一的阶层理论中得以具体化，因为阶层论表现出从传统存在论向着功能主义（目的理性）转变的倾向。[③] 普遍存在于帮助型正犯的"情节严重"游离于阶层理论之外，却又对犯罪的成立与否及其范围有重要的影响；同时，也可能影响加重构成的成立与否和范围。因此，在探讨帮助型正犯的犯罪构成之余，理应对本土语境的"情节严重"引起足够的重视。出罪机制的研究对帮助型正犯而言，具有与"入罪"同样重要的价值，是其犯罪构成的题中之义。帮助型正犯的"出罪"机制研究一方面关注与其他类型犯罪的共性出罪机制，

---

① 参见齐文远、苏彩霞:《犯罪构成符合性判断的价值属性辨正》,《法律科学》(西北政法学院学报) 2008 年第 1 期。

② 劳东燕:《风险社会与功能主义的刑法立法观》,《法学评论》2017 年第 6 期。

③ 参见车浩:《体系化与功能主义：当代阶层犯罪理论的两个实践优势》,《中国检察官》2017 年第 21 期。

另一方面对其出罪的特殊问题进行考量。从犯罪论体系的出罪机制到实体法和程序法的具体出罪，又重点关注中立帮助型行为的不可罚问题（与中立帮助型正犯的出罪有着密切的关系），旨在全面把握其"出罪"的生成机理和运行逻辑。

第一节　帮助型正犯成立要件的阶层式展开

帮助型正犯的成立并非就体系论体系，应该在功能主义范式下展开其主客观要件的探讨，因为帮助型正犯的构成不是一切主客观要件及其要素的堆积，而是在功能的指引之下凸显出不同于其他犯罪类型的特殊性以及扩大、提早处罚的真实目的。从立法变迁中可探视帮助型正犯在侵害公共安全、社会秩序类犯罪的频繁跃动，实则也直接或间接反映了社会变迁所带来的影响，是防范社会风险的刑法吁求。而其犯罪构成是从刑法设定的目的中推导，不是在本体预设的规定中获知。质言之，刑法社会功能的发挥不能跳脱出目的理性的指引。罗克辛提出，目的理性的犯罪构成体系本质上要实现对传统犯罪论（行为、因果关系等）纯物本逻辑的超越，是对新古典犯罪论体系与目的论犯罪体系的继承和发展，并贯彻了彻底的价值哲学。因此，帮助型正犯成立的构成要件和罪责阶段都内含主体性的价值判断。

一、帮助型正犯的构成要件符合性

功能主义范式下帮助型正犯的构成要件符合性判断，超越了物本逻辑的行为、因果关系等事实判断，突破了"不法是客观的，责任是主观的"传统思维，融入人或者共同体的价值判断。因此，构成要件要素除了客观的探讨，还应该有主观故意要素问题。故意在阶层论中的提前认定，能发挥限制犯罪成立的机能。1997 年新刑法伊始，历经了 11 次刑法修正案，帮助型正犯的范围扩大至 36 个罪名。除了有部分新罪名的增设，其中，对构成要件要素的调整也称为帮助型正犯扩张的一个重要途径。在违法性层面，旨在调节刑法和其他法秩序的冲突。在责任评价阶段，以他行为的可能性或者一般预防为根据的责任构造。借以功能主义（目的理性）犯罪体系对帮助型正犯的分析并不意味着绝对服从于罗克辛意义的目的犯罪论体系，也无需在构成要件判断之前单独对行为进行认定，并且正犯的判断上也没有采用完全的行为支配论，这些不能影响帮助型正犯犯罪构成的功能主义范式，更何况罗克辛目的理性的犯罪体系思维并非是完全合理的。

（一）历次刑法修正案对帮助型正犯的调整及其构成要件的变化

帮助型正犯的罪名扩张从来都不是一蹴而就的，自 1997 年刑法以后，除了修正案（二）、修正案（四）没有帮助型正犯的调整，其他修正案均涉及帮助型正犯的变动，至修正案（九）其扩张速度之快和范围之大无疑体现了预防刑法和功能主义的刑法立法（如图 3—1）。总体来看，主要呈现以下几个方面的变化：(1) 增设新的罪名。(2) 构成要件要素的调整，包括扩张行为类型或者行为对象的范围、扩张犯罪主体的范围、减少犯罪的构成要件要素三个方面。(3) 处罚程度的从严（见表 3—1）。

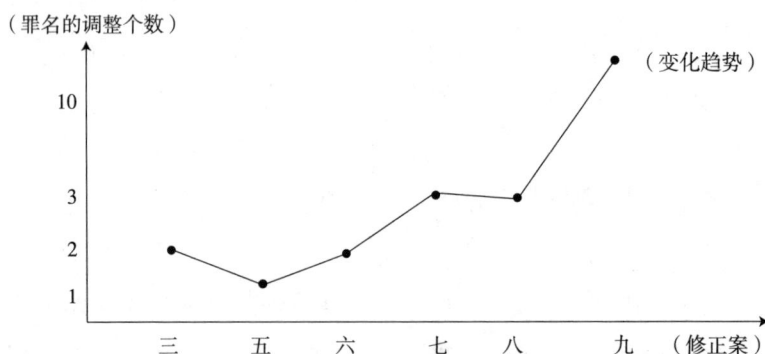

图 3—1　历次刑法修正案的帮助型正犯变化图

表 3—1　帮助型正犯的罪名增设及其修改

增设新罪名	第 120 条之一帮助恐怖活动罪（修正案三）；第 141 条提供假药罪（修正案十一）；第 142 条提供劣药罪（修正案十一）；第 177 条之一第 2 款非法提供信用卡信息罪（修正案五）；第 284 条之一第 2 款组织考试作弊罪、第 3 款非法提供试题、答案罪（修正案九）；第 285 条第 3 款提供侵入计算机信息系统的程序、工具罪（修正案七）；第 286 条之一拒不履行信息网络安全管理义务罪（修正案九）；第 290 条第 4 款资助非法聚集罪（修正案九）；第 287 条之二帮助信息网络犯罪活动罪（修正案九）；第 375 条非法提供武装部队专用标志罪（修正案七）	
构成要件要素的调整	①扩张行为类型或者行为对象的范围	第 120 条之一帮助恐怖活动罪（修正案九）；第 191 条洗钱罪（修正案三、六）；第 311 条拒绝提供间谍犯罪、恐怖主义犯罪、极端主义犯罪证据罪（修正案九）；第 358 条协助组织卖淫罪（修正案八）
	②扩张犯罪主体的范围	第 312 条掩饰、隐瞒犯罪所得、犯罪所得收益罪（修正案七）；第 285 条第 3 款提供侵入计算机信息系统的程序、工具罪（修正案九）
	③减少犯罪的构成要件要素	第 107 条资助危害国家安全犯罪活动罪（修正案八）
处罚程度的从严	第 294 条包庇、纵容黑社会性质组织罪（修正案八）；第 312 条掩饰、隐瞒犯罪所得、犯罪所得收益罪（修正案六）；第 392 条介绍贿赂罪（修正案九）；第 191 条洗钱罪（修正案三）	

　　无论从图 3—1 或者表 3—1 均可以看出，帮助型正犯的刑事立法至刑法修正案（九）急剧地扩张，表明刑法欲严厉制裁侵害公共安全、社会秩序法益的犯罪，"立法上的变动，更是时代与社会环境的晴雨表"，而只有通过这一功能主义的刑法立法观才能够适应风险社会的规范性需求。[①]在表 3—1 中，构成要件要素的调整以扩张行为类型和对象的范围为主。具体来看，第 120 条之一帮助恐怖活动罪，除了原规定的资助恐怖组织或者个人外，增加了资助恐怖活动培训以及为恐怖活动组织、实施恐怖活动或者恐怖活动培训招募、运送人员的行为类型。第 191 条洗钱罪的对象增加是通过两个修正案来完成的，修正案（三）增加"恐怖活动所得及其产生的收益"，修正案（六）则进一步增加"贪污贿赂犯罪、破坏金融管理秩序犯罪、金融诈骗犯罪的所

---

① 参见劳东燕：《风险社会与功能主义的刑法立法观》，《法学评论》2017 年第 6 期。

得及其产生的收益"。第 311 条拒绝提供间谍犯罪、恐怖主义犯罪、极端主义犯罪证据罪,拒绝提供恐怖主义、极端主义犯罪行为是修正案(九)增加的。第 358 条协助组织卖淫罪将原先笼统的协助组织卖淫行为修改为"为组织卖淫的人招募、运送人员或者有其他协助组织他人卖淫行为",一方面可以是明确了具体的行为类型,另一方面又用"其他"发挥了扩张的作用。扩张行为主体就是指在自然人犯罪的基础上增加了单位犯罪主体。减少犯罪的构成要件要素主要是《刑法修正案(八)》将第 107 条资助危害国家安全犯罪活动罪废除了"境内外机构、组织或者个人"的限制,为境外机构、组织人员窃取、刺探、收买、非法提供国家秘密或者情报可以是任何的个人、机构或者组织。从刑法修正案对帮助型正犯的调整和构成要件要素的变化来看,表现出了积极介入、追求预防效果和注重灵活回应的功能主义刑法观。

(二)客观的构成要件要素

客观构成要素中行为要素的重要性排在首位,不仅是现代刑法评价的立足点,也是刑法理论构造的基本线索,同时是刑法实践和刑法理论的基点。[①] 帮助型正犯这一刑事立法上的特殊存在,实行行为的来源有两个来源,即非共犯帮助性行为和共犯的帮助行为。功能主义范式的因果关系对我国刑法学"在因果关系问题上沿袭自然主义的科学观"的超越。在相当因果关系论之基础上,亦考虑规范之保护目的,因为相当因果关系论维持了因果关系判断的事实、存在论性质,具有预见可能性,这在一定程度上克服了客观归责以风险实现为概念之核心在实质合理性上的欠缺。行为人主体是帮助型正犯客观构成要件的又一重要因素,涉及自然人犯罪和单位犯罪、身份犯的问题。

1. 从实行行为的理论渊源审视帮助型正犯的实行行为问题。帮助型正犯是有实行行为的正犯,也即实行犯。入罪化的帮助型正犯和正犯化的帮助型

---

① 参见童德华:《哲学思潮与犯罪构成:以德国犯罪论的谱系为视角》,《环球法律评论》2007 年第 3 期。

正犯是帮助型正犯的两种组成结构，二者均是实施了构成要件客观方面的行为，然后成立正犯还要借用实质客观论的重要作用说补强。与德国刑法理论聚焦于正犯的做法相比，日本刑法学界对实行行为的研究可谓有过之而无不及。因此，实行行为必要说和实行行为不要说成为正犯判断的两种相互对立的观点。实行行为不是原生于日本刑法的问题，是被学者小野清一郎基于客观—主观立场构建犯罪成立理论时所引入，并将该当于构成要件的现实的行为认为是实行行为。而后经学者团藤重光提出的"定型说" —→ 大谷实教授基于事前判断的"行为的危险"说 —→ 西田典之教授基于事后判断的"结果的危险"说，其间一种主张建构不要实行行为的犯罪论的观点不绝于耳。① 定型说提出所侵害的法益极其轻微不能达到构成要件预想的法益侵害程度的就不是实行行为，并且将实行行为与正犯行为相互分离，承认"无实行之正犯"。事前判断的"行为的危险"说是将法益侵害之危险的行为规定在构成要件中予以类型化，从而实现对法益的保护。事后判断的"结果的危险"说基于结果无价值的立场，对符合实定法上的实行行为，进行事后的危险性判断，无法益侵害的危险即可排除犯罪。

对我国刑法探讨实行行为理论过程中产生重大影响的是西原春夫教授，其对实行行为的解读是先形式后实质的过程，即符合构成要件不能肯定实行行为，还应该从法益侵害的实质观点对实行行为进行评价，同理，只具备了实质的法益侵害并非构成要件之行为，也不是实行行为②。质言之，法益侵害的实行行为实质判断只在用于"形式实行行为说确定的实行行为以后，借以是否有法益侵害排除或者肯定其作为犯罪行为"这个层面才有意义。否则，忽视形式实行行为论而唯实质实行行为说马首是瞻的后果就是使得构成要件的定型失去了意义。因此，帮助型正犯是以实行行为为中心，其重要组成部分的非共犯帮助性行为入罪化情形下，贯彻纯粹或者彻底的形式实行行为论，法益侵害的实质判断旨在发挥出罪的作用。对于少数正犯化的帮

---

① 　参见奥村正雄：《论实行行为的概念》，王昭武译，《法律科学》（西北政法大学学报）
2013 年第 2 期。

② 　参见金光旭：《日本刑法中的实行行为》，《中外法学》2008 年第 2 期。

助型正犯而言，正犯化之前是"实施修正的构成要件者（教唆行为和帮助行为)"[1]，正犯与实行犯的分离在理论上可以实现自洽。所以，即便转化为正犯的实行行为也不会有理论的冲突。这样看来，法益侵害标准的实质是实行行为有限制形式实行行为的机能。然而，在目的理性犯罪论体系下，刑法是通过调和法益保护与人权保障之间的关系，实现对社会秩序的维持。此外，受到刑法刑事政策化的影响，追求犯罪预防的刑法发挥。基于此，法益侵害的现实危险性之评价，形成两种观点的对立，即科学的一般人说和危险感说的分歧。前者强调的是科学法则上的紧迫危险作为法益侵害的现实危险之判断，而危险感说是通过行为当时社会一般人所感受的危险进行法益侵害的现实危险之评价。通常来看，构成要件的基础是以社会一般人的观点为基础，对可罚性行为的类型化，由此认定危险感说更合理。

具体来看，不同犯罪的实行行为之所以有差异，决定于刑法分则各个条文的解释。在正犯化的帮助型正犯各罪中，非实行行为的转换发生在两种情形下，即同一犯罪中非实行行为提升为实行行为和在不同的犯罪中，此罪的非实行行为是彼罪的实行行为，分则单独将此犯罪的某些类型的非实行行为规定为彼罪的实行行为（图 3—2）。然而，什么样的非实行行为才能被实行行为化？实行行为化的理由又是什么？这些都是实行行为理论本身无法解决的问题。但是，置于现有正犯体系内部就能破解这些迷局。

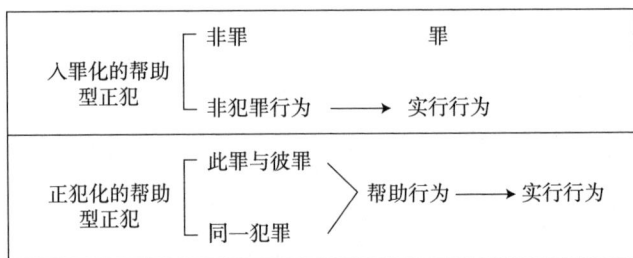

图 3—2 帮助型正犯实行行为的来源

---

[1] 童德华:《规范刑法原理》，中国人民公安大学出版社 2005 年版，第 287 页。

　　入罪化的帮助型正犯是依赖于立法工具主义，属于罪与非罪层面的探讨，原本的非犯罪行为经由立法工具主义成为犯罪行为，并且实行行为的判断上遵循的是形式到实质的判断。而非实行行为与实行行为的立法工具主义既发生在同一犯罪，也存在于此罪与彼罪的关系中，立法工具主义不能没有正当理由对其转化。毕竟，立法工具主义在很大程度上受制于刑事政策和社会舆论、民意的影响，不理性的民意和舆论容易引导立法走向情绪化。正如新刑法工具主义论认为频繁地修改从无限扩张刑法的干预范围、加大刑罚干预力度的实用主义转向单纯安抚社会公众情绪转变的政策主义，偏离了传统工具主义的功利性和实用性追求，导致缺乏实际适用性的"空置化"、"僵尸化"条款开始不断增多。① 而帮助行为正犯化从分则的规定来看不论是发生同一犯罪抑或在此罪与彼罪之间，前提都是共犯行为的成立。然而，对于总则规定的非正犯一般不宜扩张，否则分则定型化将不再有任何实际的意义。为了限制仅基于实质考量而无限扩大刑罚的处罚范围，罪刑法定原则要求刑法规定犯罪的基本形式，保护国民自由权不受侵犯。总则的规定在一定程度上并未涉及对行为的定性，因此从属于正犯的实行行为，只是起到补充或者制约的作用，最终是为了在归责的问题上有所交代。那么，并非将总则规定的非实行行为认定为实行行为，其问题才能得以解决，按照总则主犯追究刑事责任完全可行。

　　实行行为就是构成要件之行为，可以区分为作为和不作为。分则规定的多数犯罪是由作为实施，纯正的不作为犯罪是少数。处罚作为犯与不作为犯之出发点并不一致，甚至说是截然相反也不为过，前者迫使行为人抑制一定的行为，消极地不侵害法益；后者是迫使行为人实施一定的行为，从而积极地保护法益免受其他原因的侵害。根据我国刑法理论的通说，可以在非共犯帮助性行为和共犯的帮助行为之上用一个危害行为实现二者的统一，"危害行为是指人在意志的支配下实施的危害社会的身体动静"②。从现有的分则规

---

① 参见魏昌东：《新刑法工具主义批判与矫正》，《法学》2016 年第 2 期。
② 齐文远：《刑法学》（3 版），北京大学出版社 2016 年版，第 80 页。

定来看，帮助型正犯以作为实施居多，不作为区分成为规范形态的纯正不作为犯和作为事实形态的不纯正不作为，后者在刑法分则中缺乏明确的构成要件。按照法律规定的构成要件预定只能以不作为方式实施的是纯正不作为犯之结论，显然《刑法》第286条之一拒不履行信息网络安全管理义务罪就是一个纯正不作为的义务犯，只能由不作为构成。处罚该不作为帮助的原理在于网络犯罪是一种非常真实的威胁和创造性，当技术被用于犯罪时，技术人员不能袖手旁观，因为不进行干预的行为将可能使得他们受到法律的责难。① 对于不作为犯而言，重要的是确定其义务的来源，在拒不履行信息网络安全管理义务罪中，网络服务提供者承担的网络监管义务与责任均不是刑事法律规定的义务，也并非是国家对网络服务提供者强加的义务。因此，即便网络服务提供者违反了此义务，也不能认定其构成犯罪。为此，有学者在该问题上提出了"义务的二层次"论②，指出网络安全管理义务是第一层次的义务，第二层次的义务则是经监管部门责令采取改正措施而拒不改正，第二层次义务的违反以第一层次义务的违反为前提，成立犯罪缺一不可。

除了前述比较典型的纯正不作为的帮助型正犯外，其他的帮助型正犯应该区分为入罪化的不作为帮助型正犯和正犯化情形的不作为帮助型正犯问题。入罪化情形下实行行为有作为和不作为两种表现形式，不作为要求附有特定的法律义务。作为与不作为所违反的规范性质、内容不相同，前者违反禁止性规范，而后者既违反禁止性规范，也违反了命令性规范。禁止性规范是禁止人们作出一定行为的规范，对人们来说，无疑是一种消极义务（或者说要求其不作为的义务）。常见的禁止性规范表达有，"禁止……"、"不准……"、"不得……"、"严禁……"等。与之相反的是命令性规范，又叫强制性规范，不是禁止人们做什么，而是强制人们做什么，并且不允许所作出的行为违抗或者变更法律的规范。在36个帮助型正犯的罪名中，第311条拒绝提供间谍犯罪、恐怖主义犯罪、极端主义犯罪证据罪是以不作为方

---

① *See* Kerr OS，"Forword:Accounting for Technological Chang"，*Harvard Journal of Law & Public Policy*，2013，36（02）:404-408.

② 参见谢望原:《论拒不履行信息网络安全管理义务罪》，《中国法学》2017年第2期。

式实施犯罪，惩治的是消极、被动的不作为（拒绝提供证据）的证人和知情人。① 此外在入罪化情形下的不纯正不作为要在具体司法实践中予以判断，因为它在刑法分则中缺乏明确的构成要件，是事实的犯罪形态。

在正犯化的帮助型正犯中，《刑法》第 286 条之一拒不履行信息网络安全管理义务罪是典型以不作为实施的犯罪。然而，因为帮助行为正犯化的特殊性，思考其不作为与入罪化情形下的不作为有所不同。帮助行为正犯化的基础是共犯评价体系下的帮助行为，在共犯中帮助行为有无不作为的情形，尽管理论上有否定说和肯定说的分歧，否定说认为帮助乃以作为为前提，并不适合于不作为犯，而对于不作为犯的帮助应视为作为犯之正犯。肯定说认为根据物理性的、精神性的支援，而使具有作为义务者易于不履行作为义务，乃属可能之事，因此，不作为的共犯在法律上是可能的，也是必要的。② 然而，承认帮助行为的不作为已经成为通说观点。在我国学者看来，共同犯罪行为有作为和不作为两种形式，也有作为与不作为的结合。③ 难点在于不作为正犯与不作为帮助犯的鉴别。诚如，处罚不作为犯罪本身就是例外，而不作为帮助和教唆更是需要建立严格的判断标准。④ 这两者的认定关乎了帮助行为正犯化的基础。换句话说，认定为不作为正犯就无所谓正犯化的问题。为此，也有根据不作为为基础的义务展开来区分正犯和帮助犯，对刑法法益具有直接保护之义务者为正犯，阻止特定人犯罪的义务者的不作为，就是帮助犯。

2. 构成要件的结果。结果是构成要件的一个重要因素，是行为给刑法所保护的法益所造成的现实侵害或者侵害的危险。通说认为，"侵害的危险"是作为结果的危险而非行为属性的危险。以对法益侵害的危险作为处罚依据

---

① 参见艾明：《拒绝提供恐怖主义犯罪、极端主义犯罪证据罪正当性反思：以刑事程序权利保障为视角》，《政治与法律》2016 年第 8 期。

② See Heo, Hwang, "A study of the complicity through omission", *Kyungpook National University Law Journal*, 2018, 61（05）:277-306.

③ 参见李光灿等：《论共同犯罪》，中国政法大学出版社 1987 年版，第 32 页。

④ See Lawn Grass, "Requisites for the Establishment of Aiding and Abetting by Omission: Focused on Precedents in Japan", *Korean Criminological Review*, 2017, 8（04）:1-28.

的属于危险犯，有具体危险犯和抽象危险犯的分别。而帮助型正犯是抽象危险犯，其帮助行为被视为抽象的危险行为，处罚的根据是对法益侵害的危险。这一点也是有据可循的，前文一再强调帮助型正犯的实现路径之一是帮助行为正犯化，应该说帮助犯是结果犯，是结果犯中的抽象危险犯。因为"根据因果共犯论，帮助犯作为共犯，其处罚根据在于其是通过正犯的行为间接地引起了法益侵害或者危险，在将法益侵害的危险也理解为一种结果时，帮助犯就是结果犯"。[①] 抽象危险犯是一种构成要件的结果，主要表现为行为侵害了法益安全存在的条件或者法益主体自由支配所必要的条件。[②] 抽象危险犯的危险无需司法上作出具体的判断，根据一般的社会生活经验认为行为具有发生侵害结果的危险，就可以认定是抽象危险犯。例如，在帮助恐怖活动罪中，给公共安全造成抽象之危险的资助行为、招募以及运送行为，从一般预防和特殊预防的必要性出发，充分考量恐怖活动罪具有极大法益侵害性之特点，立法将资助等具有抽象危险的行为规定为犯罪是具有正当性的。

对我国刑法中哪些犯罪属于抽象危险犯历来争议不断，迄今未有定论。有学者在抽象危险犯的研究中指出，我国刑法中的抽象危险犯应当包括的犯罪（共132个罪名）[③]其中，涉及帮助型正犯的所有罪名均属于抽象危险犯，该研究认为有争议的几个罪名是第294条包庇、纵容黑社会性质组织罪是渎职性质的实害犯，还是具有帮助性的抽象危险犯。实际上，在我国危险犯与实害犯不是就罪名而言的，而是根据犯罪的具体情形来认定的。对于第191条规定的洗钱罪而言，涉及的赃物犯罪从不同的视角会得出不同的结论，即从金融管理秩序的破坏上认为是实害犯，而基于司法作用的法益，则是抽象危险犯。如果是考虑了司法作用根据法益判断为抽象危险犯，似乎与传统理论对抽象危险犯的认知有异议。因为抽象危险犯的危险一般来说无需司法的

---

① 付立庆:《行为犯概念否定论》,《政法论坛》2013 年第 6 期。
② 参见张明楷:《刑法学》(5 版), 法律出版社 2016 年版, 第 168 页。
③ 论者的研究截至《刑法修正案（九）》颁布之前的所有分则罪名。参见张军:《抽象危险犯研究》,武汉大学学位论文,2015 年, 第 116—124 页。

具体判断，根据一般社会生活经验认定行为具有发生侵害结果的危险。

涉及帮助型正犯的分则条文中，"情节严重"的描述几乎囊括了所有的罪名，包括了"情节特别严重"，仅有少数没有"情节"程度的要求。这显然是个无法忽视的问题。对"情节严重"该如何理解，能不能作为构成要件的加重结果来探讨，是有争议的。然而，根据学者在结果加重犯划分上的另辟蹊径，部分帮助型正犯的罪名也可以被纳入其中，结果加重犯有五种类型，具体是死亡、重伤型加重结果；严重后果、特别严重后果型加重结果；重大损失型加重结果；数额巨大、数额特别巨大型加重结果；情节严重、情节特别严重型加重结果。据此，对帮助型正犯的分则罪名进行考量发现，不是所有的"情节严重"、"情节特别严重"都与结果加重犯有关。根据目前形成通说观点，即从主观罪过和因果关系的维度认定结果加重犯来看，例如"故意＋过失"类型的结果加重犯是我国刑法理论和司法实务一致认可的典型结果加重犯。诚然我国刑法分则没有像法国或者德国刑法典那般，特殊标注结果加重犯的主观罪过，依赖于刑法理论和刑法解释。因此，从这一点上看，在帮助型正犯的所有犯罪中，没有必要过多做这样的考察，只有适用在故意伤害致死、抢劫致死等问题上才能彰显其意义和价值。

3. 因果关系的判断。刑法的因果关系是指实行行为与法益侵害结果之间的因果关系。自20世纪50年代起，我国刑法因果关系受到哲学上必然与偶然因果关系理论的影响，一直深陷必然因果关系和偶然因果关系之迷局。相比之下，在德国有通说之地位的客观归责理论和流行于日本的相当因果关系说是目前比较有影响力的因果关系理论。总体来看，客观归责作为罗克辛教授目的理性犯罪论最核心的思想，以是否违反行为规范而制造出不被允许的危险作为议题，且于判断危险之实现上，亦考虑规范之保护目的等，带有浓厚的规范性、价值性的色彩。然而，有学者认为客观归责不再是因果关系的理论，已经上升为构成要件问题，其只是在因果关系之条件的基础上独立出来的一般归责理论。[①]

---

① 刘艳红:《客观归责理论:质疑与反思》,《中外法学》2011年第6期。

而相当因果关系论从主观说和客观说的分野，再到折中说的发展，已经不再是纯粹事实的、存在论的性质，而是具有预见可能性、相当性之评价。相当因果关系以事实和结果之间的条件关系为基础，根据行为时一般人的社会生活经验为标准，对事实和结果之间进行相当性的判断，以确定因果关系的事实范围，并借助行为人的预见可能性与结果回避可能性等刑法规范层面的思考以及刑事政策、法律目的等进行相当性的常识判断，最终确定是否以及如何将结果归之于行为人。以此看来，实质上是一个解决归责的问题，而非纯粹的因果关系理论。

基于此，帮助型正犯的因果关系问题应该坚持相当因果关系论之立场。帮助型正犯与分则规定的其他正犯类型的因果关系判断有一定的特殊性。特殊性表现在帮助行为正犯化情形下的因果关系的判定问题。这一问题关乎帮助型正犯"正犯地位"的成立，也是其理论自洽最难的部分之一。除了探讨入罪化中帮助类型的"实行行为"与法益侵害结果之间的因果关系问题，帮助行为正犯化情形的帮助型正犯之因果关系不能脱离共犯因果关系的判断。对此，本书强调的是帮助行为正犯化情形下的特殊因果关系的评价问题。通说认为，为了处罚帮助犯，必须是被帮助者做出了实行行为，且必须帮助行为和正犯的实行行为以及正犯结果之间有因果关系。所以，即便有帮助行为，但如果和惹起正犯的实行行为之间没有因果关系，即使有实行行为，也不能成立帮助犯。围绕帮助犯的因果关系，理论上有几种学说。（1）实行行为促进说，认为在帮助行为和正犯行为的实行行为之间，只要有物理上或者心理上使实行行为更容易。（2）促进因果关系说，修正了帮助场合的因果关系中的条件关系论，认为帮助行为对正犯的结果不一定有条件关系，只要具有促进性或者使之更容易，就有因果关系。（3）特殊的心理因果性说，修正了共犯的因果关系论，用前述的"促进的因果关系"的内容，而不是条件关系论或者合法则的条件公式，说明特殊的"心理的因果性"。即共犯的心理关系，不能认为是行为法则上的原因，而提供了行为的理由，共犯的行为，提供的是正犯行为理由。所以，如果共犯者之间有意思沟通，就和正犯的结果之间具有因果关系。（4）抽象危险说将从犯视为抽象危险犯，只要有帮助行为就可以处罚。或者将从犯作为举动犯，其加担行为在覆盖实行行为实施时，使正犯的行为容易实行。(5)正犯的结果惹起说，该说立足于因果共犯论，认为帮助犯、教唆犯和正犯一样，都要有惹起正犯的结果。但是促进的因果关系说难以确定结果的具体程度。因此，根据危险增加原理，以在法上重要的结果的变更为标准，事后有危险的增加，这是帮助行为和正犯结果之间必要的因果关系。正犯结果惹起说首先承认帮助犯与正犯结果之间的必要因果性，而根据法的重要范围，依据事后危险的增加具体进行考察，反映了帮助犯因果关系的本质。①

然而，并非所有的帮助型正犯的因果关系都是如此进行考察的。毕竟，根据实现路径的不同，对因果关系的要求也不是一致的。通过帮助行为正犯化过程呈现的帮助型正犯，其因果关系的判断依据是正犯结果惹起说，而非共犯的帮助性行为入罪化直接针对其实行行为与结果之间的因果关系。在社会相当性理论下，借助行为人有关刑罚规范的思考、刑事政策、法律目的等因素，对行为人实际造成的客观事实，进行相当性的判断，以便确定因果关系的范围及其结果之行为人归责。

4.行为主体的认识。犯罪主体与行为是一切犯罪都必须具备的构成要件要素。在刑法犯罪类型中，特别犯的类型对于成立犯罪所需的基本条件，必须先确认行为主体资格的适格。倘若行为主体不适格，则不但犯罪无法成立，甚至连构成要件所要求的行为都不符合。在此种类型的基本要求下，行为主体乃成为犯罪类型成立的基本条件，亦即不法的成立条件。②统观帮助型正犯的所有罪名，其行为主体的研究主要解决两个问题：一是该类型的犯罪主体是自然人，有没有包括单位；二是该类型的犯罪是身份犯还是非身份犯的问题。在帮助型正犯的36个罪名中，自然人犯罪与单位犯罪的分布以及身份犯与非身份犯的情形（如表3—2）。

---

① 参见童德华：《外国刑法导论》，中国法制出版社2010年版，第293页。
② 参见柯耀程：《刑法的思与辩》，中国人民大学出版社2008年版，第152页。

表 3—2　帮助型正犯的主体要素

自然人主体的帮助型正犯			自然人主体＋单位主体的帮助型正犯	
	特殊的自然人主体			特殊身份
	构罪身份	加减身份		
第 107 条资助危害国家安全犯罪活动罪；第 111 条为境外非法提供国家秘密、情报罪；第 120 条之一帮助恐怖活动罪；第 284 条之一组织考试作弊罪和非法提供试题、答案罪；第 290 条资助非法聚集罪；第 310 条窝藏、包庇罪；第 311 条拒绝提供间谍犯罪、恐怖主义犯罪、极端主义犯罪证据罪；第 320 条提供伪造、变造的出入境证件罪；第 358 条协助组织卖淫罪；第 359 条容留、介绍卖淫罪；第 363 条为他人提供书号出版淫秽书刊罪；第 392 条介绍贿赂罪	第 229 条提供虚假证明文件罪；第 294 条包庇、纵容黑社会性质组织罪；第 306 条辩护人、诉讼代理人毁灭证据、伪造证据、妨害作证罪；第 362 条窝藏、包庇罪；第 417 条帮助犯罪分子逃避处罚罪	第 177 条之一妨害信用卡管理罪；第 249 条包庇毒品犯罪分子罪；窝藏、转移、隐瞒毒品、毒赃罪；第 307 条帮助毁灭、伪造证据罪	第 141 条提供假药罪；第 142 条提供劣药罪；第 191 条洗钱罪；第 285 条提供侵入、非法控制计算机信息系统的程序、工具罪；第 286 条之一拒不履行信息网络安全管理义务罪；第 287 条之二帮助信息网络犯罪活动罪；第 312 条掩饰、隐瞒犯罪所得、犯罪所得收益罪；第 375 条非法提供武装部队专用标志罪	第 355 条非法提供麻醉药品、精神药品罪及贩卖毒品罪

　　在帮助型正犯中，犯罪主体由两种形式构成，自然人主体和自然人、单位主体。尽管犯罪主体既是实施违法行为的人，同时也是责任的承担者，但主体首先是属于客观存在的事实。例如，包庇、纵容黑社会性质组织罪，要求行为人具有国家机关工作人员身份才能构成，而非法提供麻醉药品、精神药品罪，行为主体必须是依法从事生产、运输、管理、使用国家管制的麻醉药品、精神药品的单位，这些都是解决主体事实上有无特定身份或者特定法律属性这样的客观事实。因此，应把行为主体置于构成要件中加以讨论。从表 3—2 来看，帮助型正犯涉及单位犯罪主体的罪名有 9 个，与其他类型的单位犯罪一样，在"单位"犯罪主体的认定上并不是只看法条对行为主体的

表述，而是要看刑法是否针对该行为主体规定了刑罚。① 帮助型正犯的单位主体犯，均采用了双罚制，也就是"单位犯罪的，对犯罪判处罚金，并对直接负责的主管人员和其他直接责任人员判处刑罚"。需要注意的是，第 191 条洗钱罪、第 312 条掩饰、隐瞒犯罪所得、犯罪所得收益罪以及第 249 条包庇毒品犯罪分子罪；窝藏、转移、隐瞒毒品、毒赃罪，从三个罪名的演变历程来看，可以说属于洗钱罪的立法体系，前两个罪名的行为主体有单位，对前述三个犯罪构成要件的"协助"，是不是帮助行为在理论上存有争议，这一点在行为部分已经释清，不再赘述。在讨论洗钱罪的行为主体值得争议的问题时，上游犯罪人自己实施洗钱的行为，是否成立洗钱罪。显然，通过对刑法条文的解释，通说的观点还是认为洗钱罪的行为主体不包括实施上游犯罪的行为人。

有关帮助型正犯的身份犯问题，包括两个层面的问题：其一，根据身份内容的不同类型，以特定职务为内容的特殊身份，第 294 条包庇、纵容黑社会性质组织罪，只有国家机关工作人员才能构成此罪；第 417 条帮助犯罪分子逃避处罚罪，查禁犯罪活动职责的国家机关工作人员。以特定法律地位为内容的特殊身份，第 306 条辩护人、诉讼代理人毁灭证据、伪造证据、妨害作证罪中的辩护人、诉讼代理人；以特定职业为内容的特殊身份，第 177 条之一妨害信用卡管理罪，银行或者其他金融机构的工作人员；第 362 条窝藏、包庇罪，旅游业、饮食服务业、文化娱乐业、出租汽车也等单位的人员；第 229 条提供虚假证明文件罪，承担资产评估、验资、验证、会计、审计法律服务等职责的中介组织人员；第 355 条非法提供麻醉药品、精神药品罪，依法从事生产、运输、管理使用国家管制的麻醉药品、精神药品的人员。其二，根据该身份是构成犯罪的身份还是影响刑罚加重减轻，区分为构成身份和加减身份。所谓的构成身份也就是真正身份犯，行为人必须具有一定身份才能构成的犯罪。在帮助型正犯的 9 个身份犯罪名中，有三个罪名是加减身份犯，具有一定的身份只是作为刑罚加重的前提，是否具有此身份并不影响

---

① 参见张明楷：《刑法学》（5 版），法律出版社 2016 年版，第 137 页。

该罪的构成。例如，第 177 条之一妨害信用卡管理罪，银行或者其他金融机构的工作人员利用职务上的便利，从重处罚；第 349 条包庇毒品犯罪分子罪和窝藏、转移、隐瞒毒品、毒赃罪，缉毒人员或者其他国家机关工作人员掩护、包庇走私、贩卖、运输、制造毒品的犯罪分子的，从重处罚。

（三）帮助型正犯的主观构成要件要素

长久以来，有关故意在犯罪论体系的定位历经了由责任要素说至构成要件要素说。沿"责任→违法性→构成要件"的路线行进，源于主观的违法性要素的发展，除了目的、倾向犯中的主观倾向、表现犯中的内心状态等，未遂犯中的故意被认为是主观的违法要素，由此发生了故意的体系性位置改变。[1] 而将违法行为定型化的是构成要件，所以说故意的位置从违法性向构成要件移动。真正确立了故意的构成要件要素地位的当属于目的行为论，将人的行为把握为想要实现被事先认识的有意识性的、目的性的动作，故意犯中的故意都必须是构成要件要素。因此，"在目的论体系中，故意是处于核心地位的一般主观构成要件要素，目的是主观构成要件的特殊要素"。[2] 现在看来，故意作为构成要件要素已然不是问题，有疑问的是作为构成要件要素的故意能不能同时作为责任要素。为此，理论上有不同的观点，存在构成要件的故意和故意二重性（或者故意的双层定位）的分歧。前者认为故意并不是分属于构成要件和责任，归根结底，应该将其认为是专属于构成要件的构成要件要素。[3] 后者将故意区分为事实性故意和责难性故意，属于构成要件的故意是事实性的故意，属于罪责阶层的是责难性故意。[4] 发

---

[1] 参见川端博、曾根威彦：《论故意在犯罪论体系上的地位》，李世阳译，载陈泽宪：《刑事法前沿》（7卷），中国人民公安大学出版社 2013 年版，第 169—180 页。

[2] 彭文华：《目的理论的体系性梳理：兼谈主观超过要素之否定》，《法学评论》2012 年第 5 期。

[3] 参见川端博、曾根威彦：《论故意在犯罪论体系上的地位》，李世阳译，载陈泽宪：《刑事法前沿》（7卷），中国人民公安大学出版社 2013 年版，第 169—180 页。

[4] 参见蔡桂生：《论故意在犯罪论体系中的双层定位：兼论消极的构成要件要素》，《环球法律评论》2013 年第 6 期。

展到 20 世纪中晚期，出现对目的行为论犯罪构成体系折中的犯罪构成体系，区分为主观构成要件性故意和作为责任形式的故意，是当今德国的通说。

在主观构成要件要素中，故意是"明知的内容是构成要件的事实"。[①] 构成要件事实是由构成要件要素组成，记述的构成要件要素和规范的构成要件要素是两种较为常见的构成要件要素，同时也是构成要件的事实，而二者分别对应了事实和规范的二元叙事。故意的明知不仅要对通过经验证明之记述的构成要件要素有认识，还应该包括带有价值抉择的规范的构成要件要素有所认识，这就是学者所谓的"故意的实体"和"故意概念的纯化"。故意概念是精神事态的价值判断，本质是求诸于认识还是意欲，而故意实体则是精神事态本身，是主体性选择一定行为的意识。[②] 二者有相同之处又有不同之处，在我国四要件犯罪构成中，故意属于主观犯罪构成要件的范畴，明知的内容应当包括"法律所规定的构成某种故意犯罪所不可缺少的危害事实，亦即作为犯罪构成要件的客观事实"[③]，危害事实同样是包含了价值的选择。我国刑法的故意概念主要源于刑法第 14 条规定的故意犯罪，故意犯罪有两种情形：一种是意欲型，明知自己的行为会发生危害社会的结果，希望此结果的发生；另一种是放任型，明知道自己的行为会发生危害社会的结果，却放任此结果的发生。以此可以认为，故意包括了认识因素和意志因素，将不法意识加入故意中，就成为实质的故意概念，是将事实判断和价值评价合体。这就与目的论体系故意虽没有取得双重机能，在罪责阶段有不法认识存在不谋而合。因为将故意置于罪责阶层，对于当事人而言是有利的，其对罪责起到了限制的机能。

帮助型正犯的主观构成要件要素由认识因素和意志因素组成，没有过失的形式，即全部犯罪均是由故意构成的。在这一点上，它与其他故意犯罪类

---

① 高巍：《论规范的构成要件要素之主观明知》，《法律科学》（西北政法大学学报）2011 年第 3 期。

② 参见川端博、曾根威彦：《论故意在犯罪论体系上的地位》，李世阳译，载陈泽宪：《刑事法前沿》（7 卷），中国人民公安大学出版社 2013 年版，第 169—180 页。

③ 高铭暄、马克昌：《刑法学》（7 版），北京大学出版社 2014 年版，第 106—107 页。

型没有什么区别，但又区别于过失犯罪。帮助型正犯没有过失犯罪，不能得出过失帮助不能成立帮助犯的结论，这不仅是各国理论上有争议的问题，司法实践中亦是如此。在 U.S.v. Bryan 案件的判决中，被告人的协助行为被认定为盗窃罪。尽管被告 Bryan 没有与实施盗窃行为人进行犯意联络，并且只是因疏忽大意而造成了被害人货物的丢失，仍然被认定为盗窃罪。① 从分则条文的罪状和司法解释来看，对帮助型正犯中的某些犯罪故意直接表述为"明知……为其提供帮助、便利、支持"。大部分的犯罪故意没有直接在罪状中描述或在司法解释的规定中体现，"在既遂的情形下，故意的内容与客观构成要件要素的内容是一致的，也就是说，构成要件要素规制着故意的内容"②。然而，在帮助行为正犯化的情形中又表现出其自身的独特性，即帮助行为正犯化情形的"故意"判断是在共犯中完成的。通说看来，它是双重的故意，也就是必须已经预先意识到正犯的存在，也意识到自己所实施的帮助行为使得正犯行为的实行更加容易。③ 但是，犯罪对象的错误一般不影响行为人的故意认定。例如，在 U.S.v. Encarnacion-Ruiz 案中，辩护人提出被告没有认识到受害者为儿童，对其协助制作或者教唆儿童色情资料的指控不成立。但是，受害者是否为儿童并不影响协助行为制作色情资料的认定。④

有论者以准备实施恐怖活动为例，其主观要件的要求被认为是对罪名不当扩张的限缩之体现，即不知是"恐怖活动"和"恐怖活动人员"或者不是"为实施恐怖活动"的，不能成立该罪。⑤ 同理，帮助恐怖活动罪的罪状表述上也出现了"为"，一方面可以理解为限缩了罪名的不当扩张，从另一面说帮助行为正犯化情形的正犯，其故意有双重性的要求，主观上认识到正犯是

---

① *See* United States of America, Plaintiff-Appellee,v.Richard Henry Bryan,Defendant-Appellant.No.78-5489.March23，1979.

② 张明楷：《刑法分则的解释原理（下）》（2 版），中国人民大学出版社 2011 年版，第 417 页。

③ 参见野村稔：《刑法总论》，全理其、何力译，法律出版社 2001 年版，第 425 页。

④ *See* U.S. v., Encarnacion-Ruiz United States Court of Appeals, First Circuit.May 28，2015787 F.3d 5812015 WL 3421627.

⑤ 参见梅传强、李洁：《我国反恐刑法立法的"预防性"面向检视》,《法学》2018 年第 1 期。

必须的。故意的这一双重性原则适用于所有的帮助行为正犯化情形的正犯。对非共犯帮助性行为入罪化的情形而言，要在具体犯罪中具体进行分析。梳理发现分则的帮助型正犯罪名中，出现"明知"的部分条文。在司法解释或者最高人民检察院、公安部关于公安机关管辖的刑事案件立案追诉标准的规定中，发现了对许多犯罪"明知"的具体化规定，但通常都会在所列举的情形里，有一项是"其他可以认定行为人明知的情形"，如洗钱罪，掩饰、隐瞒犯罪所得、犯罪所得收益罪等。这在一定程度上，说明了作为认识因素故意的开放性。另外，有学者根据"明知"与后接对象组成结构的不同，划分为明知＋违法物品型、明知＋违法行为型、明知＋特定主体型和明知＋特定状态型四种类型。据此可以认为，第191条洗钱罪和第312条掩饰、隐瞒犯罪所得、犯罪所得收益罪属于第一种类型，第285条提供侵入、非法控制计算机信息系统的程序、工具罪属于第二种类型，第310条窝藏、包庇罪属于第三种类型。[①] 以此看来，《刑法修正案（九）》增设的第287条之二帮助信息网络犯罪活动罪就应该属于"明知＋违法行为型"。然而，"明知"类型的划分远不及对这类帮助型正犯"明知"的理解，也就是说是否可以认为"明知"就是故意犯罪。对此，学界形成些许争论，主要有早期通说、形式区分说以及实质区分说。早期通说不区分总则"明知"与分则"明知"，并且认为"明知"即是故意。形式区分说与实质区分说之间的差异就是，前者对明知进行了总则和分则的区分，仍然坚持"明知"是故意的内容，实质区分说在形式区分说的基础上，提出了"明知"未必故意的观点。如"明知在法理上是故意的认知论，在立法规定上是意欲论，刑事政策上意欲的必要性大于认知论"、[②]"明知"属于犯罪主观方面中的认识因素，通常是在故意犯的范畴中使用，过失犯的使用是例外。[③] 有关"明知"是否为故意犯罪的争

---

① 王新：《我国刑法中"明知"的含义和认定：基于刑事立法和司法解释的分析》，《法制与社会发展》2013年第1期。

② 邹兵建：《"明知"未必是"故犯"论刑法"明知"的罪过形式》，《中外法学》2015年第5期。

③ 参见王新：《我国刑法中"明知"的含义和认定：基于刑事立法和司法解释的分析》，《法制与社会发展》2013年第1期。

论无论如何激烈，在帮助型正犯中出现的"明知"均表示故意犯罪的结论是成立的。

在一起容留吸毒案中，以该租住地作为据点贩卖毒品，并多次在该房内容留吸毒人员赖伟国、李展豪、赵某、王某英、白某等人吸食毒品。期间，卫某实施了容留吸毒人员到该住处吸食毒品的行为，刘某某未曾主动实施容留吸毒人员到其住处吸食毒品，然刘某某却知道卫某容留他人吸毒的行为。在此种情形下，被告人刘某某是否构成容留他人吸毒罪。法院认为，刘某某至少对他人在其与卫薇共同居住的房屋内吸食毒品持允许的态度，属于明知自己和他人的行为会侵犯国家毒品管制制度和他人的身心健康，而放任该结果的发生，构成容留他人吸毒的共犯。也就是说，"明知"的故意未必是直接故意，也包括了间接故意。因此，法院经审理后作出判决，被告人卫某实施了向他人贩卖毒品以及容留他人吸食毒品的行为，构成贩卖毒品罪和容留他人吸毒罪，数罪并罚。另一被告人刘某某非法持有毒品的行为，数量较大，又实施了容留他人吸毒的行为，分别判处非法持有毒品罪和容留他人吸毒罪。[①]

另外，在有关帮助型正犯的分则条文和司法解释中，常见的是根据故意发生的时间不同区分此罪和彼罪的情形。例如，第 349 条包庇毒品犯罪分子罪、窝藏、转移、隐瞒毒品、毒赃案，通谋发生在事前就以走私、贩卖、运输、制造毒品罪的共犯认定。第 312 条掩饰、隐瞒犯罪所得收益罪，事前与盗窃、抢劫、诈骗、抢夺等犯罪分子通谋，掩饰、隐瞒犯罪所得及其产生的收益的，以盗窃、抢劫、诈骗、抢夺等犯罪的共犯论处。此外，帮助型正犯唯一出现的一处与目的有关的问题，就是根据主观构成要件要素的目的区分此罪与彼罪的情形，非法提供麻醉药品、精神药品罪与贩卖毒品罪，后者以牟利为目的向吸食、注射毒品的人提供国家规定管制的能够使人形成瘾癖的麻醉药品、精神药品的，依照第 347 条贩卖毒品罪定罪处罚。

---

① 广东省广州市中级人民法院（2013）穗中法刑一初字第 120 号。

二、帮助型正犯的违法性

构成要件属于类型性、抽象性及形式的判断，而行为是否具有违法性，即有关违法性之判断，则属于非类型性的、具体性的、实质的判断。违法性问题，实际上就是一个问题，即"行为不具备违法阻却事由"。但是，在本章第三节关注帮助型正犯在不同犯罪构成体系中的出罪事由，重点强调行为是否具备违法性阻却事由的问题，不仅"存在违法性有无的问题，还包括程度的问题"①。违法性程度涉及了刑法与其他法秩序的关系问题，而罗克辛教授的目的理性犯罪论指出"违法性阶层旨在调节刑法和其他法秩序的冲突"②。随着行政违法行为犯罪化现象的增多，因此，在违法性阶段探讨刑法与行政法之间的关系具有重要意义。

（一）帮助型正犯罪名体系中行政处罚的入罪要素

在学者的观点里，提到行政犯在大多数情况下，是因行政处罚措施对其违法程度的存在失控，才被刑法规定为犯罪行为，追究刑事责任。③ 历经数次刑法修正案的颁布和实施，行政规范在分则条文及其司法解释的存在从碎片化走向了规模化。当实定法的形式逻辑无法适应司法实践的新困惑和新难题时，刑法实质化的发生存在不能避免。原基于行政刑法和行刑衔接的理论聚焦，正向反思司法实践中行政违法刑事化过渡。根据行政法规范在刑法及司法解释的存在现状，认为"行政规范在刑法中有独特的肯定与否定表达方式，前者重在陈述，表明客观的事实和规则，后者突出刑法的价值评价"④。（图3—3）在帮助型正犯的罪名体系中也体现了行政违法犯罪化的现象，其分则条文和司法解释中也包含了不少的行政规范。

---

① 梁根林：《当代刑法思潮论坛：刑法教义与价值判断》，北京大学出版社2016年版，第234页。

② 陈子平：《刑法总论》（增修版），中国人民大学出版社2009年版，第95页。

③ 参见李翔：《刑法中"行政处罚"入罪要素的立法运用和限缩解释》，《上海大学学报》（社会科学版）2018年第1期。

④ 高永明：《刑法中的行政规范：表达、功能及规制》，《行政法学研究》2017年第4期。

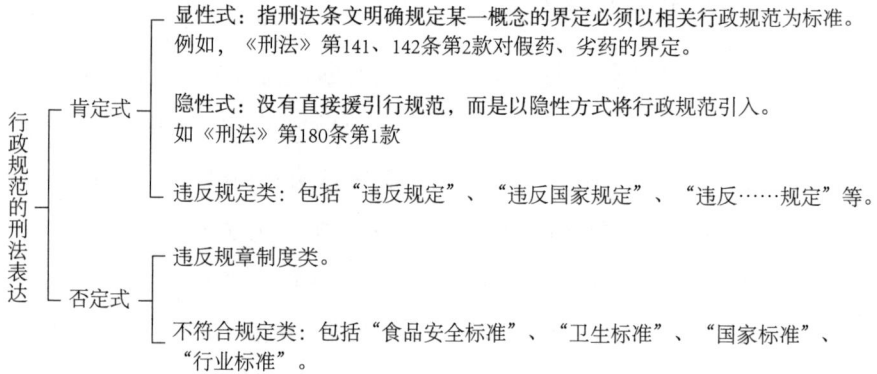

图 3—3　行政规范的刑法表现形式

表 3—3　帮助型正犯中有行政规范表达的部分罪名

帮助型正犯的相应罪名	行政规范的显现	行政规范的表现类型
第 111 条为境外窃取、刺探、收买、非法提供国家秘密、情报罪	"国家秘密"是指《中华人民共和国保守国家秘密法》和《中华人民共和国保守国家秘密法实施条例》第 8 条规定了保密事项范围应明确的内容。	隐性式表达
第 285 条提供侵入、非法控制计算机信息系统程序、工具罪	《中华人民共和国计算机信息系统安全保护条例(2011 修订)》第 2 条规定了计算机信息系统的范围。	隐性式表达
第 286 条之一拒不履行信息网络安全管理义务罪	不履行法律、行政法规规定的信息网络安全管理义务,而我国有关互联网管理的法律有三部、行政法规 10 部、部门规章 28 部、司法解释 13 部、规范性文件 32 件。	违反规定、违反规章制度式
第 320 条提供伪造、变造的出入境证件罪	出入境证件来自《中华人民共和国公民出入境管理法实施细则(2011 修订)》第 16 至 22 条的规定。	隐性式表达
第 355 条非法提供麻醉药品、精神药品罪	麻醉药品、精神药品的具体品种以国家食品药品监督管理局、公安部、卫生部发布的《麻醉药品品种目录》《精神药品品种目录》为依据。违反的规定也包括了《麻醉药品和精神药品管理条例》。	隐性式、违反国家规定式

　　图 3—3 和表 3—3 体现的是行政规范在刑法及其司法解释的常见表达。然而，从违法性程度界定行政违法和刑事违法，通常会散见于刑法、司法解释以及其他法律、行政法规之中，行政违法行为通常是以"违法情节严重"、"危害后果严重"、"数额较大"、"数额巨大"等表达其违法性程度。具体区分的四种情形在帮助型正犯体系中体现情况如下：(1) 行政违法行为情节严重而入罪；(2) 行政违法行为引发的危害后果严重或者涉案数额较大、巨大而入罪；(3) 因在一定时间内多次受到行政处罚而入罪；(4) 一个行政处罚行为同时构成行政违法和犯罪。需要注意的是，上述的每一种情形不是只对应某一犯罪，有些犯罪甚至囊括了其中的好几个或者所有的情形。例如，2010 年《最高人民检察院、公安部关于公安机关管辖的刑事案件立案追诉标准的规定（二）》第 81 条规定提供虚假证明文件案同时符合前述第 (1) 项造成国家、公众或者其他投资者直接经济损失 50 万元以上；(2) 违法所得数额是 10 万元以上的；(3) 虚构数额是 100 万元且占实际数额 30% 以上的。2012 年《最高人民检察院、公安部关于公安机关管辖的刑事案件立案追诉标准的规定（三）》第 11 条规定的容留他人吸毒案，涉及以下几种情形应予以立案追诉：(1) 容留他人吸食、注射毒品在两次以上的；(2) 一次容留三人以上吸食、注射毒品的；(3) 因容留他人吸食、注射毒品被行政处罚，又容留他人吸食、注射毒品的；(4) 容留未成年人吸食、注射毒品的；(5) 以牟利为目的容留他人吸食、注射毒品的；(6) 容留他人吸食、注射毒品造成严重后果或者其他情节严重的。上述的违法性程度达到刑罚处罚的四种情形均有出现。2012 年《最高人民检察院、公安部关于公安机关管辖的刑事案件立案追诉标准的规定（三）》第 12 条非法提供麻醉药品、精神药品案对其刑事违法程度的评价也几乎包括了前述的四种情形，依法从事生产、运输、管理、使用国家管制的麻醉药品、精神药品的个人或者单位，违反国家规定，向吸食、注射毒品的人员提供国家规定管制的能够使人形成瘾癖的麻醉药品、精神药品，涉嫌下列情形之一的，应予立案追诉：(1) 非法提供鸦片二十克以上、吗啡二克以上、度冷丁（杜冷丁）五克以上（针剂 100mg/ 支规格的五十支以上，50mg/ 支规格的一百支以上；片剂 25mg/ 片规

格的二百片以上，50mg/ 片规格的一百片以上）、盐酸二氢埃托啡零点二毫克以上（针剂或者片剂 20mg/ 支、片规格的十支、片以上）、氯胺酮、美沙酮二十克以上、三唑仑、安眠酮一千克以上、咖啡因五千克以上、氯氮卓、艾司唑仑、地西泮、溴西泮十千克以上，以及其他麻醉药品和精神药品数量较大的；（2）虽未达到上述数量标准，但非法提供麻醉药品、精神药品两次以上，数量累计达到前项规定的数量标准 80% 以上的；（3）因非法提供麻醉药品、精神药品被行政处罚，又非法提供麻醉药品、精神药品的；（4）向吸食、注射毒品的未成年人提供麻醉药品、精神药品的。

此外，协助组织卖淫罪符合了 2017 年《最高人民检察院、公安部关于公安机关管辖的刑事案件立案追诉标准的规定（一）的补充规定》协助组织卖淫案，在组织卖淫的犯罪活动中，帮助招募、运送、培训人员 3 人以上，或者充当保镖、打手、管账人等，起帮助作用的，应予立案追诉。第 15 条在《立案追诉标准（一）》第 94 条后增加一条，作为第 94 条之一伪造、盗窃、买卖或者非法提供、使用武装部队车辆号牌等专用标志，涉嫌下列情形之一的，应予立案追诉：（1）伪造、盗窃、买卖或者非法提供、使用武装部队军以上领导机关车辆号牌 1 副以上或者其他车辆号牌 3 副以上的；（2）非法提供、使用军以上领导机关车辆号牌之外的其他车辆号牌累计 6 个月以上的；（3）伪造、盗窃、买卖或者非法提供、使用军徽、军旗、军种符号或者其他军用标志合计 100 件（副）以上的；（4）造成严重后果或者恶劣影响的。盗窃、买卖、提供、使用伪造、变造的武装部队车辆号牌等专用标志，情节严重的，应予立案追诉。

某些情形是没有行政处罚前置，就已到刑法处罚的违法性程度。根据帮助型正犯的罪名将行政处罚作为入罪要素的情况来看，存在以下几个问题。其一，没有对行政处罚的种类加以精细化，只规定以受到行政处罚为前提，但是不同种类的行政处罚措施大相径庭，这就意味着受到何种力度的行政处罚都包括在内。其二，造成严重后果或者其他情节的表述实则是对前项情形的补充，对其范围没有明确的限制。其三，部分轻微行政违法行为无需经过行政处罚前置程序即可入罪。以此来看，行政处罚入罪化现象的正当性仍然需要反思。

（二）帮助型正犯体系的行刑关系之良性互动

环境、毒品、有组织犯罪、恐怖主义、高科技犯罪和产品责任等，已经跳脱古典自由主义，旨在保护个人权利的刑法模式，犯罪圈扩大化、刑罚处罚提早化、重刑化并不必然就是不当的。相应的立法趋向在总体上"具有客观必然性和实践合理性"[1]。体现在"现行法律的规定不仅高度适应社会伦理的发展，也高度符合数据处理、信息传递等方面的技术进步水平"[2]。行政违法行为犯罪化现象也在这一大趋势下随波逐流，以行政处罚作为犯罪要素的越来越多。然而，扩大化也是有边界的，否则公民个体的自由将会遭到无尽的蚕食，所谓的法益保护也就陷入名存实亡的境地。事实上，风险刑法在社会控制上力图"有效性"的实现，在某种意义上与社会管理发生密切关系的行政法存在一种"人为的默契"。以惯性思维应该认识到行政法的"震动"并不逊色于刑事法，甚至略胜一筹。究其原因在于：一方面风险控制、防范的目的在于维护社会秩序，与社会管理关系最密切的行政法，不可能落后于刑法作出反应；另一方面行政立法相对刑事立法存在诸多的便利性，风险治理所要求的及时、高效，似乎行政立法比刑事立法更符合。然而，风险治理的首要任务是预防，与此相对的刑法应答就是提前介入法益侵害前的行为——对法益造成威胁或者危险的行为。毕竟，把法益侵害作为刑法的发动的条件，风险确已发生所造成的损失是不可估量的，显然补救已经来不及，惩罚可能就失去了意义。因此，对行政处罚作为犯罪化要素应该有所限缩。借助实质犯罪论、实质刑法观作疏导，合理界定行政法和刑法的边界，促使二者的有效对话和商谈，最终实现社会治理的有益互动。

近年的犯罪化动向，招致了保护法益的稀薄化。受风险社会的影响，法益侵害前行为的刑法规制逐渐增多，为了国民生活的安全，大量的行政违法

---

[1]　梁根林：《刑法修正：维度、策略、评价与反思》，《法学研究》2017年第1期。

[2]　埃里克·希尔根多夫：《德国刑法学：从传统到现代》，江溯、黄笑岩译，北京大学出版社2015年版，第23页。

行为也被纳入刑事立法之中。此种立法的考虑更多是基于刑事政策的理由，即使强加上"法益"的概念，也是高度抽象的法益，没有被具体化的法益概念也是纯粹的形式而已。行政违法行为的刑法转向愈发普遍之趋势，体现在以下两个方面：其一，社会现实的复杂性和易变性，引起刑法的频繁修改。从而使得立法范围的扩大化，犯罪化的趋势不可阻挡。其二，抽象危险犯和预备行为正犯化的罪名愈发增多，在《刑法修正案（九）》中更为明显，增设了有关网络计算机犯罪的部分罪名，同时在维护公共秩序的其他领域、公共卫生领域以及食品药品安全领域表明了其以行为犯定罪的动向等。有学者尖锐地指出，此类立法不尽然是对国民实际的具体利益之保护，毋宁是为了回应国民"体感治安"的降低，试图保护其"安心感"，作为象征性立法的色彩要更浓一些。① 然而，"安心感"这一社会心理充满了不确定性，尤其是媒体时代对某些社会事件的扩大化处理，所造成的不安定的感觉未必存在合理的根据。"人的尊严""公众情感"作为社会心理，其本身不应该是刑法上的法益，因为刑法所保护的主要是法益"经验的实在性"。② 实则未必，在刑事立法规范的制定过程中，也没有完全在社会现实中迷失，尤其对处于现代转型的中国，刑罚并没有达到所谓的"无节制"扩张的地步。相反，刑事立法的空白、遗漏现象还存在。

行政违法行为与刑事犯罪的界限主要通过实体法明确，而两法衔接问题也应该引起重视。一直以来，行政执法和刑事司法的矛盾成为理论界的焦点，同时也影响到实务界具体问题的解决。主要原因是行政权行使过程中往往过多地追求行政效率，通过行政干预来规范执法活动，以最大效能地去维护公共秩序，以便及时、有效地制止公共管理过程中的违法行为。这本身并没有错，问题就出现在，该过程是以牺牲公民自由为代价的，长此以往就会纵容行政机关进行更大程度的"功利追求"，甚至公然侵犯人权也在所不惜，

---

① 参见刘艳红：《象征性立法对刑法功能的损害：二十年来中国刑事立法总评》，《政治与法律》2017年第3期。

② 参见松原芳博：《刑法总论重要问题》，王昭武译，中国政法大学出版社2014年版，第17—18页。

容易激起民怨，破坏法治。为此，2001 年 4 月国务院在《关于整顿和规范市场经济秩序的决定》中明确提出建立两法衔接机制，国务院、最高人民检察院等中央国家机关以联合或单独下发文件的形式，先后出台了《行政执法机关移送涉嫌犯罪案件的规定》等多部规范性文件，建立了案件移送、联席会议、信息通报、备案审查。并且明确提出了"两法衔接机制是指检察机关会同公安机关及有关行政执法机关探索实行的，旨在将行政执法过程中查办的涉嫌犯罪案件及时移送司法机关处理，防止行政执法机关以罚代刑、有罪不究的工作机制，它是近年来中央为了整顿和规范市场经济秩序，而积极推行的行政司法体制改革的一项重要内容"①。

从理论上看，在法律的位阶上行政法的效力等级低于刑法，体现的核心理念是立法权对行政权的制约，如行政法的规定有违上位法的情形就应该被禁止。然而，在实际生活中，往往由于行政权的膨胀出现了以罚代刑的"畸形"，或者受到个人的意志因素以刑代罚，这实实在在体现了理论和现实之间的断裂。如何修复二者之间的关系，使得衔接的效能发挥到极致，促成的是协作而非冲突。有学者从哈贝马斯"法的商谈理论"出发，有效地"借助程序和沟通的前提，进而释清了法的合法性问题，最终使得立法的和法律适用的过程导向一个理性的结果。"②尽管其理论精髓在于促使规则和事实之间的商谈，然而，行刑衔接不仅有事实和规则的商谈还有规则与规则之间的对话。事实上，借助程序也是行刑关系衔接问题的关键所在，程序涉及了制定的权限、基本原则的遵守以及合宪性的底线等基本要求，以达成行刑衔接的相对稳定状态。"法的商谈理论"要求，规则和事实之间有沟通的前提存在，那么行刑规则之间的沟通同样需要前提，并且行政法和刑法在位阶上不是一个层级，二者沟通的前提不是建立在平等的基础之上。前述中提到的行刑衔接存在理论和现实的背反，似乎意在打破这种"不平等的状态"，实则不然，

---

① 杨永华:《行政执法和刑事司法衔接的理论与实践》，中国检察出版社 2013 年版，第 2 页。

② 阿图尔·考夫曼、温弗里德·哈斯默尔:《当代法哲学和法律理论导论》，郑永流译，法律出版社 2013 年版，第 424 页。

其只会加深行刑衔接的裂痕。

应该来说，近年来行刑衔接关系的问题在一定程度上得以改善。然而，衔接性的立法并没有真正地开始。究其原因在于：（1）司法机关以及具体的执行机关在程序衔接问题上相比立法机关更专业。（2）人权保障理念的重视，行政执法司法化的转机，诸如行政处罚上部分的自由罚、财产罚以及资格罚司法化。（3）风险社会的际遇使得刑事法的犯罪圈不断扩大，侵占诸多原本属于行政处罚的领地。（4）行刑社会化成为学界的关注点，建立与刑罚并行的保安处分的呼声越来越高。杜绝司法外的人身自由处罚逐渐成为一种趋势，劳教制度、收容遣送制度的废除、部分强制医疗写入刑法与刑诉法的规定之中。有学者认为，现在亟待要解决的是收容教养、收容教育涉及人身自由处罚也应该考虑司法化，因为人身自由的行政执法所上演的现实悲剧已经不止一次激起公众的愤怒，行政执法出现了所谓的诚信危机。把该类案件交由中立的司法机关来进行裁决，不失为缓解这一社会矛盾的最佳选择。虽然相关的立法也在逐渐完善，但问题依然严重，可见我们的法治之路任重而道远。

良好的社会秩序始终需要三重防线的共同运行，首当其冲的是道德防线，排在其次的是民事法、行政法防线，刑法作为最后的防线发挥着保障性作用。然而，风险社会的刑事政策已然被"犯罪预防"所主导，"作为对未来的威胁和诊断，风险也拥有并发展出一种与预防性行为的实践联系"[1]。对传统行刑关系的认知主要停留在解决行政执法与刑事司法的冲突问题，而"风险"际遇下紧扣"自由与安全"的主题，合理审视行刑关系之间出现的新问题，厘清边界和达成规则之间的理性对话，旨在实现二者的良好协作，共同致力于风险社会的秩序维护。

三、帮助型正犯的有责性

帮助型正犯的责任论实则是在探讨具有构成要件符合性的违法行为，是

---

[1]　乌尔里希·贝克：《风险社会》，何博闻译，译林出版社 2004 年版，第 35 页。

否具有主观上的可责性。显然，这是在犯罪论体系中对可归责性的讨论，责任在刑法上，有三个层面的意义：犯罪的法律后果、应受刑罚处罚的地位以及主观上的可归责性，帮助型正犯的罪责论只是针对主观上的可归责性问题。我国学者提出："德国刑法的任务已从罪责转变为预防。"[①] 客观上来说，我国刑法也出现了犯罪预防的导向，而帮助型正犯正是刑法预防指向的结果，很大程度上体现了"对于将来犯罪之预防"。其中，对共犯者追究正犯责任的出发点之一就是通过惩罚此行为以达到防治这种行为的目的。以预防目的作为罪责的最高指导原则，因为只有"对规范有反应能力之人"施以刑罚，才能达到预防的目的，以预防必要性来限制罪责的范围。

　　责任主义先后历经了结果责任论到心理责任论、规范责任论再到功能责任论的演变过程。目前，理论上产生重要影响或者成为主流学说的当属规范责任论和功能责任论。规范责任论实则是在心理责任论的基础上修正而来的，它破除了心理责任论把犯罪的所有客观因素归入不法，而所有主观因素都纳入罪责的魔咒。事实上，真正使得规范责任论得到前后一致贯彻的并非是戈尔德斯密特试图从"义务性规范"中引导的可谴责性，而是目的性行为理论。规范责任论虽为罪责论提供了一种有罪责的行为必须是"可谴责性"的结论，却没有在决定可谴责性的内容这一问题上给出确定的解答。为此，才有了罗克辛教授总结的几种罪责：作为"能够不这样行为"的罪责、作为法律反对态度的罪责、作为必须为自身个性负责的罪责、作为根据一般预防需要归咎的罪责以及作为不顾规范可交谈性的不法行为的罪责。[②] 其中，作为根据一般预防归咎的罪责就是雅各布斯教授所倡导的功能责任论，对于雅各布斯教授来说，"责任本身是符合目的地确定的，而不是一个分离出的答责性"[③]。此目的就是由犯罪的一般预防来实现，只不过并非威慑意义上的一

①　王钰：《功能责任论中责任和预防的概念：兼与冯军教授商榷》，《中外法学》2015 年第 4 期。

②　参见罗克辛：《德国刑法总论：犯罪原理的基础构造》，王世洲译，法律出版社 2005 年版，第 562—568 页。

③　格吕恩特·雅科布斯：《行为、责任、刑法机能性描述》，冯军译，中国政法大学出版社 1997 年版，第 8 页。

般预防而已。也正因如此，在罗克辛教授看来，功能责任论因个人刑事可罚性不再仅仅指向其人格中的情况，而是指向虚构的对训练公民的法律忠诚，对稳定他们秩序的信任所需要的东西上了，而遭到诟病。[①] 与此同时，罗克辛教授似乎致力于把罪责改造成为一个能容纳报应和预防的概念体系的同时，提出只有对规范交谈性的行为人才具有预防的必要性。这也表明了比起雅各布斯教授在罪责理论上把预防的概念贯彻到极致的做法，他在罪责中纳入预防必要性的考量，是一种折中主义。但是，"极端才深刻"的道理证实了功能责任论有合理性的存在，帮助型正犯的立法追求就是其理论的缩影。

而帮助型正犯的责任本质介于规范责任论与功能责任论之间，也就是说部分犯罪已经突破规范责任论，进入功能责任论的范围，主要是从对犯罪预防的注重这个维度来看的。或许会被误解，就是罗克辛教授的负责性阶层理论，其实不然，因为按照此观点旨在责任概念中引入预防必要性从而限制责任的追究，"责任必须取决于两种现实才能够加到不法上去：行为人的罪责和应当从法律中提取出来的刑法威胁的预防必要性"[②]。帮助型正犯的立法初衷是扩大责任的范围，以预防必要性进行限缩是很有必要的，但其范围的扩张不可能是无限的，犯罪预防的目的和预防必要性之间不是冲突的关系，后者是对前者的必要性限制。对于帮助型正犯而言，帮助行为正犯化的情形有助于解除对间接帮助、帮助的未遂、中止处罚的理论争议和司法困惑。从这一点来看，与功能责任论中罪责是有目的的，一般预防就是其目的的观点存在契合。毋宁说，体现了刑法对风险的防范，但是，预防必要性恰为其范围的扩张提供了极为重要的检视视角。责任阻却事由是责任阶段一个很重要的问题，这与违法阻却事由一样，会在帮助型正犯出罪机制中予以讨论。

---

① 罗克辛：《德国刑法总论：犯罪原理的基础构造》，王世洲译，法律出版社 2005 年版，第 567 页。

② 罗克辛：《德国刑法总论：犯罪原理的基础构造》，王世洲译，法律出版社 2005 年版，第 557 页。

第二节　帮助型正犯的罪量要素

帮助型正犯的基本犯罪构成上采用了阶层式的分析模式，从构成要件符合性、违法性到有责性的层层展开。然而，帮助型正犯各罪的分则规定体现了罪量要素的重要性。所谓罪量要素分为总则性罪量要素和分则性罪量要素，前者在刑法第 13 条中的规定为"情节显著轻微危害不大的，不认为是犯罪"，而分则将其表达为"数额较大"、"情节严重"、"后果严重"等。[①]对于罪量要素的理论分歧主要集中在两个方面，其一是在罪量要素在犯罪论体系中的定位。其二，罪量要素的必要性问题。以司法实践的经验得知，罪量要素的重要性和必要性是不言而喻的，它作为我国刑法认定罪与非罪、轻罪与重罪的制度设计，成为调节罪刑关系的关键指标，同时是行为对刑法所保护的法益所致的侵害或威胁的程度之征表。在本书看来，罪量要素应该在帮助型正犯的基本构成中予以研究，却又不能囿于构成要件符合性、违法性、有责性或者三者之外的单一模式下展开。从其机能的视角认为，"它是将犯罪构成要件与刑罚处罚予以衔接的重要因子，各自发挥了不法的构成机能和刑罚的决定性机能"[②]。以此来看，罪量要素不尽然是犯罪构成的问题，似乎只有所谓的定罪情节的罪量要素才属于基本构成。然而，刑罚决定机能的罪量要素必须以不法构成为前提。因此，将罪量要素置于帮助型正犯的基本构成中予以探讨，并不见逻辑上的冲突和瑕疵。

一、罪量要素的本质属性

通常来看，罪量因素在犯罪论体系中的地位大体有三种理论：即犯罪构成说、客观处罚条件说和整体的评价性要素说，它们都可以称为罪量要素的

[①]　参见王政勋：《定量因素在犯罪成立条件中的地位：兼论犯罪构成理论的完善》，《政法论坛》2007 年第 4 期。

[②]　参见陈少青：《罪量与可罚性》，《中国刑事法杂志》2017 年第 1 期。

单一处理模式。犯罪构成说就是将罪量要素看作犯罪构成之一的要件，违法性程度说也是属于犯罪构成内部的理论，将罪量要素视为行为违法性程度的评价，客观处罚说是在犯罪构成之外强调罪量的问题。单一处理模式形成的有关罪量要素的学说，与按照机能区分下类型化罪量要素相对，后者包括了不法构成的罪量要素和限制处罚机能的罪量要素。从刑法分则规定罪量要素的复杂性来看，囿于单一模式的阐释是片面的。以下就有关罪量要素本质属性形成的学说展开论述。

1. 构成要件的具体要素说。罪量要素具有影响犯罪成立的构成要件要素的意蕴，就是把罪量要素在犯罪论体系中定位于构成要件的具体要素。这是将罪量要素作为构成要件的具体要素之观点，在他们看来，作为犯罪构成要件之一的罪量与罪体、罪责共同成为犯罪构成的三大要件，罪体和罪责是质的构成要件，罪量当然就是量的构成要件，罪体是客观构成要件，罪责是主观构成要件，罪量是独立于罪体和罪责的构成要件。[1] 也有学者称罪量要素为定罪情节的理论，而所谓的定罪情节是行为成立某种具体犯罪不可或缺的主客观事实情节，它是犯罪构成共同要件以内的事实情状，与量刑情节一般可以分为确定的构成要件和酌定的构成要件两种。此外，另有学者认为罪量因轻微无法达到刑法要求的程度，可以认为是犯罪成立的消极要件，将与正当防卫、紧急避险等正当化行为同等对待。[2] 犯罪构成要件的消极要件说实际上是构成要件各个阶段的正当化事由或者阻却事由的问题，消极构成要件说并无存在的必要。罪量要素的体系性定位影响但书之出罪路径选择，在维持犯罪构成作为认定犯罪的唯一性、终局性标准的前提下，应将其定位为犯罪构成要件，进而对构成要件进行实质解释。

2. 违法的程度要素说。违法的程度要素说认为刑法分则中"情节严重"与"情节恶劣"的规定，为行为可罚的违法性程度的要件。[3] 这一理论的形

---

① 参见陈兴良：《作为犯罪构成要件的罪量要素：立足于中国刑法的探讨》，《环球法律评论》2003 年第 3 期。

② 参见张永红：《我国刑法第 13 条但书研究》，法律出版社 2004 年版，第 164 页。

③ 参见张明楷：《犯罪构成体系与构成要件要素》，北京大学出版社 2010 年版，第 239 页。

成借鉴了日本犯罪论体系的可罚的违法性理论，以"实质的违法性论"为基础，行为符合构成要件之规定，综合考量被害法益之轻微性与行为逾越社会的相当性程度，若违反整体法秩序之程度轻微之时，否定刑法上违法性的成立。① 更多的研究将这一理论用于总则"但书"的"情节"。一方面，这一理论是建立在承认违法性有程度区分的基础上，认为违法只有对立关系，没有轻重关系的学者看来，就是不成立的。另一方面违法的程度要素说与构成要件的具体要素说的差别就在于作为违法性的程度问题，应为行为人故意的认识所包含，后者则没有要求。违法性表明了法益侵害性，对行为的定性就是有无违法，而定量则是违法的程度。

3.客观处罚条件说。客观处罚条件说是学者将德日的刑罚权发生之条件的客观处罚条件适用于罪量要素的体系性分析之中，将部分犯罪的罪量作为客观处罚的条件，置于不法构成要件要素之外。② 原则上，构成要件符合性、违法性和有责性均满足时，犯罪成立发生刑罚权，但该刑罚权的发生例外附加了其他外在的条件，"情节"等要素就是所谓的客观处罚条件。借鉴德国刑法中客观处罚条件的概念，罪量要素作为判断行为人故意或者是过失、犯罪是否成立的可罚性条件。按照陈兴良教授、王晨博士等人所提倡的观点，定罪情节是犯罪构成共同要件以外，影响定罪的一系列主观与客观的事实情状。

构成要件的具体要素说、违法性程度的要素说和客观处罚要件要素说均为罪量属性的单一模式，也就是仅将罪量要素作为一种要素的观点。构成要件的具体要素说和违法性程度的要素说属于犯罪构成体系内部的学说。按照构成要件符合性推定行为违法性的理论，有必要在违法性有无的基础上，对其进行程度的评价和判断，只有违法性是不足以刑罚处罚的，必须也还要达到一定的程度。如果作为构成要件的具体要素，行为符合构成要件推定违法，以此推定有责，行为没有达到构成要件要求的罪量要

---

① 参见陈子平：《刑法总论》（增修版），中国人民大学出版社2009年版，第169页。

② 参见柏浪涛：《构成要件符合性与客观处罚条件的判断》，《法学研究》2012年第6期。

素，无所谓违法和有责的问题。这无形中就在构成要件中设置了一道坎，罪量要素的判断和评价在一定程度上需进行价值判断，这便与构成要件的事实情状有矛盾。更甚者，构成要件分为主观构成要件和客观要件，罪量要素如何在构成要件的主客观要件中确定，也是极其难辨的。若将罪量要素作为违法性程度的具体要素，实质上并没有阻却违法，只是因违法性程度不足以受到刑罚处罚，这与构成要件的具体要素说是截然不同的思路。这么看来，违法性程度的具体要素说是有一定合理性的。然而，通过罪量要素在刑法中的作用看出，其既在犯罪构成上发挥作用，也在刑罚适用上存有意义和价值。毕竟，基准刑的确定是依据法定刑的设置，而法定刑设置的依据源自罪量要素。因此，更为合理的做法是突破单一罪量要素模式的禁锢，根据承载于罪量要素的不同机能展开类型化罪量要素研究。有学者从当罚性和需罚性出发，提出了不法构成的罪量要素和处罚限制事由的罪量要素。① 实际上，限制处罚事由的罪量要素必须以不法构成的罪量要素为前提，不法构成的罪量要素是犯罪构成中对违法性有无的要求，即违法性程度影响犯罪的构成。限制处罚事由的罪量要素是在犯罪构成之外对处罚附加的限制，如果说不法构成的罪量要素为犯罪构成的限制，那么后者就是对处罚的限制，罪量在整个犯罪成立和处罚过程中，在两个阶段分别上演了两次限制的机能。然而，论者在将不法构成要件的罪量要素和限制处罚的罪量要素分别体现刑罚目的的报应和预防这一观点是不恰当的。一方面限制处罚的罪量要素体现了报应的目的，另一方面不法构成要件的罪量要素也对预防目的有所体现。

二、帮助型正犯的罪量要素之载体

"在我国刑事立法中，罪量要素经由立法、司法解释成为具体犯罪的构

---

① 参见陈少青：《罪量与可罚性》，《中国刑事法杂志》2017 年第 1 期。

成要件要素。"① 其存在的必要性和合理性是显见的，刑法规定"情节严重"就认为是犯罪，是一种概括性的规定，虽缺乏具体的判断标准，却在个案正义上保有足够的优势，不至于定罪的僵化，还能有效地限制刑法的处罚范围。根据刑法及其司法解释的内容，将帮助型正犯之罪量要素逐一列举。

（一）规定罪量要素的不可避免性及其常见问题

罪量要素中的情节和数额在罪与非罪的划分上，发挥了重要的作用。与此同时，立法机关在设置轻缓不同幅度的法定刑之根据是来源于罪量的高低轻重，可以说它也具备提升或降低法定刑幅度的量刑功能。② 当下对"情节"等罪量要素的误区，主要集中在以下几个方面，对于帮助型正犯的罪量要素来说同样适用。第一，罪量要素与罪刑法定原则所要求的"明确性"相互冲突。"情节"等罪量要素遭受最大的诟病就是有违罪刑法定之"明确性"要求。曾有学者指出，"情节严重"、"情节恶劣"等犯罪的构成要件实则充满了不确定性，是比较笼统和模糊的概念。③ 实质上，这一结论的得出是对比西方国家采取"立法定罪，司法定量"的片面论断。根据靳宗立的观点，我国刑事立法既定性又定量的模式必然不能与明确的立法定罪模式相比，但这不意味着违反明确的要求，法律的明确性并非就是法律文义的详尽之说明，而是立法者在定制法律时，充分权衡了生活事实之复杂性与个案处理的适当性而为之，这样看来，并没有违反明确性之要求。第二，罪量要素为主观故意所认识之因素或者罪量要素非主观故意所认识之因素。产生这一问题的根源在于"情节"等罪量要素的体系性定位争议，区分为不法构成的罪量要素和处罚的罪量要素后，只有不法构成的罪量要素需要认识，是概括性认识还是明确性认识在具体犯罪中予以判

---

① 王强、胡娜：《罪量要素的价值属性在共犯中的运用》，《中国刑事法杂志》2012 年第 12 期。

② 参见王鼎：《罪量诸要素权重的流变、反思与立法趋向：以贪贿罪及其最新司法解释为视角展开》，《法大研究生》2016 年第 2 期。

③ 叶高峰、史卫忠：《情节犯的反思及其立法完善》，《法学评论》1997 年第 2 期。

断，而处罚的罪量要素是无需认识的。第三，犯罪概念的"但书"规定之罪量要素是否与犯罪构成有关系。继受于苏俄刑法的犯罪概念，是形式和实质刑法观的结合。"但书"将轻微违法行为作非犯罪化处理实际上就是违法性程度尚未至犯罪的程度，不足以成立犯罪。从刑法的谦抑性视角对符合构成要件的行为进行审视，认为其违法性没有达到可罚的程度，不认定为犯罪。

（二）刑法规定的罪量要素

罪量要素并不是我国刑法的首创，这一点已经达成共识，域外刑法条文同样出现了罪量要素的规定。例如，《俄罗斯刑法典》第 14 条第 2 项规定行为虽然形式上含有本法典规定的某一行为的要件，但由于情节轻微而不构成社会危害性，即未对个人、社会或者国家造成损害构成威胁的，不是犯罪。此处的"情节轻微"显然是决定犯罪不能成立的罪量要素。第 168 条第 1 项过失毁灭或损坏财产数额巨大的；第 2 项由于对火或者其他高度危险源采取疏忽态度而实施上述行为的或者造成严重后果的。该条规定的"数额巨大"和"造成严重后果"是成立过失毁灭或者损害财产罪的罪量要素，数额巨大指的是，损失超过俄罗斯联邦立法截至犯罪实施之时规定的最低劳动报酬的500 倍的损失，造成严重后果则可以是：（1）过失造成人员死亡；（2）使人们的健康受到损害、中毒、患病；（3）故意毁灭或者损坏财产时相同的经济性质的后果。[①] 此外，还有诸多条文规定了罪量要素。

纵览我国刑法的情况，实体法规定的罪量要素主要有以下几个特点：（1）刑法典和司法解释相结合；（2）刑法总则和分则相结合；（3）概括型为主，确定型规定为辅；（4）反面出罪型和正面入罪型相结合。具体来看，罪量要素的内容包括：其一，总则有关"但书"规定的"情节显著轻微危害不大"。其二，分则中设立的"情节严重"、"情节恶劣"或者"数额较大"、

---

① 《俄罗斯联邦刑法典释义》（下册），黄道秀译，中国政法大学出版社 2000 年版，第446—447 页。

"后果严重"等共同组成了罪量的内容。在分则各罪的众多罪量要素中，数额的罪量要素所占比例非常之高。从分则个罪罪状描述中，共出现"数额较大"47次、"数量较大"13次、"数额巨大"52次、"数量巨大"8次、"数额特别巨大"25次、"数量特别巨大"2次、"情节严重"177次、"情节特别严重"59次、"情节恶劣"13次、"严重后果"70次、"特别严重后果"12次以及"情节较轻"17次。[①]"如此大规模的罪量规定，足以将其视为一种典型的、类型性的立法模式，进行体系性的思考。"[②]总则"但书"的规定主要是出罪的罪量要素，分则的罪量要素只有入罪的罪量要素和法定刑意义上的罪量要素。从分则罪量要素的规定来看，犯罪成立的罪量要素和法定刑升格的罪量要素占据了压倒性的地位，法定刑降低的罪量要素相对较少。

在帮助型正犯各罪中，除了统一适用总则的"但书"规定的罪量要素外，其分则规定的罪量要素呈现以下几个特点：(1)《刑法修正案（九）》增设的新罪名，要求"情节"等罪量要素，而司法解释阙如的情形下，认定标准有待明确，有可能审判实践被迫弃而不用转向其他罪名。或者法官借鉴了相关犯罪罪量因素的司法解释或者分则条文，这就丧失了增设新罪名的独立价值。例如，帮助信息网络犯罪活动罪的"情节严重"，现有的审判经验就借鉴了相关计算机犯罪"将信息数量、计算机信息系统数量、非法所得、经济损失等作为罪量因素"的做法。(2)立法上没有"情节"等罪量要素的要求，司法解释规定了罪量要素，有违罪刑法定原则的嫌疑。例如，容留吸毒罪。(3)在同一犯罪中，对组织者和帮助者构成犯罪的罪量要素，要求是一样的，有违罪刑适当的原则。如第290条组织、资助非法聚集罪。(4)罪量要素的表达混乱，部分犯罪规定的"情节严重"作为构罪的罪量要素，在其他犯罪中出现完全相同字样的"情节严重"却作为量刑上的罪量要素。例如，第311条拒绝提供间谍犯罪、恐怖主义犯罪、极端主义犯罪证据罪规定的"情节严重"只是犯罪成立的罪量要素，而第312条掩饰、隐瞒犯罪所

[①]　通过北大法宝网检索，输入相应罪量要素的关键词，直接得出其在刑法条文中所出现次数的结果。

[②]　王强：《犯罪成立罪量因素研究》，南京师范大学学位论文，2013年。

得、犯罪所得收益罪的"情节严重"则是处罚犯罪的罪量要素。这样的情形大量存在于分则罪名或者司法解释之中，其结果会让公众产生误解。(5)同样规定了"情节严重"，但由于法定刑规定幅度的不同，容易造成轻罪和重罪的混淆。而且作为构罪的情节不一定就比积极的量刑情节的法定刑重（如图3—4）。

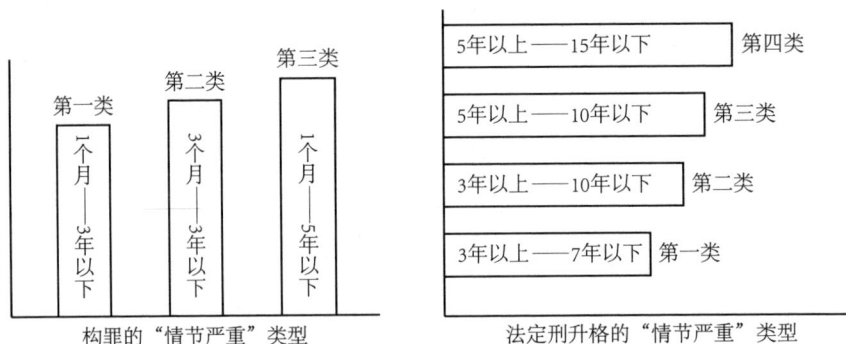

图3—4 定罪情节和法定刑情节的法定刑之对比

（三）司法解释规定的罪量要素

司法解释规定的罪量要素也具有相当的规模，并且多数情形下将分则概括型的罪量要素具体化，是司法解释规定的罪量要素之最大特征。由于数量较多，仅择取涉及帮助型正犯各罪的罪量要素被司法解释规定的部分进行阐述。例如，在2015年《关于审理掩饰、隐瞒犯罪所得、犯罪所得收益刑事案件适用法律若干问题的解释》第2条规定，行为构成犯罪，认罪、悔罪并退赃、退赔，且具有一些可以认定为犯罪情节轻微，免予刑事处罚。再者，近亲属实施的包庇毒品犯罪分子、隐瞒行为，出现司法解释的情形，可以免予刑事处罚等。

三、帮助型正犯的罪量要素之分类及规范适用

帮助型正犯的罪量要素可以从不同的维度进行分类，从刑法内容的规定

来看，可以将罪量要素分为定罪情节的罪量要素和法定刑情节的罪量要素，而从罪量要素的机能来看，可以分为不法构成的罪量要素和处罚机能的罪量要素。事实上，定罪情节的罪量要素与不法构成的罪量要素并不是完全的等置关系，同时也具有处罚的机能。例如，第 287 条之二帮助信息网络犯罪活动罪规定"情节严重"，处三年以下有期徒刑或者拘役，并处或者单处罚金。在适用该条文时，"情节严重"既在不法构成意义上发挥作用，也在处罚适用上有所作为，因为基准刑的确定以情节严重为前提，在法定刑幅度内进行确定。

（一）罪量要素的规范类别

1.定罪情节的罪量要素和法定刑情节的罪量要素。帮助型正犯各罪中，定罪情节的罪量要素只有"情节严重的"这一类型，主要见于：第 229 条提供虚假证明文件罪；第 285 条第 3 款提供侵入、非法控制计算机信息系统程序、工具罪；第 286 条之一拒不履行信息网络安全管理义务罪；第 287 条之二帮助信息网络犯罪活动罪；第 290 条第 4 款资助非法聚集罪；第 307 条第 3 款帮助毁灭、伪造证据罪；第 311 条拒绝提供间谍犯罪、恐怖主义犯罪、极端主义犯罪证据罪；第 362 条包庇罪；第 392 条介绍贿赂罪。而法定刑情节的罪量要素稍多，包括了（1）"情节严重的"型：第 107 条资助危害国家安全犯罪活动罪；第 120 条之一帮助恐怖活动罪；第 191 条洗钱罪；第 284 条之一第 2 款、第 3 款非法提供试题、答案罪；第 294 条第 3 款包庇、纵容黑社会性质组织罪；第 306 条辩护人、诉讼代理人毁灭证据、伪造证据、妨害作证罪；第 310 条窝藏、包庇罪；第 312 条掩饰、隐瞒犯罪所得、犯罪所得收益罪；第 320 条提供伪造、变造的出入境证件罪；第 349 条包庇毒品犯罪分子罪；第 355 条非法提供麻醉药品、精神药品罪；第 358 条第 4 款协助组织卖淫罪；第 359 条容留、介绍卖淫罪；第 417 条帮助犯罪分子逃避处罚罪。（2）"情节特别严重的"型：第 111 条为境外窃取、刺探、收买、非法提供国家秘密、情报罪。（3）"情节较轻的"型：第 111 条为境外窃取、刺探、收买、非法提供国家秘密、情报罪。

2.不法构成机能的罪量要素和处罚机能的罪量要素。明确罪量要素的体系性地位，细化不法构成机能的罪量要素和处罚机能的罪量要素成为进一步的话题，即正确识别帮助型正犯的犯罪成立条件的罪量要素与法定刑升格的罪量要素。关于不法构成机能的罪量要素和处罚机能罪量要素的区分，学术界和司法实务界有大致相同的认识，即将定罪的剩余情节作为法定刑升格情节。对作为法定刑升格情节的事由进行识别和判断的标准是什么，并且事由与标准之间要建立怎样的联系才能作为法定刑升格的情节。需要一再说明的是，此处的"情节"并非限于字面表述具有"情节"字样的条文，数额、索取他人财物或者非法收受他人财物、造成严重后果、致使国家利益遭受重大损失等都属于"情节"的研究范畴。识别帮助型正犯的"情节"之前，可以把对其存在的形式概括为三种类型（表3—4）。

表3—4　帮助型正犯"情节"的表现形式

"情节"字样三种表现形式			出现非"情节"字样的情节形式
单一的"情节严重"式	"情节严重"与"情节特别严重"并列式	"或者其他情节"式	
第107条资助危害国家安全犯罪活动罪；第120条之一帮助恐怖活动罪；第191条洗钱罪；第229条提供虚假证明文件罪；第284条之一组织考试作弊罪；非法提供试题、答案罪；第285条提供侵入、非法控制计算机信息系统程序、工具罪；第287条之二帮助信息网络犯罪活动罪；第290条资助非法聚集罪；第294条包庇、纵容黑社会性质组织罪；第306条辩护人、诉讼代理人毁灭证据、伪造证据、妨害作证罪；第310条窝藏、包庇罪；第311条拒绝提供间谍犯罪、恐怖主义犯罪、极端主义犯罪证据罪；第312条掩饰、隐瞒犯罪所得、犯罪所得收益罪；第320条提供伪造、变造的出入境证件罪；第349条包庇毒品犯罪分子罪；窝藏、转移、隐瞒毒品、毒赃罪；第355条非法提供麻醉药品、精神药品罪；第358条协助组织卖淫罪；第362条包庇罪；第392条介绍贿赂罪；第417条帮助犯罪分子逃避处罚罪	第111条为境外窃取、刺探、收买、非法提供国家秘密、情报罪；第188条违规出具金融票证罪；第375条非法提供武装部队专用标志罪	第177条之一妨害信用卡管理罪；非法提供信用卡信息罪；第286条之一拒不履行信息网络安全管理义务罪	第229条索取他人财物或者非法收受他人财物；第405条违法提供出口退税证罪

　　所有帮助型正犯的罪名中，只有第354条容留他人吸毒罪和第363条为他人提供书号出版淫秽书刊罪没有"情节的要求"，其他的均有"情节"的规定。总的看来，仅从刑法分则对帮助型正犯的"情节"规定来看，主要以单一形式为主，这也是其他类型犯罪最多的一种"情节"存在形式。当然，单一形式的"情节"并不都表示一个含义，区别于构罪意义上的情节或者量刑升格的情节这两种。而"情节严重"与"情节特别严重"并列的形式，表明的此种犯罪，既有构罪意义上的情节也有量刑升格的情节。当然，情节特别严重也不绝对就是量刑意义上的情节，同样是犯罪构成的要件之一。"或其他情节"的可选择式旨在表明了不在条文所列举的情形中，法官在适用法律时，至少与条文列举的情形具有同等的社会危害性，也是自由裁量权的表现。如此多的"情节"，正确识别不法构成机能的罪量要素和处罚机能的罪量要素并非易事。以罪量要素的体系性定位识别帮助型正犯两种机能的罪量要素（图3—5）。

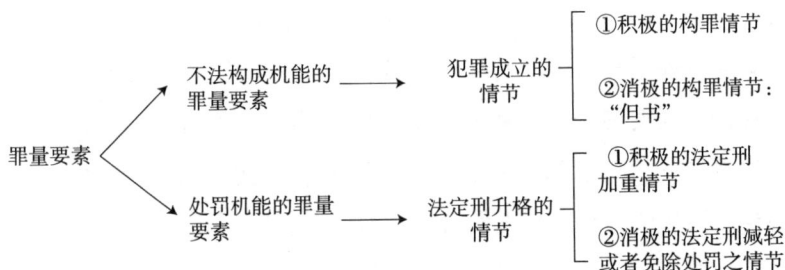

图3—5　刑法中罪量素的体系分布

　　与罪量要素分布图所对应的帮助型正犯之罪量要素主要是：（1）不法构成机能的罪量要素，即犯罪成立的情节。①积极的构罪情节——第229条提供虚假证明文件罪；第285条提供侵入、非法控制计算机信息系统程序、工具罪；第286条之一拒不履行信息网络安全管理义务罪；第287条之二帮助信息网络犯罪活动罪；第290条资助非法聚集罪；第362条包庇罪；第375条非法提供武装部队专用标志罪；第392条介绍贿赂罪；第405条违法提供出口退税证罪。②消极的构罪情节——总则第13条的"但书"规定。（2）处罚机能的罪量要素，即法定刑升格的情节。①积极的法定刑加重情节——

第 107 条资助危害国家安全犯罪活动罪；第 111 条为境外窃取、刺探、收买、非法提供国家秘密、情报罪；第 120 条之一帮助恐怖活动罪；第 177 条之一妨害信用卡管理罪；非法提供信用卡信息罪；第 191 条洗钱罪；第 229 条提供虚假证明文件罪；第 284 条之一组织考试作弊罪；非法提供试题、答案罪；第 294 条包庇、纵容黑社会性质组织罪；第 306 条辩护人、诉讼代理人毁灭证据、伪造证据、妨害作证罪；第 310 条窝藏、包庇罪；第 312 条掩饰、隐瞒犯罪所得、犯罪所得收益罪；第 320 条提供伪造、变造的出入境证件罪；第 349 条包庇毒品犯罪分子罪；窝藏、转移、隐瞒毒品、毒赃罪；第 355 条非法提供麻醉药品、精神药品罪；第 358 条协助组织卖淫罪；第 375 条非法提供武装部队专用标志罪；第 417 条帮助犯罪分子逃避处罚罪。②消极的法定刑减轻或者免除处罚之情节——第 111 条为境外窃取、刺探、收买、非法提供国家秘密、情报罪。

根据罪量要素的体系性地位对定罪情节和量刑情节的识别，其路径主要是区分罪量要素的两种机能，即不法构成机能和处罚机能，分别对应的是犯罪构成的罪量要素和法定刑升格的罪量要素。不法构成机能的罪量要素强调的就是违法性程度的问题，有积极和消极的侧面，积极侧面的违法性程度即犯罪成立要求的"情节"，而消极侧面的违法性程度实则就是在借鉴可罚的违法性论，对违法性程度轻微的行为进行的非犯罪化处理。消极定罪情节通常是指刑法第 13 条的"但书"，情节显著轻微危害不大的，不认为是犯罪。经条文的梳理得知，定罪情节和法定刑升格情节可以存在于同一犯罪之中，例如第 229 条提供虚假证明文件罪，"情节严重"作为不法构成的罪量要素，达不到"情节严重"就不符合犯罪构成要件，不能认定为犯罪。承担资产评估、验资、验证、会计、审计、法律服务等职责的中介组织的人员故意提供虚假证明文件，有"索取他人财物或者非法收受他人财物"情节，则属于法定刑升格的量刑情节，属于处罚机能的罪量要素。两个量刑情节也可以同时存在于一个犯罪之中，第 111 条为境外窃取、刺探、收买、非法提供国家秘密、情报罪，"情节特别严重的"是法定刑升格的积极量刑情节，规定"情节较轻"使法定刑降格的消极的量刑情节。因此，同一犯罪可以有不同的情节，多个性质不同的或者性质相同的情节。

（二）帮助型正犯各罪的罪量要素之适用

罪量要素的机能指向不法构成和处罚两个方面，单从刑法条文的规定来看，不法构成的罪量要素就是充当了犯罪成立的条件，同时也有处罚层面的意义，而法定刑意义的罪量要素侧重的是处罚功能的发挥。在帮助型正犯各罪的适用中，根据刑法条文和相关司法解释的规定，犯罪成立条件的罪量要素与法定刑意义的罪量要素之适用对罪与非罪的判断具有重要的意义。通常来看出现如下几种情形：其一，是犯罪成立条件的罪量要素单独出现在一个案件中。例如，在一帮助伪造证据罪中，被告人陈建康、陈代文在陈秀金抢劫罪一案的刑事诉讼活动中，以金钱贿买方式唆使陈秀金抢劫一案的被害人游佐现出具虚假的证明陈秀金无罪的证据，重庆市渝北区人民法院根据上述事实和证据认为，陈某某的行为情节严重，已构成帮助伪造证据罪。[1] 该案中，情节严重只是犯罪成立条件的罪量要素，被告人在刑事诉讼活动中，其以金钱贿买方式唆使陈秀金抢劫一案的被害人游佐现出具虚假的证明陈秀金无罪的证据，已经达到情节严重，才有可能构成帮助伪造证据罪，否则不构成犯罪。案例 2：在公安机关开展的清查活动中，被告人胡某某向严某通风报信三次、被告人谭某某向严某通风报信一次，让其提前关闭游戏室，帮助严某逃避查处，被告人谭某某还在日常巡逻时对严某的游戏室不予查处。本院认为，被告人胡某某、谭某某身为负有查禁犯罪活动职责的公安机关工作人员，共同利用职务便利，向犯罪分子通风报信，帮助犯罪分子严某逃避处罚，其中胡某某系情节严重，其行为均已构成帮助犯罪分子逃避处罚罪。[2] 该案的情节严重就是犯罪成立条件的罪量要素，被告人的行为已经属于情节严重，否则不成立犯罪。

其二，是法定刑意义的罪量要素单独出现在一个案件中，当然法定刑意

---

[1]　重庆市渝北区人民法院刑事一审判决书（2004），渝北法刑初字第 503 号。
[2]　浙江省金华市中级人民法院二审刑事判决书（2015），浙金刑二终字第 173 号。

义的罪量要素之适用是以犯罪成立为前提。在被告人阮某某、郭凯、韩某某洗钱罪中，明知是犯罪所得，为掩饰隐瞒其来源和性质，仍然提供资金账户，其行为已经构成洗钱罪。被告人在明知相关资金是赃款的情况下，主观上为他人转移赃款而提供资金账户，客观上实施了协助许某某将相关资金转出，按照主客观相一致的原则，行为符合洗钱罪的构成要件。其中，被告人郭凯洗钱数额特别巨大，应当认定为情节严重。此案中，部分被告人洗钱数额特别巨大，属于情节严重的，其法定刑在五年以上十年以下有期徒刑，并处洗钱数额百分之五以上百分之二十以下罚金。以此看出，情节严重是法定刑意义的罪量要素，郭凯的行为已经构成了洗钱罪，数额特别巨大的情节严重只是法定刑升格的罪量要素。

其三，是犯罪成立的罪量要素和法定刑意义的罪量要素同时出现在一个案件。帮助型正犯各罪同时出现不法构成的罪量要素和法定刑意义的罪量要素的罪名并不多见，仅有第 111 条为境外窃取、刺探、收买、非法提供国家秘密、情报罪，第 188 条违规出具金融票证罪，以及第 375 条非法提供武装部队专用标志罪。因此，两种罪量要素同时出现在一个案件的情形并不多见，这不是说除了帮助型正犯之外的各罪不会出现此情形。

第三节 帮助型正犯的"出罪"机制

帮助型正犯的"出罪"是其犯罪构成的题中之义，与它的"入罪"具有同样重要的地位，因为"仅单向关注犯罪圈之扩张是对宽容精神的不当贬抑，易助长背离刑法文明、谦抑理路的'刑罚冲动'"[1]。帮助型正犯是法律拟制的产物，对其范围应该进行必要性限缩。"出罪"机制本身很复杂，具有多面性的特征。根据"出罪"依托的载体不同，有实体法的出罪和程序法

---

[1] 刘沛谞：《出罪与入罪——严相济视阈下罪刑圈的标准设定：一个基于实证范例的考察》，《中国刑事法杂志》2008 年第 1 期。

的出罪。从"出罪"阶段来看，包括立法出罪和司法出罪。从"出罪"引起的后果看来，存在"不构成犯罪"的出罪和"将有罪归于无罪"的出罪。帮助型正犯的"出罪"机制研究一方面关注与其他类型犯罪的共性出罪机制，另一方面对其出罪的特殊问题进行考量。普遍适用于所有犯罪的"出罪"机制实则是形而上的出罪原理，即犯罪论体系性出罪。"不构成犯罪"意义上的出罪和"将有罪归于无罪"意义上的"出罪"，同时存在于帮助型正犯的具体犯罪之中。"不构成犯罪"的出罪主要依托于实体法的出罪条款，"将有罪归于无罪"的出罪情形要稍显复杂，亦即"构成了犯罪但不定罪而无罪的情形"，即实体法定罪由程序法实现"出罪"。① 借以可罚性理论的探明，前者因不法的不可罚和责任上的不可罚而出罪，后者是客观的不可罚而出罪。中立帮助型正犯作为特殊的帮助型正犯，传统理论执着于对其处罚的论争，而较少关注到出罪的问题。事实上，立足于"出罪"视角的分析，不仅顾及中立帮助型正犯的特殊性，同样反向作用于帮助型正犯的处罚论。

一、犯罪论体系下帮助型正犯的"出罪"评价

体系论出罪事由是指犯罪论体系的各个环节或者各个组成部分中出罪事由的系统化，使之成为形成有机的链条。当然，抽象层面的体系论出罪事由系统化适用于包括帮助型正犯的其他犯罪，而帮助型正犯的出罪机制问题采用的是对具体问题的解决方法。体系论的出罪事由系统化应该根据现阶段犯罪论体系的类型，分为以下三种：德日为代表的阶层式犯罪构成的出罪评价机制、英美刑法的两层次犯罪构成的出罪评价机制以及我国平面耦合式犯罪构成的出罪评价机制。虽然所有的出罪事由都能阻却犯罪的成立，使得行为不被认定为犯罪，但不同种类的出罪事由使行为出罪后，法律评价的效果并不完全相同。

首先，阶层式犯罪论体系的出罪评价机制（如图3—6）。构成要件符合

---

① 参见夏勇：《试论"出罪"》，《法商研究》2007年第6期。

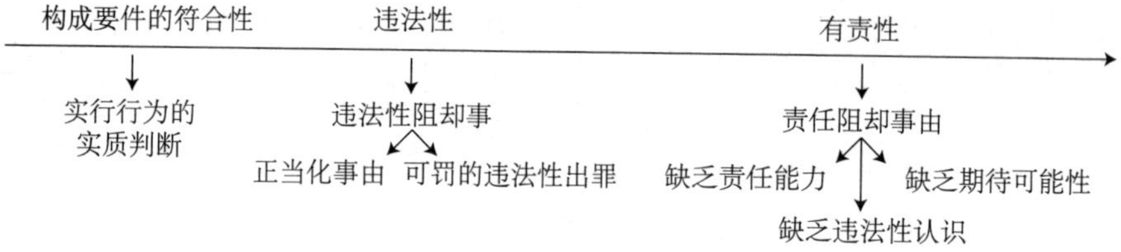

构成要件的符合性　　违法性　　　　　　　有责性

实行行为的　　　　违法性阻却事　　　　责任阻却事由
实质判断
　　　　　正当化事由 可罚的违法性出罪　缺乏责任能力　　缺乏期待可能性
　　　　　　　　　　　　　　　　　　　　缺乏违法性认识

图 3—6　阶层式（递进式）犯罪论体系的出罪机制

性阶段（实行行为的实质判断）　——→ 违法性（违法阻却事由：正当化事由和可罚的违法性出罪）　——→ 有责性（责任阻却事由）。构成要件符合性阶段，既有事实的判断，也有价值的评价。行为事实的筛选是构成要件符合性前提，即依据刑法的规定，值得处罚的行为。按照正犯是实施了构成要件行为者，构成要件的中心之实行行为判断是形式与实质的结合。实行行为的实质判断也是构成要件的价值判断的主要内容，价值评价所借助的法益侵害性也是构成要件符合性阶段的出罪事由。质言之，具有构成要件符合性的事实因不具有法益侵害性而出罪的可能。将故意或者过失纳入构成要件的范畴，使其塑造成为违法有责的行为类型。[①] 由此表明，犯罪构成的三个阶段是相互联系，却又是独立于彼此的，有后者以前者的成立为前提是阶层式的体现，前者不以后者为必要。因此，一旦在构成要件符合性阶段出罪，就没有进行违法性和有责性的必要。进入违法性阶段，相比构成要件符合性的正面不法评价，违法性主要从反面说明了不法的问题。违法性的"出罪"从违法性的有无和违法性程度两个方面进行，前者意在违法阻却事由，后者是可罚的违法性。正当防卫、紧急避险等是最为常见的"出罪"事由。有责性阶段的出罪事由集中在缺乏责任能力、缺乏违法性认识的可能性与缺乏期待可能性三个方面。如此看来，违法阶段的出罪事由也不尽是正当意义上的出罪事由，违法性未及可罚的程度显然不是正当化的出罪事由。

其次，双层次犯罪论体系的出罪评价机制（如图 3—7）。双层次犯罪构

[①]　参见陈兴良：《刑法阶层理论：三阶层与四要件的对比性考察》，《清华法学》2017 年第 5 期。

```
                    ┌─ 犯罪要件
  犯罪构成体系 ─┤                    ┌─ 正当事由的抗辩（违法阻却）
                    └─ 抗辩事由 ─┤
                                        └─ 宽恕事由的抗辩（责任阻却）
```

图 3—7　双层犯罪构成体系的出罪机制

成是我国学者对英美刑法的概括，通说认为包括犯罪要件和抗辩事由。抗辩事由提供了两种不同思路的出罪机制，即以正当化事由抗辩的出罪和以宽恕事由抗辩的出罪。前者相当于违法阻却事由，而后者则相当于大陆法系刑法中的"阻却责任事由"。在学者弗莱彻看来，正当事由的主张就是符合了犯罪构成要件的行为，但存在阻却违法的障碍，而宽恕理由则是指行为具备违法性，但存在责任阻却事由。[①] 因此，在双层次犯罪构成中，出罪机制是通过正当化的抗辩事由和宽恕的抗辩事由系统化的结果。

最后，平面耦合式犯罪论体系的出罪评价机制（如图 3—8）。体系论出罪事由主要集中于犯罪构成各阶段出罪事由的系统化，然而，犯罪论体系不止于犯罪构成，还包括犯罪概念、犯罪的特殊形态、共同犯罪和罪数。[②] 显然，出罪机制主要寻诛于犯罪概念和犯罪构成中的排除犯罪性事由。传统观点认为，犯罪主客观方面外加排除犯罪事由才是耦合式犯罪构成的逻辑体系，以此认为我国犯罪构成理论缺失出罪的机能。为此，坚持四要件理论的学者予以回应，排除犯罪事由实则是在犯罪构成中完成。排除犯罪性事由作

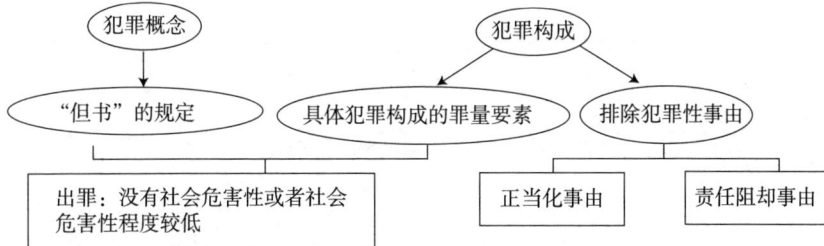

图 3—8　耦合式犯罪论体系的出罪机制

---

① 参见乔治·弗莱彻：《反思刑法》，邓子滨译，华夏出版社 2008 年版，第 551 页。

② 参见张明楷：《违法阻却事由与犯罪构成体系》，《法学家》2010 年第 1 期。

为客观方面的要件而存在于耦合式的犯罪构成之中。因此，我国犯罪构成存在出罪的机能。其中，犯罪概念的出罪事由主要是"但书"的规定，该规定是一种罪量要素，适用于分则没有规定罪量要素的罪名。分则具体犯罪构成的罪量要素实质上是对违法性程度提出了具体的标准。符合了"但书"的规定和符合了行为构成未达到分则规定罪量要素的情形，都可视为出罪事由。具体来看，"但书"出罪是基于无社会危害性而不认为是犯罪，未达到罪量要素的出罪说明社会危害性较小，不足以处罚。除罪量要素的出罪事由外，犯罪构成的排除犯罪性判断是另外的出罪事由，例如正当防卫、紧急避险等，共同组成了耦合式犯罪论体系的出罪机制。

在耦合式犯罪论体系的出罪机制中，根据我国犯罪概念的"但书"规定，社会危害性确实起到了出罪的作用，将那些虽然形式上符合犯罪构成，但实质上不具有社会危害性的行为排除在犯罪之外。[①] 据此推出，社会危害性是符合构成要件事实判断之后的价值判断，也应该在犯罪构成中予以考察。有争议的是"但书"的规定适用范围，适用于分则规定的所有犯罪，还是分则未规定构成犯罪的罪量要素的犯罪，其关键取决于"但书"规定的定位。若作为罪量要素则发挥总则对分则的补充和指导功能，"但书"的出罪适用于分则的所有犯罪，是社会危害性实质判断的征表。综上，犯罪论体系的出罪本质上反映的是不构成犯罪的情形，也就是无法充足犯罪构成而出罪的情况。在很大程度上解决的是形而上的犯罪构成的出罪机能问题，具体犯罪的出罪一方面是犯罪论体系各个阶段的体现，更为重要的是，实体法直接规定的除罪条款和程序上的出罪情形。

二、实体法出罪和程序法出罪的具体表现

"出罪"这一概念在两个意义上被使用，不构成犯罪的无罪与将有罪归

---

① 参见陈兴良:《刑法阶层理论:三阶层与四要件的对比性考察》,《清华法学》2017 年第 5 期。

为无罪，二者均为司法行为，是"司法定罪的一个侧面"①。根据"出罪"的法律依据，可以区分为实体法出罪和程序法出罪两种情形。前者包括了实体法规定的"不构成犯罪"和将有罪归于无罪的情况，"不构成犯罪"在犯罪论体系的出罪机制就是不符合犯罪构成的无罪认定，通过犯罪构成的判断，对某一行为作无罪认定，罪与非罪的认定过程都是在犯罪构成体系内部完成的。重点表现为对行政犯的规定上，不构成犯罪的情形，违法行为的社会危害性程度不足以作为犯罪处理，出罪实则是阻却了违法。随着行政违法行为犯罪化现象的普遍，实体法规定的这类出罪也愈发增多。规定在《反恐怖主义法》第 29 条、第 80—82 条，《招标投标法》第 63 条，《境外非政府组织境内活动管理法》第 47 条，《公路法》第 86 条，《民用航空法》第 212 条，《海关法》第 84 条，《文物保护法》第 66 条、第 70—72 条、第 74 条，《会计法》第 44—47 条，《行政处罚法》第 58 条，《律师法》第 56 条，《公务员法》第 104 条，《水污染防治法》第 94 条，《旅游法》第 109 条，《对外贸易法》第 65 条，《电影产业促进法》第 55 条、第 63 条，《网络安全法》第 64 条、第 67 条，《防洪法》第 61 条、第 62 条、第 64 条，《人口与计划生育法》第 39 条，《反家庭暴力法》第 34 条，《商业银行法》第 83—85 条，《药品管理法》第 86 条、第 98 条，《烟草专卖法》第 35 条，《邮政法》第 71 条、第 76 条、第 77 条、第 80 条、第 83 条，《电力法》第 73 条，《税收征收管理法》第 80—82 条，《食品安全法》第 123 条、第 124 条，《保险法》第 174 条，《反间谍法》第 32 条、第 36 条，《采购法》第 72 条，《全国人大常委会关于司法鉴定管理问题的决定》第 13 条。② 概括其立法模式，可以总结为"……，尚不构成犯罪，依法给予行政处罚"，这也是行政法和刑法之间连接点，违法行为均有社会危害性，违法性程度尚未至刑法所要求的社会危害性，所以无罪。

　　"不构成犯罪"的出罪与"将有罪归于无罪"的出罪有着截然不同的运

---

① 杜辉：《刑事法视野中的出罪研究》，中国政法大学出版社 2012 年版，第 7 页。
② 列举的法律规定都是现行有效的，不包括已经失效或者被修改的法律规范。

行轨迹。从可罚性视角来看，行为该当构成要件并具有违法性和有责性就表明了不法、责任的可罚性要件得以满足。"原则上，绝大多数的行为，只要具有这些可罚性要件，即可构成犯罪而科处刑罚。"[①]"将有罪归于无罪"的出罪是以构成犯罪为前提，也就是以行为具备了不法、责任的可罚性要件为前提。反向思维下的结论，"将有罪归于无罪"就是指存在于部分例外或者特殊的犯罪，同时满足不法可罚性要件、责任可罚性要件和客观的可罚性要件方可构成犯罪科处刑罚。"有罪"即完成了不法、责任的可罚性要件判断，"归于无罪"则表示不具备客观的可罚性要件。（如图 3—9）

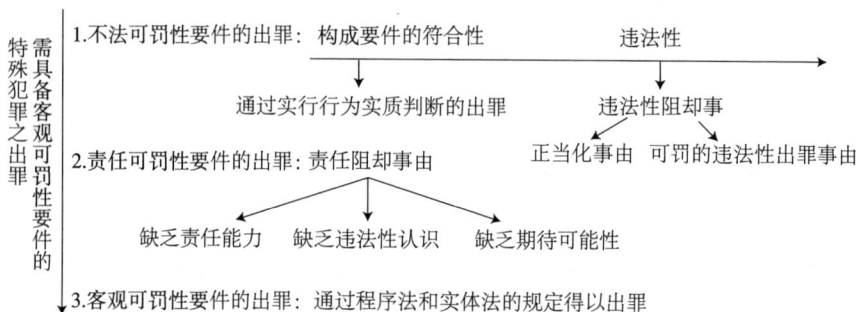

图 3—9 需具备客观可罚性要件之犯罪的出罪机制

"有罪归于无罪"的载体是程序法和实体法，基本表现是"不以犯罪论处"与"不认为是犯罪"。程序法上的"有罪归于无罪"主要是《刑事诉讼法》第 15 条的规定。而实体法上"有罪归于无罪"主要分布于最高人民法院和最高人民检察院发布的司法解释中，刑法条文只在第 449 条一处有规定，在战时，对被判处三年以下有期徒刑没有现实危险宣告缓刑的犯罪军人，允许其戴罪立功，确有立功表现时，可以撤销原判刑罚，不以犯罪论处。有学者"将有罪归于无罪"的实体法出罪事由划分为两类：一类与行为本身的性质有关，如行为程度轻微（未遂等犯罪状态、行为人与被害人之间的特殊关系等）；另一类与行为本身无关，而与行为之后的行为人的悔罪态

---

① 王钰:《客观处罚条件之提倡：从比较视野切入》,《刑法论丛》2010 年第 2 期。

度或者法律状态变更有关系。[①]（如图 3—10）事实上，更准确地说第二种分类也与行为本身有关，此外还要求行为人的悔罪态度或者法律状态的变更。如果行为的社会危害性程度严重，即使行为之后有悔罪的态度，也并不能成为出罪的理由。

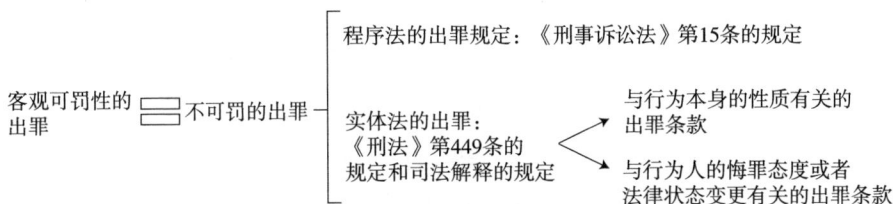

图 3—10　不可罚的出罪机制

据此，刑法分则和司法解释规定的"将有罪归于无罪"的情形进行整理归纳，得出：（1）与行为本身的性质有关的不可罚出罪。2014 年《最高人民法院、最高人民检察院关于办理危害药品安全刑事案件适用法律若干问题的解释》第 11 条，2013 年《最高人民法院关于审理拒不支付劳动报酬刑事案件适用法律若干问题的解释》第 6 条，2006 年《最高人民法院关于审理未成年人刑事案件具体应用法律若干问题的解释》第 6、7、9 条，2009 年《最高人民法院关于审理非法制造、买卖、运输枪支、弹药、爆炸物等刑事案件具体应用法律若干问题的解释》第 6 条。（2）着重于行为人的悔罪态度或者法律状态变更的不可罚出罪。《刑法》第 449 条，2015 年《最高人民法院关于审理掩饰、隐瞒犯罪所得、犯罪所得收益刑事案件适用法律若干问题的解释》第 2 条，2013 年《最高人民法院、最高人民检察院关于办理敲诈勒索刑事案件适用法律若干问题的解释》第 6 条，2016 年《最高人民法院、最高人民检察院关于办理非法采矿、破坏性采矿刑事案件适用法律若干问题的解释》第 11 条。

犯罪论体系的出罪机制适用于所有的犯罪，包括帮助型正犯。然而，具体到个案的探讨，需依托于实体法和程序法的出罪条款。最直接的帮助型正

[①]　参见方鹏：《出罪事由的体系和理论》，中国人民公安大学出版社 2011 年版，第 253 页。

犯的出罪条款，如 2015 年《最高人民法院关于审理掩饰、隐瞒犯罪所得、犯罪所得收益刑事案件适用法律若干问题的解释》第 2 条的规定，行为人为自用而掩饰、隐瞒犯罪所得，财物价值刚达到具有法定从宽处罚情节的规定的标准，认罪、悔罪并退赃、退赔的，一般可不认为是犯罪。《反恐怖主义法》第 82 条明知他人有恐怖活动犯罪、极端主义犯罪行为，窝藏、包庇，情节轻微，尚不构成犯罪的，或者在司法机关向其调查有关情况、收集有关证据时，拒绝提供的，由公安机关处十日以上十五日以下拘留，可以并处一万元以下罚款。掩饰、隐瞒犯罪所得的出罪解释，属于"将有罪归于无罪"的情形，因为 2015 年最高人民法院发布《关于审理掩饰、隐瞒犯罪所得、犯罪所得收益刑事案件适用法律若干问题的解释》的理解与适用"关于从宽处罚及出罪标准问题"规定行为人的行为从本质上说是构成犯罪的，但因犯罪情节较轻、行为人主观恶性较小，事后恢复性措施到位，而不作犯罪处理，或者虽然追究刑事责任但酌情从宽处理。这与行为本身不构成犯罪是有本质区分的。不难发现，《反恐法》规定的出罪，显然是"不构成犯罪"的出罪。

三、中立帮助型正犯出罪的重点拷问

中立帮助行为虽然从外观上看确实对正犯的实行行为起到促进作用，但是并非当然可罚或者当然不可罚。"中立帮助行为过当的刑事责任类型包括'正犯化'和'共犯化'，而'共犯化'又包括帮助犯化即从犯化，甚至正犯化和主犯化。"[1] 正犯化的中立帮助行为称为中立帮助型正犯，作为帮助型正犯的一部分。在是否处罚中立帮助行为的研究中，区分可罚的中立帮助行为和不可罚的中立帮助行为已经取得共识，即所谓的处罚中立帮助行为的折中说。至此，如何在遵循罪刑法定原则的基础上对不具有可罚性的中立帮助行为与可罚的中立帮助行为明确予以区分，是中立帮助行

---

[1]　马荣春:《中立帮助行为及其过当》,《东方法学》2017 年第 2 期。

为的理论焦点。① 事实上，不可罚中立帮助行为的甄别实质上与中立帮助行为的出罪评价和判断有着密切的关系。之所以重点对中立帮助型正犯出罪进行探讨，是因为中立帮助行为本身的特殊性，以及现阶段属于社会日常运作的重要环节，与我们的生活息息相关。因为在日常人生活交际往来中，经常可见的情形是，自己所提供的工具或者服务直接或者间接被他人用来犯罪。

中立的帮助行为又被称为外部的中立行为、日常行为、职业典型的行为、职业上的相当性或者习惯的业务活动，亦可直接简称为中立行为等。② 诸如出租运输和货物承运、网络服务提供商等行为人因职业原因提供的中立帮助行为，本身是具有正当业务行为的面向。在德国刑法理论中，中立帮助行为是指提供帮助者的行为虽然可以用来帮助他人实现构成要件，但是帮助行为本身可以是对任何人为之的帮助行为，相对于正犯行为人或者正犯的行为有独立性，并非转为法律上不法的目的而为之。③ 以此认为，中立帮助行为的可罚性与不可罚性判断应坚持的是主客观的基本立场。申言之，不可罚的中立帮助行为是主客观共同评价的结果，同时也是中立帮助型正犯主客观出罪的要求。对于中立帮助行为的不可罚，形成一定影响力的观点可以概括为客观不法的不可罚和主观责任的不可罚。即"客观理论是就中性业务行为本身来讨论的是该当帮助犯客观不法要件之帮助行为，或者是否得以在违法性阶层，主张具备阻却违法事由。主观理论是依据从事中性业务行为之人的主观认知状态来判断是否成立可罚的帮助行为。"④

具体来看，（1）客观不法的不可罚包括：①以社会相当性限制中立帮

---

① 参见王鑫磊:《帮助犯研究》,吉林大学学位论文,2014年,第127—128页。

② 参见刘艳红:《网络中立帮助行为可罚性的流变及批判:以德日的理论和实务为比较基准》,《法学评论》2016年第5期。

③ 参见蔡惠芳:《P2P网站经营者之作为帮助犯责任与中性业务行为理论之适用》,《东吴法律学报》2006年第1期。

④ 蔡惠芳:《P2P网站经营者之作为帮助犯责任与中性业务行为理论之适用》,《东吴法律学报》2006年第1期。

助成为客观不法构成要件该当阶层评价的帮助行为，不具备构成要件符合性而不可罚。Welzel 教授提出的社会相当性理论是指社会认为对于社会整体生活之利益是必要与适当或者正当的。②舍弃以社会相当或者职业上相当原则作为排除构成要件该当性之依据。采用客观归责理论排除中立帮助行为的构成要件符合性，其认为中性或者日常业务行为属于法所容许的行为，只是被其他应自我负责的第三人滥用去从事犯罪行为。① ③雅各布斯教授是以回溯禁止观点来隔绝中性或者日常业务行为与他人犯罪行为的关系。他认为，行为人虽制造一个可以使得他人得以进行犯罪的情况，但如果此行为的意义不需要取决于他人的犯罪行为，本身已有社会意义，则禁止将后来的犯罪行为效力回溯到之前提供服务的行为，而令他为后来行为负责。② ④将中立帮助行为本身所确保的利益与因为提供"帮助"对他人法益所造成的侵害进行衡量，即通过违法性阻却事由而排除其可罚性。③

（2）主观责任的不可罚理论主要有：①德国实务向来主张帮助行为不需要与正犯犯罪构成要件的实现（法益被侵害或者对法益形成危险）有因果关系，只要帮助行为确实使正犯行为实行犯罪构成要件行为过程中的行为更顺畅进行或者行为事实上被促进即可。在通常情形下，从事业务活动之人只是为了经营事业而提供他人服务，完全没有任何促进他人犯罪的意思。据此，大多数的中性或者业务行为出罪。②根据对正犯的实行行为是否有明确的认识来确定的帮助故意，倘若对正犯的实行行为没有明确的认识，排除帮助故意而出罪。在 U.S.v.Peoni 案中，第二巡回法院裁定，只有帮助行为人具有对实行行为有明确认识，并且有真正促进的目的，就足以支持共犯责任。Peoni 案发生后，美国大多数法院都遵循了 Peoni 法院的做法。④

---

① 参见曹波：《中立帮助行为刑事可罚性研究》，《国家检察官学院学报》2016 年第 6 期。
② 参见蔡惠芳：《P2P 网站经营者之作为帮助犯责任与中性业务行为理论之适用》，《东吴法律学报》2006 年第 1 期。
③ 参见杜文俊、陈洪兵：《论运输行为的中立性》，《河南师范大学学报》（哲学社会科学版）2009 年第 6 期。
④ *See* Kim Jong Goo, "Accomplice Liability through Neutral Behavior in the US Criminal Law", *Journal of Criminal Law*, 2012, 24（02）:77-108.

（3）主观和客观相互结合的判断：①罗克辛教授主张依据提供帮助者之认识内容来判断帮助行为是否为法所容许的风险，兼顾了行为的主观与客观面向。以主观为出发点，之后才在客观不法构成要件上处理问题。②部分中立帮助行为因其客观上助益于正犯行为的实施甚或使法益侵害加剧，而帮助行为的实施者主观上也明确认识到正犯的存在，并对其帮助行为促进正犯实施持积极的追求或容忍态度。①

中立帮助行为除了可能以共犯（帮助犯）承担刑事责任外，也可能是以正犯承担刑事责任。②中立帮助型正犯的出罪路径既有不符合客观不法要件而出罪或主观责任阻却事由的出罪，也有从主观到客观或者从客观到主观的综合出罪。此外，实际上，主客观双重标准的出罪更具合理性。首先，客观不法的出罪有片面性，社会相当性是一个不具有确定性的标准，用以对事实行为的实质判断并不理想。客观归责对法所容许的危险的要求，有一定的合理性。因为"日常生活上有许多带有危险性的活动，只要危险不超越一定的范围，这些活动被社会所容许"③。但是，完全不考虑主观责任，它与回溯禁止观点一样，绝大部分的中立帮助行为是不可罚的，尤其是职业行为、业务行为。以利益衡量说考察中立帮助行为的违法阻却，也存在标准不明确的瑕疵。因此，主客观结合的出罪相对较为合理。这一点在中立帮助型正犯的立法中已经有所体现。

---

① 参见张伟：《中立帮助行为探微》，《中国刑事法杂志》2010 年第 5 期。

② 参见蔡惠芳：《P2P 网站经营者之作为帮助犯责任与中性业务行为理论之适用》，《东吴法律学报》2006 年第 1 期。

③ 林东茂：《信赖原则的适用范围与界限》，（东海大学）《法学研究》1996 年第 11 期。

第四章　帮助型正犯的修正构成

　　帮助型正犯的修正构成实则就是探讨其基本犯罪构成之外，因行为的发展阶段、参与人等因素所形成的分别加以修改、变更的犯罪构成。行为发展阶段而修正的犯罪构成包括预备犯、未遂犯以及中止犯，而参与人要素的修正犯罪构成则有主犯、从犯、胁从犯以及教唆犯。[1] 此外，犯罪数目也是基本犯罪构成的修正，属于犯罪的特殊形态。由此展开对未完成形态、共犯形态和罪数形态的精细化研究。这三种特殊形态与基本的犯罪构成之间，表现出了普遍性与特殊性之间的关系，只因它们中任何一种形态的构成，都必须以犯罪之基本构成为前提。[2] 一方面犯罪构成是以完成形态为蓝本，已然是对一个行为成立犯罪最低限度的要求。处罚连最基本的犯罪构成要件都无法充足的未完成形态，需要更加确证的理由；另一方面共犯形态的探讨实际上指向的是正犯化的帮助型正犯，力图处罚扩大化的真实意图和司法实践。再者，从根本上讲，把帮助型正犯的罪数置于形态论进行研究，就是要厘清错综复杂的一罪和数罪问题。想象竞合犯、法条竞合犯、牵连犯是最常发生于帮助型正犯的一罪，对此进行深入而具体地分析，有利于消除相关司法实践的困惑。

---

[1]　参见王志祥、曾粤兴:《修正的犯罪构成理论之辨正》,《法商研究》2003 年第 1 期。

[2]　参见冯亚东:《犯罪构成与诸特殊形态之关系辨析》,《法学研究》2009 年第 5 期。

第一节　帮助型正犯的未完成形态

帮助型正犯的未完成形态主要是指其犯罪预备、犯罪未遂以及犯罪中止的形态，这三种未完成形态被理解为扩张处罚方向上的例外。因为"犯罪构成是以完成形态为标本的，是行为成立犯罪之最低限度、最基本条件的概括，而在最起码的条件上有缺损的未完成形态仍需处罚"①。采用帮助型正犯立法的最直接后果是提前刑罚处罚时点和扩大刑事处罚范围，未完成形态的处罚无疑是最有力的说明。入罪化的帮助型正犯自不必说，正犯化的帮助型正犯亦是如此。毕竟，正犯化之前的共犯评价体系，在处理间接帮助、未遂帮助等存有诸多限制，而正犯化恰当地消除了处罚上的障碍，当然是处罚扩张的表现。从现行刑法总则的规定来看，确定了普遍处罚预备犯、未遂犯及中止犯的原则。这就意味着刑法分则规定的所有犯罪的预备行为、未遂行为和中止行为在理论上是可罚的，除了特定的犯罪如过失犯等另当别论。尽管如此，至今在各种国内研究著述中都未能开列出一个符合中国国情的、有充分说服力的、需处罚未完成形态的罪名清单。② 在分则规定的某一具体犯罪中，除中止犯外，预备犯、未遂犯与既遂犯之间的差异，以客观上造成的实际损害或者造成实际损害的危险进行区分。换言之，妄图从行为人的主观恶性上找到它们之间的不同只能是徒劳。③ 因为以评价行为的客观危害性为基点，即行为所造成的实际损害或造成实际损害的危险标准，犯罪预备行为的客观危害相对而言是非常轻微的。④ 因此，预备犯的例外处罚是理论上比较有影响力的观点。然而，司法实践中处罚帮助型正犯的预备犯是原则还是例外？同时，帮助型正犯之未遂犯与中止犯的问题，也是有关如何确定可罚性的问题。

---

① 冯亚东：《犯罪构成与诸特殊形态之关系辨析》，《法学研究》2009 年第 5 期。

② 参见冯亚东：《犯罪构成与诸特殊形态之关系辨析》，《法学研究》2009 年第 5 期。

③ 参见邱兴隆、许章润：《刑罚学》，中国政法大学出版社 1999 年版，第 247 页。

④ 参见王志祥、郭健：《论犯罪预备行为的处罚范围》，《政治与法律》2005 年第 2 期。

一、帮助型正犯的着手与既遂

帮助型正犯的三种未完成形态，无一不与犯罪的实行着手和既遂形态有着密切的关系。"实行着手"在犯罪论体系中的功能是"立足于行为事实科学和规范刑法学立场，充当'实行行为的起点'和'未遂犯的成立要件'"①。通常来看，成为未完成形态研究前提的正是未遂犯处罚界限的着手理论。一方面从预备阶段的预备行为与实行阶段的实行行为之间的关系来看，前者是后者的准备。二者的关键界限就在于是否着手，一旦着手就无关乎犯罪预备的问题，只与犯罪未遂、犯罪中止和犯罪既遂有关。而实行着手的认定是犯罪未遂的成立要求，处罚未遂犯的根本在于着手而非未遂。② 犯罪中止虽既可发生在预备阶段也可以发生在实行阶段，却也与着手存在无法切割的联系。另一方面认定和处罚预备、未遂和中止的未完成形态，均是以犯罪既遂作为参照物。申言之，就是相对犯罪既遂而言的特殊形态，处罚比照的对象也是犯罪既遂。因此，探讨帮助型正犯的未完成形态，绝不能对"着手"和既遂的问题熟视无睹。

（一）帮助型正犯"着手"之实质危险说

实行着手于刑法的意义是重大的，因为刑事责任的成立对故意犯罪的最低要求就是实行着手，同时也是故意犯罪可罚不法成立条件的起点。事实上，着手的重要性远不止于此，甚至"其任何的风吹草动，都预示着或折射的是作为犯罪论根基的不法论的重大转变"。③"着手"一词被规定在立法中，得益于1810年《法国刑法典》将"犯罪未遂"的概念法定化。在此之后，这一做法纷纷被其他国家的刑法所效仿，犯罪着手成为犯罪实行的起点，也是犯罪未遂的重要表现之一。我国也不例外，刑法只在犯罪未遂的条文中明确了"着手"的表述，却未对其内涵作出进一步的阐释。因此，关于

---

① 王强、胡娜：《着手理论的规范学定位与功能》，《甘肃政法学院学报》2011年第3期。

② 参见黄荣坚：《基础刑法学》（下册），中国人民大学出版社2009年版，第313页。

③ 高艳东：着手理论的消解与可罚行为起点的重构》，《现代法学》2007年第1期。

"着手"的理论相争自然不绝于耳。当然，也有学者鉴于我国刑法的个性化，在行为何时具有可罚性的问题上提出用"可罚行为起点"取代"着手"的观点。经其指认，"着手"是自然科学公式化、固定化精准模式在刑法上的误用，以及判断上越发要求的主观要素已经严重背离了"着手"的本体。[①] 基于"着手"的缺陷，以"可罚行为起点"的替代性做法，仔细看来，其观点实质上与"着手"的主客观混合理论没有太大的差别。之所以认为"着手理论"由客观转向主观，实际上是将德国未遂犯成立理论的解读应用于"实行着手"的结论，即根据行为人的认识直接开始构成要件的实现。行为人的认识是行为人主观认识的事实，开始构成要件的实现是动摇一般人对于法秩序的妥当性之信赖。[②] 因此，倘若以"可罚行为的起点"替代"着手"，并没有发生本质上的变化，还可能因打破理论研究上的习惯而增添混乱。因此，在未求得更好的实质性解决方案之前，仍以"着手"论之最为适当。

　　有关"着手"的学说，大陆法系国家的刑法理论主要形成了主观说、客观说、主客观混合理论，并"出现从客观论向主观论转变的共同倾向"[③]。首先，客观的实行着手理论被区分为形式的和实质的，前者是以构成要件为基准，从形式观点决定实行的着手时期和掌握结果发生之危险性或者法益侵害之危险性。后者是以从结果发生的现实危险或者法益侵害之现实危险出发，以决定实行着手的时点。针对实质客观说的"危险性"判断，又因"行为内含的危险"抑或是"作为结果的危险"之疑问，形成行为危险说、结果危险说和区别说的分歧。区别说，将"行为的危险性"作为实行着手的问题，而结果的危险则属于未遂犯成立、处罚时间的问题。简言之，实行行为的着手与未遂犯的成立、处罚之间并非相互对应的关系，还要考量对法益侵害的现实、紧迫危险。理论上常常批评因采用形式客观说导致诸多案件中着手时点判断的推迟，而实质客观说因无法对可罚的不能犯未遂作出合理解释被指

---

① 参见高艳东:《着手理论的消解与可罚行为起点的重构》,《现代法学》2007 年第 1 期。
② 参见陈子平:《犯罪论重要问题的思想脉络:未遂犯篇》,《月旦法学教室》2011 年第 100 期。
③ 劳东燕:《论实行的着手与不法的成立根据》,《中外法学》2011 年第 6 期。

责。主观说在幻觉犯与迷信犯问题上的错误而被纳入可罚范围的批评。因此，主客观混合理论获得多数的认可，它是根据行为人对犯罪的认知（行为人对法的敌对意思的体现），而开始足以实现犯罪构成要件或者招致法益直接侵害的行为者，即为实行着手。① 主客观混合理论与英美刑法在着手理论上的"犯意确证说"和"接近完成说"大抵是一致的。"犯意确证说"意指经外在行为能知悉行为人的意图，该行为就已经表征犯罪行为的着手，而"接近完成说"认为着手的认定关键是看行为人实施的犯罪行为与犯罪既遂之间的距离，当行为接近完成时就是犯罪的着手。② 可以看出，主客观混合理论重视意思的不法与行为的不法，不考虑结果的不法，这符合的是未遂犯的成立，业已溢出"实行着手"最初的范围。

我国刑法理论与德、日刑法学者在"实行着手"上表现出的主观走向不同，主要还是一种客观说的立场，具体区分为"外观符合说"、"实质危险说"和"客观二元说"。"外观符合说"认为，行为人的行为在外观上开始符合我国刑法分则规定的犯罪构成要件时，行为就已经着手了。③"实质危险说"从实质上对行为提出要求，只有行为对法益造成威胁时，才能认定犯罪着手。④ 而"客观二元说"是糅合了"外观符合说"与"实质危险说"的观点，所形成的学说。有部分学者指认，国内关于着手时点的理论因缺失主观方面的意思表露而有缺陷，不符合我国主客观统一的传统。这实际上是对实质危险说不全面理解而得出的结论，实质客观说是对形式客观说的修正，在构成要件规定的实行行为问题上加入价值判断就体现了主观考量，只是与"行为人犯罪意图"要求主观要素有所不同，但不是没有主观因素。因此，刑法在各个角度上的归责都不可能仅仅靠形式、客观的文字来确定，也不可能只靠形式的、客观的局部事实来适用。此外，着手理论的纯粹主观说"法

---

① 参见林钰雄：《新刑法总则》，中国人民大学出版社 2009 年版，第 275 页。
② 参见西原春夫：《犯罪实行行为论》，戴波译，北京大学出版社 2006 年版，第 183—187 页。
③ 参见赵秉志：《论犯罪实行行为着手的含义》，《东方法学》2008 年第 1 期。
④ 参见大谷实：《刑法讲义总论》，黎宏译，中国人民大学出版社 2008 年版，第 329 页。

的敌对意思"，并不能很好地说明未遂犯与预备犯之区别，预备犯同样具有"法的敌对意思"。所以，未遂犯通说采用考量主客观效果的印象理论，"着手"问题上也倾向于采用一并考量主客观的综合判定。①

　　一般地说，着手是针对实行行为而言，无论是入罪化的帮助型正犯或者正犯化的帮助型正犯，其实行行为以行为人表现出敌对法的意思，而对法益侵害的紧迫危险认定实行着手，这是一种主客观结合的观点。但是，针对正犯化的帮助型正犯之实行行为的特殊性，其实行着手的考量与共犯的着手密切相关。从理论上看，正犯化之前的帮助行为是加功于实施犯罪的实行行为，尽管被分则特别规定为正犯的实行行为，却不能遗漏其原生形态之帮助行为的事实。从共犯从属性来看，帮助行为人不可能片面决定被帮助人是否接受或者片面决定被帮助人运用其所提供的帮助。如果帮助行为人能片面决定被帮助人接受其所提供的帮助，则不是共同正犯就是间接正犯。帮助行为人故意只及于其帮助之提供，也就是说其所支配之因果流程，只到"提供"的位置，否则其自成正犯。在共犯中，对实行行为的探讨是必要的，因为实行行为的着手不仅与分则规定的犯罪构成相关，关乎总则规定的犯罪构成，可以说是总则、分则犯罪构成客观要件的起点。② 换言之，在共犯中也可以探讨着手的问题，曾有学者对犯罪实行行为的着手是刑法总则规定的犯罪构成客观要件的行为之开始存有疑问，其缘由在于预备犯也符合刑法总则规定的关于犯罪构成客观要件的行为，犯罪预备行为的开始也将会被认定为犯罪实行行为的着手。③ 仔细揣摩这一观点是有一定道理的，但是预备行为即使被规定在总则中，也不能称之为构成要件的行为。毕竟，修正构成要件只有犯罪未遂和共同犯罪，总则的构成要件行为也仅仅限于未遂的实行行为着手和共犯行为的着手。共犯中的帮助行为不可能对法益造成紧迫的威胁，因此，帮助行为的着手究竟是以共犯从属性中导出原共犯中正犯的行为着手为准，或者是帮助行为开始作用于正犯实行行为时即为帮助行为的着手，这是

---

① 参见黄慧婷：《预备行为与未遂行为之区别》，《月旦法学杂志》2004 年第 108 期。

② 参见徐逸仁：《故意犯罪阶段形态论》，复旦大学出版社 1992 年版，第 87—88 页。

③ 参见赵秉志：《论犯罪实行行为着手的含义》，《东方法学》2008 年第 1 期。

值得研究的问题。

帮助型正犯的正犯性基础理论与实行着手不是同一个问题，二者之间却有紧密的联系。前者是形式客观说的立场，分则规定构成要件客观方面的行为，而正犯化的帮助型正犯有一定的特殊性，需要借鉴实质客观论的重要作用说补强，却仍然是构成要件的基本立场。与之呼应的"实行着手"在判断上采用客观说的观点，实行着手中人的行为的意义并不能只从局部的、客观的身体活动来理解。因此，以引起构成要件该当事实的客观危险性作为衡量"着手"的标准，"即便行为本身并未显示构成要件的特征，但如果从整体来看，能被理解为属于定型性地形成构成要件之内容的行为，将该行为认定为实行的着手，亦无不可"①。实质客观说成立的基础是结果发生之现实危险或者法益侵害之现实危险，而着手时点的确立就是形式的实行行为之法益侵害的实质内容。换句话说，就是实行之着手是行为惹起结果发生或者法益侵害之现实危险时所形成。因此，可以说该观点系以实质观点掌握结果发挥上的现实危险或者法益侵害的现实危险。

问题在于，实质客观说所谓的"危险"，究竟是指行为内含的危险还是作为结果的危险？学界对此形成三种不同的理解，即行为危险说、结果危险说和区别说。第一种观点认为，构成要件之行为的开始，就是着手的实现。② 第二种观点则提出发生既遂的现实危险时，就是实行之着手。③ 第三种观点则是说行为的危险性乃着手实行的问题，而结果的危险则属于未遂犯的成立，处罚时期的问题。详言之，区别说认为倘若从客观未遂理论的观点出发，无法益侵害之现实或者紧迫危险（或者无结果发生之现实危险）则不得以未遂犯加以处罚的观点，"结果危险说"应较为正确。然而，实行之着手乃"实行行为何时开始"的问题。因此，以实行之着手概念本身加以理

---

① 团藤重光:《刑法纲要总论》(3 版)，创文社 1990 年版，第 354 页；转引自桥爪隆、王昭武:《实行的着手》，《苏州大学学报》(法学版) 2016 年第 2 期。

② 参见前田雅英:《刑法总论讲义》(6 版)，曾文科译，北京大学出版社 2017 年版，第 91 页。

③ 参见松原芳博:《刑法总论重要问题》，王昭武译，中国政法大学出版社 2014 年版，第 239 页。

解，而将实行之着手理解为开始实行具有法益侵害一般危险性行为时之"行为危险说"反而较为妥当。所以，并非一有实行之着手即得成立未遂犯而加以处罚。换言之，除了须有实行之着手（行为无价值）之外，尚须有以惹起侵害法益的现实危险（结果无价值）为必要。对于通常的犯罪来说，往往一有实行之着手，即同时惹起侵害法益的现实危险时，而得成立未遂犯加以处罚之。然而，某些犯罪虽有实行之着手，亦未必同时惹起侵害法益的现实危险，因此，尚无法成立未遂犯而加以处罚，仅得以成立预备罪而已。

（二）帮助型正犯既遂标准之行为完成说

刑法分则所规定的各个类型的犯罪，除了明文规定为预备、未遂犯外，皆为既遂犯之规定。既遂犯的认定是一个综合的判断，其在形式上系充足构成要件的行为，也就是具备各罪构成要件之所有的要素。反观实质上的探讨，则认为侵害法益的行为就是实害犯的既遂，而惹起法益侵害危险的行为是危险犯的既遂，在结果犯下除了实行行为的终了外，尚须有犯罪结果的发生，举动犯仅以完成构成要件所记述的构成要件为既遂。[①] 之所以在帮助型正犯的犯罪形态中，讨论犯罪既遂问题，主要是因为对帮助型正犯的犯罪既遂进行界定之后，对其犯罪形态的讨论才会形成一个统一的对话与交流的平台。

我们发现，在帮助型正犯的既遂问题上达成共识，或者形成统一标准是很困难的。因而，只能在具体犯罪中展开具体的探讨。但是，具体问题的谈及不能离开关于犯罪既遂本身的理论，因为它是方法论的基本要求。在犯罪既遂的标准问题上，犯罪目的实现说、犯罪结果发生说以及犯罪构成要件齐备说是最为主要的三个理论。其中，犯罪构成要件齐备说获得的支持是最多的。这三种有关既遂标准的学说，分别是指以犯罪目的的实现、结果的发生和行为人所实施的行为是否齐备刑法分则所规定的具体犯罪的全部构成要

[①]　参见陈子平:《刑法总论》（增修版），中国人民大学出版社 2009 年版，第 261 页。

件，作为既遂的标志。① 按照构成要件齐备说的观点，适用于刑法分则当中，并认为分则规定了 400 余种具体犯罪。若认为分则的所有条文均规定了犯罪的既遂，则我国刑法典就有 400 余种犯罪既遂的情形。② 无论有关犯罪既遂的标准探讨得如何深刻，犯罪未遂与既遂的区分是一个具体的问题，而非如各种理论的提出者那般认为"他们的理论为犯罪既遂的判断提供统一的标准"。例如，构成要件齐备说就无法在行为犯的情形下适用。按照通说所界定行为犯的既遂标准，行为犯的既遂不仅要求存在行为，还要求行为必须完成才能认定为行为犯的既遂。因此，对于帮助型正犯的既遂而言，也应该具体到各个犯罪中来进行考察。

有学者从不同状态的犯罪入手，结合我国刑法分则的条文，将犯罪既遂归纳为三种类型。以发生特定犯罪结果之既遂标准，最典型的就是故意杀人罪是以被害人的死亡为既遂；把非共犯帮助行为实行行为化类型的帮助型正犯，如行为人只要实施诬告陷害的行为，即为既遂，被诬告人是否因此而受到追诉在所不问；既遂的第三种类型就是造成某种危害结果的危险状态，常见在破坏交通工具罪中，足以使交通工具发生倾覆、毁坏危险的行为就是破坏交通工具罪的既遂。③ 帮助型正犯在一定程度上属于第二种情形，即行为的完成作为既遂的标准。但是，行为的完成也不是只用某一种僵化的标准进行限定。当然，讨论正犯化的帮助型正犯之既遂，同时要联系共同犯罪中实行者既遂的问题也是无可厚非的。从这一问题出发，既遂的标准有以下几种考虑：（1）在被帮助之罪着手说看来，正犯化的帮助型正犯以共犯的帮助行为为前提，其不法性源于被帮助之罪的实行着手。（2）按照被帮助之罪既遂说的观点进行阐释，当且仅当被帮助之犯罪已既遂，帮助犯才得以既遂。(3) 帮助行为实施完毕便具备了完整的不法性和可罚性。因此，正犯化的帮助型

---

① 参见米传勇：《犯罪既遂标准新论：修正的构成要件齐备说之提倡》，《法律适用》2005 年第 9 期。

② 参见徐跃飞：《论犯罪既遂的新标准："期待结果出现说"》，《湖南社会科学》2016 年第 1 期。

③ 参见侯国云：《对传统犯罪既遂定义的异议》，《法律科学》（西北政法学院学报）1997 年第 3 期。

正犯以共犯的帮助行为为前提，其既遂的标准也应该是帮助性实行行为实施完毕。

帮助型正犯的种类繁多，并且犯罪类型极其复杂，统一的标准是不能全部涵盖帮助型正犯的全部各罪。因此，更为科学的方法应该从帮助型正犯所有各罪的行为方式入手进行既遂的探讨。按照帮助型正犯的犯罪行为方式不同，将其分为资助型、提供型、协助型、居间型、容留型和帮助逃避型。通常来看，资助型不是行为着手，犯罪就既遂，而应该是行为的完成才能认定为既遂，但是行为的完成如何理解，并没有绝对统一的标准。对于资助型正犯来说，"实际控制"作为既遂的标志，而实际控制只是部分实际控制即可认定为既遂。例如，刑法分则第 107 条资助危害国家安全犯罪活动罪、第 120 条之一帮助恐怖活动罪，既遂的标准是行为人提供的资助被恐怖活动组织或者人员接收。[1] 帮助逃避型的正犯其既遂的认定，不要求产生已经妨害司法活动的客观公正性的侵害结果，只要求具有妨害司法活动的客观公正性的现实危险。[2] 因此，帮助型正犯的既遂认定，需要从具体行为类型着手进行具体的判断。

二、帮助型正犯与犯罪预备

犯罪预备是犯罪形态之一，通常认为它有两种表现形式：其一是实质的预备犯，刑法未命名预备，其性质属于预备阶段的犯罪行为；其二是形式的预备犯，命名预备的犯罪行为。[3] 这与我国台湾学者所谓的预备犯二分法是一致的，即非独立的预备犯和独立的预备犯，如同一般构成要件实行行为，刑法既单独将独立之预备犯明文加以规定，而具体地记述其构成要件。[4] 按

---

[1]　参见张明楷：《刑法学》（5 版），法律出版社 2016 年版，第 704 页。

[2]　参见张明楷：《刑法学》（5 版），法律出版社 2016 年版，第 1091 页。

[3]　参见冈田庄作：《刑法原论·总论》（22 版），明治大学出版部 1934 年版，第 332—333 页；转引自马克昌：《比较刑法原理》，武汉大学出版社 2006 年版，第 558 页。

[4]　参见陈子平：《刑法总论》（增修版），中国人民大学出版社 2009 年版，第 260 页。

照我国刑法的解读，总则规定的犯罪预备和分则预备行为实行行为化的犯罪亦如此，典型的如第 120 条之二的准备实施恐怖活动罪。独立预备犯已经不是"真预备行为"而是正犯的"实行行为"。此处探讨的仅是帮助型正犯的预备犯，也就是总则规定的犯罪预备之情形。

目前预备犯主要有两种处罚方式：第一种是不处罚为原则，处罚为例外。典型的国家有法国、日本、韩国等。例如，在日本的刑法总则中没有预备犯的规定，分则规定了预备犯之罪，包括内乱罪、外患罪、有关国家的犯罪、放火罪、杀人罪、故意伤害的准备凶器集合和聚集。韩国刑法总则第28 条规定了犯罪的预备行为未达到着手实行阶段，不予处罚。但是法律有特别规定的，不在此限。然而，分则犯罪预备的规定是非常有限的。第二种是处罚为原则，不处罚为例外。指的就是我国现行刑法对犯罪预备的处理。刑法第 22 条第 1 款规定，为了犯罪、准备工具、制造条件，是犯罪预备。对于预备犯，可以比照既遂犯从轻、减轻或者免除处罚。这是两种截然相反的犯罪预备处理模式，前者直接认为预备行为不构成犯罪不可罚，只有在分则具体犯罪内规定有预备，才能有预备犯的存在；而后者是认为犯罪预备成立预备犯，只是刑法上有减轻的事由，并且法定减轻事由是在司法实践活动中予以具体判断。但是，我国的司法实践表明，对预备犯进行处罚是极其例外的现象，这样一来二者的结果又大抵相同。反观英美法系国家对犯罪预备的处罚规定，所表现的情状较大陆法系国家稍显模糊。英美法系国家的刑法实践表明，犯罪预备是通过列举或处罚共谋犯的方式，甚至是将其纳入未遂犯中加以处罚。[①] 帮助型正犯在刑法中本就属于一类特殊的犯罪，其预备犯会呈现出什么特点，是一个值得研究的问题。两种不同实现路径的帮助型正犯，其犯罪预备应该予以区别对待，即正犯化的帮助型正犯之犯罪预备结合原共犯帮助行为来考量。实践表明，有预备行为却没有预备犯的司法经验是真实存在的。而入罪化的帮助型正犯与分则规定的其他单独正犯之犯罪预备没有差别，司法过程表明处罚它的犯罪预备是极少数的例外。具体来看，包

---

① 参见潘弘、王亚楠：《犯罪预备形态的价值分析》，《法学杂志》2012 年第 12 期。

括了以下的几个特点。

首先，正犯化的帮助型正犯就没有预备犯的问题。在共同犯罪中，帮助他人犯罪，一旦正犯止于预备阶段，那么帮助者不能作为预备犯的共犯予以处罚的。因为预备行为是达到"着手实行"之前的准备行为，非实行行为构成的帮助犯预定的是对于实行行为的参与。[①] 不妥当之处是指非共犯帮助性行为入罪化的情形是有预备犯的，处罚预备犯是特别的。前者的情形称为有预备行为，没有预备犯；后者是预备犯不可罚常态化。为什么说帮助犯正犯化的犯罪类型只有预备行为，而没有预备犯。这是由于此种预备行为是事实上的判断，而预备犯是规范上的认定。帮助者实施的预备行为不是犯罪预备阶段的预备行为，帮助者对行为人只是促进意义的，所以说犯罪预备与帮助行为人的预备行为是有区别的。非共犯帮助性行为的犯罪类型实施实行行为前的犯罪预备，处罚是必要的，但司法实践通常根据刑法第 13 条的"但书"不认为是犯罪进而不可罚。

其次，正犯化的帮助型正犯之预备行为不能脱离本罪的犯罪预备而单独考察。通过正犯化实现的帮助型正犯，犯罪预备不包括帮助的预备行为。理由是"举轻以明重和举重以明轻"的方法，即帮助的未遂是否可罚历来都是争议较多的，更何况它的预备，不可能纳入刑法的范围，也没有纳入的必要。在原共同犯罪中，帮助行为对法益只是间接侵害的关系，即便被分则独立规定为正犯的实行行为，仍然是以共犯的帮助行为为前提。帮助行为对法益的侵害是二次的，正犯化虽提前了处罚，但是，处罚其预备行为仍然需要结合"帮助行为的预备"来考虑必要性的问题。例如，第 120 条之一的帮助恐怖活动罪可以发生于实施恐怖活动的预备阶段，"故意资助实施恐怖活动的个人"，包括了预谋实施、准备实施恐怖活动的个人，但是预备阶段是实施恐怖活动犯罪的预备阶段而不是帮助的预备。

再次，《刑法修正案（九）》增设准备实施恐怖活动罪，需要注意的是实

[①]　参见松原芳博：《刑法总论重要问题》，王昭武译，中国政法大学出版社 2015 年版，第 360 页。

施恐怖活动犯罪的犯罪预备问题。理论上把此种现象称为独立的预备罪或者预备行为实行化，刑法的规定是为了惩罚实施恐怖活动准备凶器、危险物品或者其他工具的，组织恐怖活动培训或者积极参加恐怖活动培训的，为实施恐怖活动与境外恐怖活动组织或者人员联络的，以及为实施恐怖活动进行策划或者其他准备的行为。刑法之所以如此规定，说明司法实践中对预备犯的处罚是欠缺的，而对于社会危害性极大或者说重大法益保护的犯罪预备，通过独立设置分则罪名的形式进行处罚。帮助恐怖活动罪原本是实施恐怖活动犯罪的帮助犯被正犯化而来，对法益是间接的侵害。因此，其预备行为无法处罚所评价是"举重以明轻"的推论。当然，预备行为实行化的独立立法理由是基于对重大法益保护的需要，不适用总则关于从属预备罪的规定。

最后，入罪化的帮助型正犯之犯罪预备，在犯罪预备的问题上与单独正犯没有什么实质区别。非共犯帮助性行为入罪化的情形下，其犯罪预备依照刑法总则第 22 条的规定，实行必罚主义，只是在司法实践中处罚是极少数的例外。这类帮助型正犯主要有第 177 条非法提供信用卡信息罪；第 284 条之一非法提供试题、答案罪；第 285 条提供侵入、非法控制计算机信息系统的程序、工具罪；第 286 条拒不履行信息网络安全管理义务罪；第 290 条资助非法聚集罪；第 294 条包庇、纵容黑社会性质组织罪；第 306 条辩护人、诉讼代理人毁灭证据、伪造证据、妨害作证罪；第 307 条帮助毁灭、伪造证据罪；第 310 条窝藏、包庇罪；第 312 条掩饰、隐瞒犯罪所得、犯罪所得收益罪；第 320 条提供伪造、变造的出入境证件罪；第 349 条包庇毒品犯罪分子罪；第 355 条非法提供麻醉药品、精神药品罪；第 359 条容留、介绍卖淫罪；第 375 条非法提供武装部队专用标志罪；第 417 条帮助犯罪分子逃避处罚罪。通过"北大法宝"和"北大法意网"检索到的犯罪预备的有效一审判决 423 件。[①] 截至 2018 年 5 月 30 日，帮助型正犯各罪"犯罪预备"的一审刑事判决有 9 个，分别是容留卖淫罪 2 个，掩饰、隐瞒犯罪所得罪 3 个，容

[①] 参见蔡仙：《论我国预备犯处罚范围之限制：以犯罪类型的限制为落脚点》，《刑事法评论》2014 年第 1 期。

留他人吸毒罪 3 个，介绍贿赂罪 1 个（见表 4—1）。

表 4—1　入罪化的帮助型正犯之犯罪预备处罚实践

罪名	案件个数	案由	法定刑	具体量刑
掩饰、隐瞒犯罪所得罪	3	被告人邵某某为帮助被告人田荣波掩埋所盗赃物而准备工具、制造条件，系犯罪预备。(2017) 吉 0204 刑初 284 号	处三年以下有期徒刑、拘役或者管制，并处或者单处罚金；情节严重的，处三年以上七年以下有期徒刑，并处罚金。	被告人邵某某犯掩饰、隐瞒犯罪所得罪，判处有期徒刑三年，缓刑三年，并处罚金人民币 2 万元（已缴纳 1 万元）。
		被告人李×、徐×为了犯罪准备工具、制造条件，系犯罪预备。(2015) 顺刑初字第 46 号		被告人李×犯掩饰、隐瞒犯罪所得罪，判处有期徒刑七个月，并处罚金人民币 1000 元；被告人徐×犯掩饰、隐瞒犯罪所得罪，判处有期徒刑七个月，并处罚金人民币 1000 元。
		被告人郭某甲明知是犯罪所得的摩托车而伙同他人欲予以转移，被告人郭某甲为犯罪制造条件，是犯罪预备。(2015) 云刑初字第 23 号		被告人郭某甲犯掩饰、隐瞒犯罪所得罪，判处有期徒刑六个月，并处罚金人民币 3000 元。
容留他人吸毒罪	3	被告人詹某违反毒品管制法规，单独或伙同他人提供场所容留他人吸食毒品共计七次，其行为构成容留他人吸毒罪。公诉机关指控的罪名成立。被告人詹某其中一次容留他人吸食毒品的行为，在准备工具、制造条件阶段，因意志以外的原因而未能得逞，系犯罪预备。(2016) 闽 0181 刑初 579 号	处三年以下有期徒刑、拘役或者管制，并处罚金。	被告人詹某犯容留他人吸毒罪，判处有期徒刑一年六个月，并处罚金人民币 1 万元。

罪名	案件个数	案由	法定刑	具体量刑
		预伏守候的公安民警在该房间门口及该酒店 10 层走廊处查获先后赶来的被告人吴某、吸毒人员林某。被告人吴某在第五起事实中为了实施犯罪而制造条件，系犯罪预备。(2016) 闽 0181 刑初 136 号	处三年以下有期徒刑、拘役或者管制，并处罚金。	被告人吴某犯容留他人吸毒罪，判处有期徒刑十个月，并处罚金人民币 5000 元。
		被告人李某容留他人吸食毒品的行为构成容留他人吸毒罪，公诉机关指控的事实与罪名成立，本院予以确认。在第三起犯罪中，被告人李某尚未着手实施容留他人吸毒犯罪，属犯罪预备。(2015) 阳刑初字第 105 号		被告人李某犯容留他人吸毒罪，判处拘役五个月，并处罚金人民币 4000 元。
容留卖淫罪	2	被告人韩某准备为他人卖淫提供场所，其行为已构成容留卖淫罪，系犯罪预备。(2016) 冀 0602 刑初 78 号	处五年以下有期徒刑、拘役或者管制，并处罚金；情节严重的，处五年以上有期徒刑，并处罚金。	被告人韩某犯容留卖淫罪，判处有期徒刑六个月，并处罚金人民币 5000 元。
		被告人泮某仅在犯罪预备阶段提供帮助，没有参与美容店经营，系从犯，情节轻微。(2014) 台仙刑初字第 398 号		被告人泮某犯容留卖淫罪，免予刑事处罚。
介绍贿赂罪	1	被告人胡 xx、冯 xx 以为他人办理取保、减刑事宜为由，索要钱款，预备向国家工作人员行贿，其行为构成介绍贿赂罪。胡 xx、冯 xx 为了犯罪制造条件，是犯罪预备，归案后如实供述犯罪事实。(2015) 建刑初字第 162 号	情节严重的，处三年以下有期徒刑或者拘役，并处罚金。	被告人胡 xx 犯介绍贿赂罪，免予刑事处罚。被告人冯 xx 犯介绍贿赂罪，免予刑事处罚。

相比未遂犯的司法适用，预备犯的适用仅限于极少数的罪名。然而，仍旧暴露出一些问题，体现在帮助型正犯的各罪上主要有：（1）预备犯处罚的范围无章可循。预备犯的处罚必要性值得怀疑。根据案件审理的现实，常常把在去往犯罪现场途中或者取工具时被抓捕即认为是为了犯罪准备工具，制造条件，作为预备犯。如公诉机关"被告人邵某某在明知是田荣波盗窃所得黄金饰品的情况下，帮助田荣波欲将上述黄金饰品掩埋，二人正欲取工具时被公安机关抓获"，而法院审理查明案件事实是"被告人邵某某明知被告人田荣波所持有的该些物品系其盗窃所得，而欲帮其将所盗赃物予以掩埋，在被告人邵某某与被告人田荣波取工具时被公安机关抓获"[1]。法院认定的事实和公诉机关查明的事实不一致，"欲取工具"和"取工具时"并不是同一事实，"欲"说明还没有取得工具被抓捕，就以犯罪预备认定，着实是不合理的。又如2014年11月16日，被告人郭某甲在明知是犯罪所得的车辆情况下，伙同娄某甲（另案处理）等人驾驶轿车到云霄县下河乡下河村南岭门山上，欲将藏匿于该山上的两辆被盗五羊本田摩托车转移至广东省饶平县。被告人郭某甲和娄某甲等人驾车途经下河村南岭门山的半山腰斜坡路上时被民警拦截。[2]（2）根据容留他人吸毒和介绍贿赂罪的法定刑设置，罪质上属于轻罪。该类犯罪的社会危害性和处罚必要性程度低，预备犯的处罚应该慎用。况且，吸毒属于违法行为，处罚容留他人吸毒的预备犯与刑法谦抑性有冲突。（3）有学者在实质预备犯的问题上，提出"由于实质预备犯属于实行行为，因而为其准备的行为仍然得以构成其本身的预备犯"[3]。同理，正犯化的帮助型正犯也有相似的问题，完全忽略了未被分则规定为正犯的实行行为之前，从属于实施实行行为之人，在共犯中予以评价，帮助未遂的处罚至今存有较大的争议，而只因被分则独立规定，处罚其预备犯的合理性必须有更强的理由。（4）在预备阶段提供帮助，认定为预备犯是不合理的。尽管认为有罪而免责就是有问题的，预备阶段提供帮助不构成任何犯罪。预备阶段对

---

[1]　参见吉林省吉林市船营区人民法院一审刑事判决书（2017），吉0204刑初284号。

[2]　参见福建省云霄县人民法院一审刑事判决书（2015），云刑初字第23号。

[3]　陈兴良、周光权：《刑法总论精释》（2版），人民法院出版社2011年版，第439页。

法益的侵害微乎其微，处罚预备犯都需要考虑必要性的问题，只是为了预备提供帮助的行为，没有法益的侵害性，不该作犯罪处理。例如，被告人泮某仅在犯罪预备阶段提供帮助，没有参与美容店的经营，系从犯，情节轻微，依法对其免予刑事处罚。被告人泮某犯容留卖淫罪，免予刑事处罚。①

三、帮助型正犯与犯罪未遂

处罚未遂前的预备阶段受到极其严格的限制，所以未遂的成立时段作为规定可罚性有无的界线具有重要意义。② 犯罪未遂有着极为深刻的理论渊源，然"本身就具有可责性的行为并不一定要完整地实施才构成犯罪"是犯罪未遂的现行法律得以产生的学说，犯罪未遂的形成历时不久。③ 与德、日刑法在多数重要罪名的具体犯罪之下规定犯罪未遂不同。我国犯罪未遂与犯罪预备一样，"处罚是原则"体现在总则第 23 条的规定上。简言之，就是任何一种直接故意犯罪都有成立未遂犯的可能性。帮助型正犯都是直接故意犯罪，因此，处罚它的犯罪未遂是没有争议的。

（一）未遂处罚根据的基本立场——客观未遂论

纵观德、日刑法的理论，围绕处罚未遂犯的刑罚根据，主要形成主观未遂论、客观未遂论以及折中主观未遂论与客观未遂论的印象理论。④ 主观未遂论内含的观点就是着手实行犯罪构成要件之行为，即以是行为人法敌对性的表征，并无法益侵害危险之惹起，也应该以未遂犯论处。而客观未遂论是日本学说的见解，主张为了使法益或者客体的保护更加完整，对于较为重大

---

① 参见浙江省仙居县人民法院刑事判决书（2014），台仙刑初字第 398 号。
② 参见佐伯仁志：《刑法总论的思之道·乐之道》，于佳佳译，中国政法大学出版社 2017 年版，第 282 页。
③ 参见弗朗西斯·鲍斯·塞尔：《犯罪未遂》，朱江译，载刘仁文、王桂萍：《哈佛法律评论：刑法学精粹》，法律出版社 2005 年版，第 111—132 页。
④ 参见梁根林：《未遂犯处罚根据论：嬗变、选择与检验》，《法律科学》（西北政法大学学报）2015 年第 2 期。

的各种犯罪，行为人的行为尚未现实侵害到法益，而是具有或者惹起法益侵害之客观危险或发生结果之客观危险时，也不得不加以处罚。[①] 印象理论是德国刑法理论的通说，认为并非所有出于主观犯意的未遂行为均有处罚性。只有表征主观犯意的客观行为，足以令社会大众感到不安、足以危害法律的安定性与法律秩序者时，才应该加以处罚。[②]

　　针对上述未遂犯处罚根据的三种理论，提出以下几个问题。首先，主观未遂论仅从主观犯意的存在判断犯罪的成立，至少有两个方面的不妥之处；其一在证据的认定上有存在行为人内在的主观犯意的证明难题。其二，将未有客观危险的行为作为犯罪加以处罚，势必有侵害人权的高度危险性。其次，印象说虽为德国刑法的通说，并不是完全没有问题。提出"法的敌对意思"表现"意思不法"而动摇了一般人对于法秩序妥当性之信赖（危险不法）。意思不法显然不是指与违法性有关的不法（指行为无价值），而且危险不法也不是指与违法性相关的结果无价值。由此来看，按照印象说的观点，未遂犯所要求的违法性与一般既遂犯所要求的并不相同。事实上，未遂犯和既遂犯的违法性差异只是以"行为无价值"和"结果无价值上"量的大小为区分，显然印象说的"主客观"判断已经超越了未遂犯的考量范围。此外，动摇了"一般人对于法秩序妥当性之信赖"的观念因过于抽象不宜把握。[③] 最后，客观未遂理论之所以成为目前日本唯一有关未遂犯处罚根据的学说理论，其理由在于法益侵害不可或缺原则，行为人的行为具有行为无价值，没有结果无价值，因欠缺违法性或者构成要件该当性不构成犯罪。因此，不仅要在未遂处罚根据问题上坚持客观未遂论的立场，也要以此展开帮助型正犯与犯罪未遂之间关系的探讨。

---

① 参见陈子平：《刑法总论》（增修版），（台北）元照出版公司 2008 年版，第 371 页。

② 参见林山田：《刑法通论》（上）（增订十版），（台北）元照出版公司 2008 年版，第 462 页。

③ 参见陈子平：《犯罪论重要问题的思想脉络：未遂犯篇》，《月旦法学教室》2011 年第 100 期。

（二）犯罪未遂的特殊性考量

在帮助型正犯的犯罪未遂问题上，因正犯化的帮助型正犯前提是帮助行为加功于犯罪的实行行为，那么，经这一过程实现的正犯势必不能无视帮助的未遂问题。理论上有关帮助是否存在未遂形成不同的看法。有条件地承认帮助的未遂是日本刑法理论与审判实践的通说观点，即对帮助未遂的处罚以法条的明文规定为处罚的前提。[①] 根据共犯从属性观点，认为共犯的未遂也是存在的，有且仅在正犯者业已着手实行犯罪而未遂的场合。[②] 该说是现在日本刑法理论的通说，也就是说，在正犯着手实行犯罪且结果是未遂时，才承认帮助犯的未遂。共犯从属性的观点对我国学者产生了重要的影响，如林山田教授认为，实施完毕的帮助行为是否未遂，取决于正犯的犯罪形态，正犯已经既遂，帮助犯不可能有未遂的出现，而正犯成立未遂，帮助犯就可能被认定为未遂。[③] 帮助未遂的成立为帮助型正犯的犯罪未遂提供了基础，作为共犯的帮助未遂均得以认定，被分则规定为正犯时犯罪未遂没有不成立的理由。

帮助未遂的成立与帮助未遂的处罚是截然不同的两个问题。例如，教唆的未遂几乎是所有共犯理论研究都会探讨的问题，帮助的未遂则不一定。这在一定程度上说明了二者之间的差别，相对教唆犯来说，帮助犯的危险程度较低，未遂的处罚必要性不是很紧迫。理论上关于帮助犯是否存在未遂有肯定说与否定说之论争，否定说主张帮助犯不存在未遂形态，帮助犯具有从属性却没有自身的未遂。[④] 反之则是肯定说，代表人物是日本学者牧野英一、木村龟二。肯定说只是在失败的帮助和无效的帮助下，根据共犯从属性说不承认帮助犯的未遂，而一旦正犯着手实施实行行为，未能达到既遂的情形，

---

① 参见吴波：《共同犯罪停止形态研究》，华东政法大学 2010 年版，第 56 页。

② 参见张明楷：《未遂犯论》，法律出版社 1997 年版，第 207 页。

③ 参见林山田：《犯罪通论》（下册），台大法学院图书部 2008 年版，第 137 页。

④ 赵秉志、魏东：《论教唆犯的未遂：兼议新刑法第 29 条第 2 款》，《刑事法学》2000 年第 2 期。

帮助的未遂是可以肯定的。帮助未遂存在的三种情形，即失败帮助、无效帮助和狭义的帮助未遂，也是比照教唆未遂的三种情形而认定的。相应的含义，失败帮助是指帮助者虽然已经实施帮助，被帮助者却未能实施犯罪。无效帮助则是说被帮助者因为帮助者的帮助实施了预备行为，却未能着手实行犯罪。狭义的帮助未遂是指帮助者虽已经实施帮助行为，被帮助者在帮助者的帮助下着手实行犯罪，却未达到既遂的情况。从共犯从属性的基本立场出发，前两种情形确实是无法成立的，因为正犯并未着手实施犯罪，后一种作为帮助的未遂是没有疑问的。正犯化的帮助型正犯是以共犯的帮助行为为前提的，肯定了帮助的未遂，也就能推导出正犯化的帮助型正犯的未遂成立。加之，其是分则规定的正犯，处罚未遂是原则。

（三）司法实践中"犯罪未遂"的现实处罚

司法实践在处罚帮助型正犯的犯罪未遂上是否存在理论和现实的冲突，以此反映是否存在于正犯化的帮助型正犯研究中所提到的"刑罚的严厉和处罚的扩大化"的立法目的。通过北大法宝检索到所有帮助型正犯各罪的"犯罪未遂"的一审刑事判决书有 3741 个，有效的检索近 3000 个。呈现逐年递增的趋势，尤其是近五年一审判决平均要以万计算。在此，也有必要对帮助未遂和未遂帮助做一个简单的区别，未遂帮助指的是，帮助者自始意图使被帮助者之犯罪终了于未遂之阶段而为帮助之情形。举个简单的例子，帮助的未遂就是 A 实施盗窃，要求 B 帮忙配制一把万能钥匙，B 给了 A 一把钥匙，A 正用 B 给的钥匙打开保险柜时，有保安巡逻，不得已离开。而帮助的未遂是前述一样的情形，只是 B 配置了一把自知是不可能打开保险柜的钥匙给了 A，A 盗窃过程中用 B 给的钥匙始终无法打开保险柜，无法获取柜中的财物。其中，掩饰、隐瞒犯罪所得、犯罪所得收益罪（约 1500 个）、窝藏、包庇罪（约 100 个）以及容留他人吸毒罪（接近 450 个）。以此得出的结论是：犯罪未遂的处罚不仅广泛存在，并且不断增多。这与刑法修正案的出台扩张罪名，以"处罚犯罪未遂"为原则的刑法规定适用增多。尤其针对正犯化的帮助型正犯，不仅是量刑均衡的实质正义，更是为了处罚未遂形态的便利。

通过案件的梳理发现了极少数与行为犯有关"犯罪未遂"的判决。多数判决常表示被告人某某已着手实施的某行为即是既遂形态，没有容纳"犯罪未遂"的空间。例如，被告人张某明知吉某是涉嫌危险驾驶罪的犯罪嫌疑人，为帮助其逃避法律处罚，先后向南京市公安局雨花台分局、南京市雨花台区人民检察院多次作假证明包庇，后被办案机关发现。被告人张某已经着手实施犯罪，由于意志以外的原因而未得逞，系犯罪未遂，被告人张某犯包庇罪，判处有期徒刑六个月，缓刑一年。[①] 在法院的认定中，对于行为犯是一经着手实施构成要件的行为，就已既遂。包庇罪系行为犯，被告人刘某已着手实施的包庇行为既成既遂形态。事实上，任何犯罪行为都是一个过程，即使是所谓的举动犯，也必然有一个过程（当然，过程的长短有异），并非一经着手就既遂。因此，并不是所有的帮助型正犯的既遂与行为的着手是保持一致的，而且对着手的判定应该是从实质的角度分析，是指当行为具有对法益造成现实而紧迫危险时，可以认定为实行行为。例如，A 为恐怖活动组织提供筹集诸多用于犯罪的武器、日常生活物资，在交给恐怖活动组织的途中被抓获，该罪的既遂是恐怖活动组织或者人员接收行为人的资助，恐怖组织或者人员接收行为人所招募、运送的人员，招募、运送行为就成立本罪的既遂，招募、运送的人员还没有被接收，则招募、运送行为构成本罪的未遂。也就是说资助行为并不是从该行为人一经着手就既遂，从其开始筹集、运送到被接收的过程，都有成立未遂的可能。当然，非法提供信用卡信息罪着手是交付信用卡信息时，就是非法提供信用卡信息罪的既遂。

此外，处罚帮助型正犯的犯罪问题，司法实践始终没有类型化的标准。"轻罪"的犯罪未遂是否有处罚的必要性，"重罪"的犯罪未遂在什么情形下予以处罚，目前没有可靠的依据参考。诚然，每一个犯罪都是复杂的，但是，同一罪名下的案件总有一些可以总结的相似性，避免出现完全相反的结论。有学者从罪质的视角看待未遂犯的处罚问题，进而提出罪质严重的未

[①] 参见江苏省南京市雨花台区人民法院一审刑事判决书（2018），苏 0114 刑初 83 号。

遂应当以犯罪未遂处；罪质一般的未遂，只有情节严重时，才能以犯罪未遂论；罪质轻微的未遂，不以犯罪论处。一般来说，罪质的轻重，取决于保护法益的重要程度。[1] 根据罪质的轻重来处罚未遂犯的观点有合理之处，值得在帮助型正犯中加以借鉴。例如，帮助毁灭、伪造证据罪也是可能存在未遂形态的，行为人已经着手实施帮助毁灭、伪造证据的行为，但由于意志以外的原因未能毁灭、伪造证据的，就是其犯罪的未遂。但是，本罪是以情节严重为前提，未遂形态在一定程度上来说很难认为是情节严重，有不构成犯罪和不处罚的可能。在帮助型正犯中有很多的犯罪都属于此类情况，犯罪未遂因为不符合情节严重的要求，不认定为未遂犯也不会受到处罚。例如，第229 条提供虚假证明文件罪；第 285 条提供侵入、非法控制计算机信息系统程序、工具罪；第 286 拒不履行信息网络安全管理义务罪；第 287 条帮助信息网络犯罪活动罪，第 290 条资助非法聚集罪；第 307 条帮助毁灭、伪造证据罪；第 362 条窝藏、包庇罪；第 375 条非法提供武装部队专用标志罪；第392 条介绍贿赂罪。也可以从预防必要性的大小来考察，诸如资助危害国家安全犯罪活动、帮助恐怖活动的未遂应当以犯罪未遂论处，而提供试题、答案罪等预防必要性小的犯罪未遂需要慎重。

四、帮助型正犯与犯罪中止

帮助型正犯的犯罪中止研究采取的是与犯罪未遂截然不同的思路，后者是从处罚的理论根据出发，对犯罪未遂的司法实践进行反思。而犯罪中止主要是以对中止犯宽大处理的理论依据为起点，审视司法实践"犯罪中止"认定的具体问题。例如，"自动终止"的判断标准、帮助型正犯各罪的犯罪中止是否受制于原共同犯罪实行犯的中止等问题。根据我国刑法第 24 条的规定，对中止犯的处罚有两种情形：一种是未造成损害的，应当免除处罚；另一种是造成损害的，也应当减轻处罚。而中止犯与未遂犯是全然分开的两种

---

[1]　参见张明楷：《刑法学》（5 版），法律出版社 2016 年版，第 332 页。

修正构成，这与德日刑法的规定是不一致的，后者的中止均规定在未遂的部分或者未遂的条款之中，对于中止实行"必减主义"原则。德国刑法典第24条第1项的犯罪中止是发生在犯罪未遂或者该行为没有中止犯的努力也不能完成的情形下，中止犯不予处罚。对中止犯的要求有两个，即自愿地使行为不再继续进行，或者主动阻止行为完成的。在共同犯罪中同样适用。[1]日本刑法典第43条规定着手实行犯罪未完成者，可以减轻刑罚。但是，因自己的意愿中止犯罪的情形，应减轻或者免除刑罚。这样看来，至少有以下几个方面的差异：其一，德日刑法"犯罪中止"的发生以未遂的判断为前提，也就是着手实行犯罪。而我们刑法的犯罪中止是在犯罪过程中，包括了犯罪预备阶段的中止。其二，德国刑法的犯罪中止主要是以行为人诚挚悔悟为要件，即使没有阻止结果的发生，也可以认定为中止。例如，日本刑法没有要求阻止结果的发生。我国刑法"犯罪中止"是类型意义上的中止，不是概念意义上的中止，可以区分为以自己意愿中止犯罪类型和防止结果发生的类型。

上述有关犯罪中止的不同规定，主要是源于中止犯性质认定上的差异。各国刑法为什么要规定必减主义的中止犯，主要有政策说与法律说两种基本观点。在政策说的主张下，中止犯是因政策性的原因而予以减免刑罚，超出犯罪成立要件框架之外的刑事政策性的要求来进行说明。[2]对于已开始实施犯罪者，通过给予减免其刑的恩惠，可最大限度地防止犯罪的完成，因而又称为奖励说。[3]也是李斯特著名的"金桥"理论。[4]而法律说认为"中止未遂"在刑法体系的定位，是一种免除（或者减轻）刑罚的事由，属于不法与罪责以外的犯罪成立要件。这种刑罚又会是基于行为之后发生的个人情况，而在

---

① 参见《德国刑法典》，徐久生、庄敬华译，中国方正出版社 2004 年版，第 11 页。

② 参见前田雅英：《刑法总论讲义》（6 版），曾文科译，北京大学出版社 2017 年版，第 102—103 页。

③ 参见王昭武：《论中止犯的性质及其对成立要件的制约》，《清华法学》2013 年第 5 期。

④ 参见韩哲、张津：《犯罪中止"自动性"判断标准新论》，《中国检察官》2012 年第 24 期。

行为后回溯地解除本来已经存在的可罚性者。① 以此看出，法律说与政策说不同，它仍然是在犯罪论的框架中寻求中止犯减免的理由。现在有关中止犯处罚理由的学说，其基本原则是法律说为主，政策补充——也就是近年来，减轻其刑与免除其刑的选择标准日益受到重视，而且只有通过违法性、责任等犯罪的本质才能具体体现政策性考虑，因而独立的政策说已经非常罕见，多将其定位于法律说之补充，也就是以责任减少为核心的政策说。②

　　之所以对"犯罪中止"进行规范的区分，是因为司法实践的适用率极低的问题。以"犯罪中止"作为检索条件，与"犯罪中止"有关的一审刑事判决共计 7786 个，有效检索不到 500 个。③ 换句话说，涉及"犯罪中止"的辩护非常多，但法院通常是"不予采纳"，这与我们的犯罪中止要求相对较为严格有关系，并且受制于各种形态犯罪的影响，比如行为犯、结果犯、抽象危险犯等。例如，郭某某知道周某出卖金钱豹后，帮助其逃跑，第二天劝周某投案自首，并亲自驾车送其至公安机关自首。辩护人关于被告人的行为构成犯罪中止的辩护意见，法院不予采纳。被告人郭某某犯窝藏罪，判处有期徒刑六个月，宣告缓刑，缓刑考验期一年。④ 按照德国刑法是可以成立中止的，应当免除刑罚。正是如此，帮助型正犯的各罪判决，以"犯罪中止"作辩护意见被法院采纳的结果为零。不被采纳的原因大多集中在：(1) 作"犯罪中止"的辩护理由不成立，行为人不是自动放弃犯罪。以陈伟等帮助伪造证据案为例，被告人陈伟虽撤回了参与被告人蔡林生财产分配的申请，但这是因为其他债权人对被告人陈伟等人参与财产分配的申请提出了强烈的异议和不满，本案相关被告人因害怕事情闹大受追究而被迫撤回，故缺乏自

---

① 参见林钰雄：《刑法总则第 13 讲犯罪之阶段：不能犯未遂和中止未遂》，《月旦法学教室》2005 年第 34 期。

② 参见前田雅英：《刑法总论讲义》（6 版），曾文科译，北京大学出版社 2017 年版，第103 页。

③ 数据来源于"北大法宝"，以"犯罪中止"为检索词，分别限制审理程序为"一审"，文书类型是"判决书"，筛选出有效的检索。所谓的"有效检索"是指法院最终予以犯罪中止认定的判决。

④ 参见陕西省黄陵县人民法院一审刑事判决书（2014），黄陵刑初字第 00081 号。

动放弃犯罪的自动性。被告人陈伟犯帮助伪造证据罪，判处有期徒刑一年，缓刑一年六个月。① (2) 行为人已经完成犯罪，"犯罪中止"的辩护不成立。在王某某包庇案和牛某某帮助伪造证据案中，辩护人提出王某某的行为是犯罪中止的辩护意见。法院经查被告人王某某作假证明，使公安机关以交通肇事犯罪对其刑事拘留，从而使郎某某逃避法律追究，完成了包庇罪的全部构成要件，妨害了国家司法机关的正常活动，依法不属犯罪中止。被告人王某某犯包庇罪，判处拘役三个月零十五天。② 而被告人牛某某帮助当事人伪造证据，情节严重，其行为已构成帮助伪造证据罪。被告人牛某某的辩护人关于被告人的行为属犯罪中止的辩护意见不符合案件事实，本院不予采信。被告人牛某某犯帮助伪造证据罪，判处有期徒刑二年零六个月，缓刑四年。③ 以及被告人阮某某、郭凯、韩某某洗钱案，在明知是犯罪所得的情况下，不仅提供了资金账户，而且相关款项也全部进入上述资金账户，应认定为犯罪既遂，公诉机关指控被告人韩某某系犯罪中止不当，应予纠正。④ 被告人钱某某的窝藏案，他将被告人陈兴华带到安徽老家隐匿数日，其窝藏行为已实施完毕，窝藏犯罪的构成要件已经完备，故不存在犯罪中止。辩护人就此所提不能成立。被告人钱某某犯窝藏罪，免予刑事处罚。⑤ (3) 行为人的事后行为被作为"犯罪中止"的辩护意见，不被采纳。徐丁伪造证据案，被告人徐丁利用伪造的证据，向法院提起虚假诉讼，已经妨害了司法秩序，损害了司法公信力，犯罪行为已经实行终了。事后撤回民事诉讼，不影响犯罪既遂的成立，不能免予刑事处罚。其辩护人犯罪中止的辩护意见不成立，不予采纳。被告人徐丁犯帮助伪造证据罪，判处有期徒刑六个月，缓刑一年。⑥

　　正犯化的帮助型正犯需要考量其共犯的前提性特征。当下日本刑法理论在帮助犯的中止问题上，形成了"准用说"的通说观点。平野龙一认为，在

---

① 参见浙江省温岭市人民法院一审刑事判决书（2010），台温刑初字第818号。
② 参见河南省固始县人民法院一审刑事判决书（2014），固刑初字第329号。
③ 参见河南省原阳县人民法院一审刑事判决书（2009），原刑初字第151号。
④ 参见山东省济南市中级人民法院一审刑事判决书（2016），鲁01刑初28号。
⑤ 参见浙江省嘉兴市中级人民法院一审刑事判决书（2009），浙嘉刑初字第52号。
⑥ 参见浙江省武义县人民法院一审刑事判决书（2016），浙0723刑初570号。

加功者使正犯实行行为中止或者防止了正犯结果之发生的场合下，至少就实质论而言，可以肯定中止犯的成立。团藤重光以准用说为根据，指出阻止正犯完成的积极人格态度有助于责任的减少，即使就教唆、帮助的人而言，这一情况也是完全相同的。[1] 而根据我国刑法总则对犯罪中止的规定，是有足够的理由来承认共犯的犯罪中止的。申言之，原本就没有限制只能在单独犯罪中适用犯罪中止，那么，共同犯罪成立犯罪中止没有冲突，即为共犯中止的问题。然而，这一理论上的必然，不代表就没有争议和问题。在共犯脱离的理论研究中，常常有学者将共犯脱离与共犯中止等同。就共犯个体自动离开共犯整体、放弃犯罪、消除其对其他共犯之影响，数国大致通行的处理方式为：德国——犯罪中止，日本——"共犯脱离"，美国——共犯关系终止，英国——"共犯撤回"。[2] 但共犯关系脱离与共犯中止属于不同理论层面的问题，不能将二者当作一个问题。[3] 如果肯定坚持实行从属性说的观点，共犯的可罚性则要求以正犯的着手为前提，那就不存在加功行为未遂犯和中止犯的空间。而在德国早前的判例中，就出现过否定狭义共犯适用中止犯的情形。[4]

现在来看，以共犯从属性说为根据得到的结论：一方面是否认帮助犯有犯罪中止的结论。因为帮助犯和教唆犯实施的并非是实行行为，这与中止犯所要求以着手实行犯罪并不相符，也就是否认了教唆犯和帮助犯有犯罪中止的情形。按照这一原则，会导致正犯在犯罪中止时可以有所减免，而教唆犯和帮助犯则不行，势必会引起对罪刑均衡的质疑，无法实现重罪重罚、轻罪轻罚，并且与中止犯依责任的减少而减免刑罚的原则相互背离。另一方面则是认为帮助犯的犯罪中止是由正犯的犯罪中止所决定的，只有正犯成立犯罪

---

[1]　参见西田典之：《共犯理论的展开》，江溯、李世阳译，中国法制出版社 2014 年版，第 288 页。

[2]　参见陆凌：《脱离共犯关系的行为性质及其效果：基于德、日、美、英相关进路的展开》，《当代法学》2016 年第 5 期。

[3]　参见王昭武：《共谋射程理论与共犯关系脱离的认定：兼与刘艳红教授商榷》，《法律科学》（西北政法大学学报）2016 年第 1 期。

[4]　参见西田典之：《共犯理论的展开》，中国法制出版社 2014 年版，第 287—288 页。

中止,帮助犯才能成立犯罪中止。从司法实践的情况来看,"犯罪中止"的极低适用率一方面是"犯罪中止"规范的要求不是以行为人的悔意为判断,主要是以阻止各罪要求的结果发生为准,因为"自动放弃"也是通过行为人的行为来表现的。另一方面公诉机关和审判机关有关帮助型正犯各罪的"犯罪中止",通常都是行为犯情形下,一经实行犯罪的实行行为就认定为既遂,最大化缩减了犯罪中止成立的空间。

第二节 帮助型正犯与共犯

共同犯罪是在标本形态只是"一人"的基础上,研究"数人"犯一罪所产生的特殊条件及诸多特殊问题。[①] 现代刑法表现的大范围前置化,已经在犯罪的未完成形态中有所体现。因对预防目的的强调,持续向各种领域扩张,是帮助型正犯之共犯形态的重点,也因此"越发脱离法治国思想的限制容易被诉病"[②]。原本距离处罚中心较远的间接教唆、间接帮助,因帮助行为的正犯化跻身于正犯,进而被纳入刑法处罚的范围。在这个意义上说,帮助型正犯不止是为了量刑公正的合理诉求,更为重要的是扩张刑罚的真实目的。如此,帮助型正犯的共犯形态有什么特殊性,处罚的必要性和界限何在都是我们需要注意的问题。尽管共犯有广义和狭义之分,广义的共犯将共同正犯纳入了共犯范畴。然而,共同正犯应该被定位于正犯,这是有根据可寻的,即从正犯与共犯区分之理论基础和共犯从属性中推导出来的结论。一方面,以正犯的确立为中心区分共犯。不论是主观说、客观说或者综合主客观的行为事实支配说,都不能脱离构成要件的实现为逻辑的起点。共同正犯是实施了构成要件的行为,就已经属于正犯的范围。另一方面,在共犯成立问题上,形成的通说观点是从属性说。从属性对共犯的

---

① 参见冯亚东:《犯罪构成与诸特殊形态之关系辨析》,《法学研究》2009 年第 5 期。

② 埃里克·希尔根多夫:《德国刑法学:从传统到现代》,江溯、黄笑岩译,北京大学出版社 2015 年版,第 220 页。

要求是共犯以故意之行为单向加功于正犯的实行行为的依附关系。但共同正犯没有这样的要求，它都是构成要件的实行行为。倘若将共同正犯纳入共犯的范围，那就与共犯独立性说的立场是一致的。因为其将共犯参与犯罪实施的人，均视为共犯之范围。因此，帮助型正犯与共犯的阐明，仅围绕教唆犯与帮助犯两种共犯形态展开。

一、共犯的成立及处罚根据之基础

帮助型正犯的共犯处罚是以共犯的成立为前提。不论是正犯与共犯区分学说发展至今还是从属性概念的演进，都没有对共犯作出精准化的认定。一方面，正犯与共犯区分的主观说、客观说以及行为事实支配说，都只能称得上"正犯"的确定，这必然滑向了"除了正犯以外的非正犯就是共犯"的理论逻辑。而非正犯未必就是共犯，如何识别出"共犯"主要成了共犯从属性理论的任务，共犯所从属依附的正犯的主行为究竟具备何种要件，足以构成共犯？在学说与刑事政策上，因对于共犯从属性的从属依附程度不同，形成不同的结论或者采用不同的立法政策。共犯从属性萌生至今不断通过理论和实践的修正，最终限制从属性得以成为主流学说。然而，共犯的认定并不单通过从属性就得以完成。从属性概念并非以正犯主行为作为决定的基准，正犯实现之犯罪行为，仅仅是从属性得以附着的对象，不能因有正犯之主行为，即认定所有具有促成或者协助作用之行为，就认定为共犯行为。共犯之所以为共犯，是因自身行为所致。但是必须与主行为存有依附关系，才能成立，即这一具有特定条件的行为依附于实现构成要件的正犯主行为上。倘若欠缺此种依附关系，即使对正犯构成要件的实行行为具有一定的加功作用，仍旧无法将其认定为共犯。如此来看，"共犯行为"的自身考量不是共犯独立性的立场，仍旧依附于正犯的主行为，只是放弃了从前基于正犯为中心对共犯认定的惯性，反而从检视共犯行为本身着手。因此，从属性是判断共犯的条件之一，但不是全部条件。它对于共犯角色的形成而言，仅能称得上是一个必要的条件，其所欠缺的是共犯行为如何得以从属于正犯之犯罪行为的诠释条件。就是说此充分条件是存在于得以成为共犯的行为人本身。[①] 因此，认定共犯实际上在不法的问题上寻求结果，即参与人的行为与犯罪结果之间是否有因果关系，并以此是否能将结果归属于行为本身。[②]

根据我国刑法的规定以及刑法上形成的理论得知，在共同犯罪中，各个共犯人之间必须有犯意的联络，即有共同犯罪的故意，并且该故意必须是相同的。列举比较有争议的案件进行说明，被告人周权系某供水工程（国有企业）施工项目部负责人，利用职务上的便利与被告人张某某共谋盗卖所负责工程的自来水管。张某某联系了明知水管来路不明却多次帮助运输、装卸的司机姜某、周某、杨某，分别销赃给废品收购站。姜某、周某、杨某分别获得非法利益 7200 元、12700 元以及 4100 元，销赃款项通过张某交给周某。而被告人冯某某、曹某某、李某某、熊某明知是犯罪所得而予以收购。一审法院经审理认为：被告人周权的行为已构成贪污罪。被告人张立华与被告人周权勾结，应以贪污罪共犯论处。被告人冯某某、曹某某、李某某、熊某某在明知是犯罪所得的情况下而对其赃物予以收购，其行为符合掩饰、隐瞒犯罪所得罪的犯罪构成。被告人姜某某、周某、杨某某在明知是犯罪所得赃物的情形下，予以吊装、运输以及转移，亦构成掩饰、隐瞒犯罪所得罪。二审法院经审理对原审判决予以改判，认为原审被告人姜某某、周某、杨某某系原审被告人周某、张某某贪污罪的共犯，其提供吊装、运输以及转移则是对周某、张某贪污行为的事中帮助行为，以作为的方式默示地参与他人的犯罪，并且原审三被告实施行为的对象并非赃物，而是南通市供水工程公司正在施工的合法财产。因此，原审判决判处姜某某、周某、杨某某犯掩饰、隐瞒犯罪所得罪定性不当，应予以纠正。[③]

共犯成立是共犯处罚的基础，而处罚基础的选择在一定程度上反映了共犯认定的基本立场。共犯的教唆行为或者帮助行为本身并不是分则明文规定的不法构成要件所描述的行为，因而无法依法定构成要件定罪处罚。因此，

---

① 参见柯耀程：《共犯理念的重新建构》，《辅仁法学》2011 年第 39 期。
② 参见张明楷：《共同犯罪的认定方法》，《法学研究》2014 年第 3 期。
③ 江苏省南通市中级人民法院二审刑事判决书（2010），通中刑二终字第 0019 号。

刑法必须在总则中设置科处这类行为人的概括规定。而这些概括规定必须依据分则规定的不法构成要件，使足以具体运作，而发挥定罪科刑的功能。亦同于正犯，引起法益的危险也是共犯的处罚根据，这一点已经得到了普遍的认同。可以说，共犯处罚根据论已经由共犯借用说转向了以法益为导向的因果共犯论，因为共犯借用说存在违背个人罪责原理的罅隙。也就是说，在处罚问题上对共犯与正犯之间连接点的要求愈发减少。因果共犯论主要有纯粹惹起说（违法性的个别把握）、修正惹起说（从属志向惹起说）和混合惹起说（从属的法益侵害说），是全面或者部分地肯定共犯的违法从属性的理论。具体地说：（1）纯粹惹起说的代表人物是德国学者施米德霍伊泽、吕德尔森，他们在 20 世纪 60 年代提出纯粹惹起说的基本主张，该理论认为之所以处罚共犯是因为共犯自身侵害了法益，具体表现在构成要件、违法性甚至是责任层面，共犯都存在独立的、特别的、自身的判断标准。[1] 既肯定"没有正犯的共犯"，也肯定"没有共犯的正犯"是其贯彻的基本立场。[2]（2）修正惹起说主张，教唆犯与帮助犯被处罚的理由是引起或者促进正犯法益的行为，附随正犯一起惹起了不法结果的出现。由此，共犯的不法从属于正犯的不法，而二者之间的不法具有连带性。既否定"无正犯的共犯"，也否定"无共犯的正犯"。（3）混合惹起说主张共犯的违法性不是完全依附于正犯的违法，其本身的违法性也是显见的，只是承认共犯违法的相对性，而非绝对的共犯对正犯违法的连带性。[3] 因此，不存在"没有正犯的共犯"，但却可能存在"没有共犯的正犯"。

纯粹惹起说强调了共犯自身的独立不法性，在这一点上，试图深化共犯的构造，可以说提出了重要问题，但该说的缺陷不容忽视的。即招致了共犯的可罚性范围的不当扩张，与现行立法或者理论上承认无身份者参与有身份

---

[1] 参见高桥则夫：《共犯体系和共犯理论》，冯军、毛乃纯译，中国人民大学出版社 2010 年版，第 117 页。

[2] 参见车剑锋：《我国刑事立法现状视域下的共犯的处罚根据》，《政法学刊》2012 年第 6 期。

[3] 参见曾根威彦：《刑法的重要问题·总论》（2 版），成文堂 2005 年版，第 306 页。

者构成要件的行为进而肯定正犯成立的做法相互背离。[①] 修正惹起说存在论证方法上倒为因果的嫌疑，并且在具体问题的适用上也有问题，例如，与帮助型正犯最为密切的未遂教唆和未遂帮助问题，A 为了抓捕毒犯 B，于是向 B 发出购买的信息，在 B 交付毒品之际将其抓获，根据修正惹起说，得出 A 的行为也既具有未遂教唆的违法性是不合理的。[②] 因此，处罚帮助型正犯的共犯基础应该以混合惹起说为依据。混合惹起说肯定共犯的不法是以正犯的不法为前提，既能成为未遂的教唆、承诺杀人、本犯教唆不处罚等理论问题的依据，也能对身份共犯的处罚理由形成说明，因其是德、日刑法比较有影响力的学说，也是我国理论获得支持较多的学说。[③]

二、帮助型正犯与教唆犯

明确共犯的处罚根据为混合惹起说，针对帮助型正犯各罪的具体教唆犯问题展开探讨。诚然，我国刑法没有规定正犯的概念，有学者认为刑法分则有关单独犯罪的规定就是正犯的规定。[④] 据此，从单独正犯中抽象出实行行为具有"帮助性"特征的正犯类型，即帮助型正犯。其共犯并无特殊性，这是理论上的当然解读。然而，除了"帮助性"实行行为的特征外，正犯化的帮助型正犯与入罪化的帮助型正犯甚至其他类型的单独正犯都有不同之处。重点需要追问的就是正犯化的帮助型正犯，以共犯为前提，帮助行为实施者跻身为正犯，无形缩短间接帮助犯、再间接帮助犯、帮助犯的教唆等犯罪类型与处罚中心的距离，旨在揭示刑罚扩大化的现实。然而，司法实践以教唆犯认定的案例是很少见的，帮助型正犯各罪的教唆犯更是少之又少。因此，

① 参见钱叶六:《共犯违法连带性说的合理性及其应用:基于共犯处罚根据论的探讨》，《清华法学》2014 年第 3 期。

② 参见秦雪娜:《共犯处罚根据的全新定位:改良的纯粹惹起说之提倡》，《环球法律评论》2015 年第 5 期。

③ 参见陈洪兵:《共犯处罚根据论》，载陈兴良:《刑事法评论》，北京大学出版社 2008 年版，第 433—463 页。

④ 参见张明楷:《共同犯罪的认定方法》，《法学研究》2014 年第 3 期。

刑罚的扩张主要体现在帮助犯的处罚上。根据"北大法宝"检索结果显示，在帮助型正犯的"教唆犯"有关联的 51 个案件中，最终被认定为教唆犯的案件只有 1 个——阎某包庇案。案情大致为：被告人阎某伙同他人明知是犯罪的人而作假证明包庇，其行为已构成包庇罪。公诉机关指控的罪名成立。被告人阎某教唆不满十八周岁的人犯罪，依法应当从重处罚。被告人阎某犯包庇罪，判处拘役六个月，缓刑一年。①

帮助型正犯的教唆犯是指教唆他人实施帮助型正犯各罪的行为人。例如，甲教唆乙为恐怖活动组织提供物资。对于教唆犯的处理，通行的做法是"科以正犯之刑"。德国刑法第 26 条有规定，对教唆犯与正犯同罚的是故意教唆他人故意实施违法行为的情形。日本刑法第 61 条：教唆他人实行犯罪的，判处正犯的刑罚。韩国刑法典第 31 条规定，教唆他人实行犯罪的人与实行犯，处罚相同。相对来说，我国刑法的教唆犯规定是一种特殊的存在。在刑法第 29 条的规定中，对于教唆他人犯罪的，要按照其在共同犯罪中所起到的作用进行处罚，也就是说该教唆者在共同犯罪中起到的是主要作用，则为主犯。质言之，教唆犯有可能按照第 26 条的主犯处罚，也可能按照第 27 条的从犯进行处罚，取决于教唆者在共同犯罪中所发挥的作用。此外，根据日本刑法典第 61 条还发现了间接教唆的规定，教唆教唆犯的，与前项同，也就是按照正犯处罚的意思。与此同时，我们会注意到帮助型正犯的教唆犯与通常意义上，"教唆他人实行犯罪的人"有所不同。因为开始教唆他人实施的不是原罪的实行行为，而只是教唆他人实施"帮助行为"，这在刑法理论上称为帮助的教唆犯或者教唆从犯。例如，甲教唆乙参加恐怖活动组织，甲构成组织、领导、参加恐怖组织罪的教唆犯，这一情形是通常与我们理解的教唆犯无异。

从帮助型正犯的教唆犯之特殊际遇出发，深掘其教唆类型应该不止于一种，总的来看是三种（见表 4—2）。

---

① 参见浙江省奉化市人民法院一审刑事判决书（2014），甬奉刑初字第 405 号。

表4—2 帮助型正犯的教唆类型

帮助型正犯的教唆类型		
第一种类型：直接教唆	A教唆B实施某罪，A是教唆犯，B是正犯。	处理：教唆犯
第二种类型：间接教唆	C教唆A去教唆B实施某罪，A是教唆犯，B是正犯，C是间接教唆犯。	处理：教唆犯
第三种类型：帮助犯的教唆	C教唆A帮助B实施某罪的实行行为，A帮助犯，实施帮助行为；B是正犯，实施实行行为；C是教唆从犯，教唆没有帮助正犯意思的A抱有帮助的意思，使A做出了帮助行为。	处理：帮助犯

帮助型正犯的三种教唆犯之间有一定的关系，尤其是帮助犯的教唆和直接教唆。甲教唆乙实施资助恐怖活动组织的犯罪，单从行为的性质来看，乙实施的是资助行为。倘若刑法分则并未规定帮助恐怖活动罪，乙的行为构成组织、领导、参加恐怖组织活动罪的帮助犯，而甲的教唆行为应该被认定为教唆从犯或者是帮助犯的教唆犯。教唆从犯是指对没有帮助正犯意思的人，使其产生帮助正犯的决意，并实施帮助行为。[①] 现因分则对乙实施的帮助行为设置了独立的罪名，因此，甲的教唆行为是对乙"帮助性实行行为"的教唆，就成立帮助恐怖活动罪的教唆犯。间接教唆犯在部分国家刑法中有规定，按照教唆犯认定与正犯相同的处罚，对帮助犯的教唆却是没有规定的。对此，理论上对于帮助犯的教唆是否应当处罚，按照什么来处罚是有争议的。

通说的观点对帮助犯的教唆采取的是必罚主义，只是在应以教唆犯亦是帮助犯处理的问题产生了争议。一方面，从教唆者的角度来看，教唆帮助者的行为就是教唆，所以似乎接近教唆犯。如果直接论以教唆犯，是否会违反刑法第29条的规定，"教唆他人犯罪"。这在一定程度上取决于如何理解"教唆他人犯罪"，如果将其理解为教唆他人实行犯罪，那么教唆帮助行为实施者就不符合教唆犯的教唆他人实行犯罪的规定，就不能认定教唆犯。然而，

[①] 参见大谷实：《刑法讲义各论》（2版），黎宏译，中国人民大学出版社2008年版，第400页。

细究发现刑法第 29 条的规定并没有限定是教唆他人实行犯罪，也就是说教唆他人参与犯罪也应该包括在内。因此，将帮助犯的教唆按照教唆犯处理并没有违反刑法教唆犯的规定。另一方面，从正犯行为人的角度来看，由于正犯行为人事实上并未接受到任何教唆，而是接受了帮助，所以教唆帮助者构成的犯罪似乎最接近帮助犯。倘若直接以帮助犯论处，教唆帮助者并没有帮助正犯，不符合对帮助犯的理解。因此，理论上以教唆犯论处或者帮助犯论处都有困难。比较合理的是我国台湾学者黄荣坚的观点，对于教唆帮助的情形，应该视个别事实关系而定。从刑法对帮助犯的设置来看，帮助犯是正犯之责任的减轻，其实际情况是帮助者处于对犯罪事实决定权之人际关系上的局外人地位。基于此，只要教唆帮助者停留于局外人的地位（被帮助之正犯仍然垄断对于犯罪事实的决定权），那么教唆者应该保有减轻其刑的地位，亦即论以帮助犯。[①] 野村稔教授也提出，从犯的教唆不是指自己去直接实施帮助行为，而是指利用成为规范障碍的人的行为，并将其行为当做自己的行为的场合，对其按照从犯来处理。[②]

从上述帮助犯的教唆中，可以将帮助型正犯的教唆犯做如下的阐释：其一，帮助型正犯的教唆并不是对帮助犯的教唆，而是对正犯的教唆。因此，认定为教唆犯并无不妥。其二，正犯化的帮助型正犯打破了原本作为帮助犯置身于局外人的地位，被帮助之正犯的垄断犯罪事实的决定权并未改变，但是帮助之帮助犯的局外人身份已经难以平衡罪责刑之间的关系，立法将其提升为正犯，那么，教唆他人实施犯罪当然构成教唆犯。其三，教唆犯与正犯同罚，对于帮助型正犯的教唆犯而言更为合理，帮助犯提升为正犯，不再适用刑法总则减轻的处理，其教唆犯的不法并不比正犯的不法低。

[①]　参见黄荣坚:《基础刑法学》(下册)，中国人民大学出版社 2009 年版，第 555 页。
[②]　参见野村稔:《刑法总论》，全理其、何力译，法律出版社 2001 年版，第 423 页。

三、帮助型正犯与帮助犯

帮助型正犯的帮助犯是指帮助他人实施帮助型正犯各罪的行为人。如果说教唆犯的不法比正犯的不法低是片面的，那么，帮助犯的不法低于正犯的不法是毋庸置疑的。德国刑法第 27 条规定：对他人故意实施违法行为故意予以帮助的，是帮助犯……日本刑法第 62 条之一规定帮助正犯的，是从犯。第 64 条规定：从犯的刑罚，按照正犯的刑罚予以减轻。同时也规定对帮助犯的限制处罚，仅应判处拘留或者科料之罪的从犯，如果没有特别规定的不处罚。韩国刑法典第 32 条规定：帮助他人犯罪的，以从犯处罚。对从犯的处罚，比照正犯减轻。由此看出，对帮助犯实行必减主义的处罚原则，其不法低于正犯的不法之观点也是正确的。而我国刑法对从犯的规定，要求在共同犯罪中起到次要作用或者辅助作用，并且采行的是必减主义，应当从轻、减轻或者免除处罚。从犯不等于帮助犯是我国刑法的固有逻辑，但是作为从犯的帮助犯必然也是法定的减轻情节，作为主犯的帮助犯则未必。总体来看，帮助型正犯的帮助类型主要有以下几种（见表 4—3）。

表 4—3　帮助型正犯的帮助类型

帮助型正犯的帮助类型		
第一种类型：直接帮助	A 帮助 B 实施某罪的构成要件，A 是帮助犯，实施的是帮助行为；B 是正犯，实施的是实行行为。	处理：帮助犯
第二种类型：间接帮助	C 帮助 A 去帮助 B 实施某罪的构成要件，A 是帮助犯，实施的帮助行为；B 是正犯，实施的是实行行为；C 是间接帮助犯，实施的是帮助帮助者的行为。	处理：帮助犯或者不成立犯罪
第三种类型：再间接帮助	D 帮助 C 去帮助 A 去帮助 B 实施某罪，A 是帮助犯，实施帮助行为；B 是正犯，实施实行行为；C 间接帮助犯；D 再间接帮助犯。	处理：不成立犯罪
第四种类型：教唆犯的帮助	C 帮助 A 教唆 B 实施某罪，A 是教唆犯，B 是正犯，C 是教唆犯的帮助犯。	处理：不成立犯罪

需要注意的问题有两个，其一，直接帮助犯和间接帮助犯（日刑法理论也称为间接从犯）的转换是在什么条件下发生改变的。其二，间接帮助犯、再间接帮助犯、教唆的帮助是否可罚，可罚的根据是什么。正犯化的帮助型

正犯确立后，间接帮助犯转换为直接帮助犯。甲在乙的帮助下资助恐怖活动组织，对于组织、领导、参加恐怖组织活动罪来说，乙就是间接帮助犯，而甲是该罪的帮助犯。然而，对于帮助恐怖活动罪而言，乙是正犯，甲是帮助犯。间接帮助犯（间接从犯）是指帮助从犯的场合，处罚间接从犯就是处罚危险犯的危险犯，所以并不妥当。[①] 认定上的不同，处理的结果也是相差甚远的。按照帮助恐怖活动罪的帮助犯处理，通常来说就适用刑法第 27 条的规定，实行法定的从轻、减轻或者免除处罚。而按照组织、领导、参加恐怖组织罪的间接帮助犯认定，是否处罚。理论上是有争议的，间接帮助犯就是帮助帮助犯的人，和间接教唆犯不同，刑法对于间接帮助犯没有特别规定，所以，在其可罚性的问题上有肯定说和否定说两种观点的对立。

坚持否定说的学者认为，刑法之所以欠缺处罚间接从犯的规定，可以理解为不可罚。[②] 除了欠缺刑法上的规定外，帮助行为不是实行行为，所有没有承认帮助的帮助之概念。且由于间接帮助犯和正犯的关系不明确，所以，不轻易认定间接帮助犯。否定说的支持者主要有植松正、团藤重光、福田平等。而肯定说认为帮助犯之处罚根据，在于使正犯之实行行为容易的缘故。因而，帮助犯实施的帮助行为既包括了直接帮助，也包括间接帮助，其中直接帮助就是指直接促进正犯实行行为实施之行为。理论上与连锁教唆之可罚性并无不同，只需要帮助者认识到实行行为有事实犯罪之决意，并通过帮助（至少是间接帮助）使得正犯实行行为容易实施，就是帮助正犯。此外，符合修正构成要件的帮助性行为，有共犯存在的可能。因此，在本书看来，否定说是不科学的。木村龟二、平野龙一、大谷实、前田雅英等为肯定论的代表。在判例上认为肯定间接帮助犯的事例，实质上也是对正犯的实行行为提供帮助的情况。肯定说和否定说各自都有理由，但各自都不能自圆其说。对于帮助型正犯的其他帮助类型以及再间接帮助犯和教唆犯的帮助而言，采用共犯从属性说立场的理论认为，不仅帮助犯本身欠缺犯罪的定型性，再间接

---

① 参见野村稔：《刑法总论》，全理其、何力译，法律出版社 2001 年版，第 430 页。

② 参见野村稔：《刑法总论》，全理其、何力译，法律出版社 2001 年版，第 430 页。

帮助犯与正犯之关系存有许多不明确之情况，因此，否定再间接帮助成立帮助犯。[1]

考察司法实践的情况，表明帮助型正犯各罪的从犯判决远远多于教唆犯的判决。这与实施教唆行为被认定为主犯，而不是教唆犯有很大关系。如，覃某某三次指使柳某某拍摄码头附近涉及军事机密和国防机密的军舰提供给境外人员，构成共同犯罪，被告人覃某某起主要作用，是主犯；柳某某起次要、辅助作用，是从犯。[2] 从犯的判决主要集中在第 312 条掩饰、隐瞒犯罪所得、犯罪所得收益罪、第 417 条帮助犯罪分子逃避处罚罪。正犯化的帮助型正犯并没有如理论研究所谓明显扩张刑罚的范围。如第 120 条之一帮助恐怖活动罪、第 177 条之一第 1 款妨害信用卡管理罪（提供信用卡）、第 284 条之一第 2 款组织考试作弊罪、第 285 条第 3 款提供侵入计算机信息系统的程序、工具罪、第 286 条之一拒不履行信息网络安全管理义务罪以及第 287 条之二帮助信息网络犯罪活动罪。一方面与这些罪名增设时间不长有关；另一方面仅仅停留在理论上的探讨，在司法实践中，对原作共犯未遂帮助、间接帮助等未必就追究。但是，以后会不会处罚这类犯罪还不能肯定。

第三节　帮助型正犯的罪数形态

共同犯罪研究的是"数人犯一罪"问题，而罪数形态研究的是"一人犯数罪"的问题。帮助型正犯的罪数集中在刑法对犯罪事实的评价做到罪责刑相适应。罪数理论源自日本刑法的提倡，与德国刑法竞合论有所区别。通常认为"罪数论研究的是某事实成立几个犯罪的问题，犯罪竞合论研究的是在某人成立数罪的情形下，应该如何科处刑罚的问题"[3]。然而，罪数形态和竞合形态关系在我国呈现出错综复杂的状况，主要是由于 20 世纪 80 年代末日

---

[1]　参见陈子平：《刑法总论》（增修版），中国人民大学出版社 2009 年版，第 416 页。

[2]　参见广东省广州市中级人民法院一审刑事判决书（2015），穗中法刑一初字第 00301 号。

[3]　松原芳博：《刑法总论重要问题》，王昭武译，中国政法大学出版社 2015 年版，第 372 页。

本罪数理论的借鉴尚未完整，又引进了德国的竞合论有很大关系。以至于学者们提出二者之间是相互交叉却又相互独立存在的两个理论，或者用罪数论取代竞合论、竞合论替代罪数论等主张。无论是互存论抑或替换论，"二者所讨论的具体现象相同、目的相同，只是研究方法略有不同（但不矛盾）"①。因此，无所谓罪数论或者竞合论的称谓，罪数论中既可以探讨单纯一罪、包括一罪、科刑一罪，也可以探讨想象竞合、实质竞合的问题。罪数形态有双重的身份：其一，一罪与数罪中诸种复杂的犯罪形态的总称，其既区别于典型一罪，也区别于典型数罪。② 其二，罪数形态除了未完成形态、共犯形态之外的又一犯罪形态。特殊形态和共犯形态旨在说明了帮助型正犯本身存在的多种可能性以及与其他类型犯罪之间的差别性，而罪数形态重在对司法实践的影响和重要性，即准确定罪和合理量刑的判断。

一、帮助型正犯的罪数概说

将帮助型正犯的罪数置于形态论一节研究，主要是指行为人实施的犯罪事实，究竟是构成一罪还是成立数罪的问题。③ 帮助型正犯的罪数形态主要涉及实施了帮助性实行行为同属触犯两个罪名或者实施了数个帮助性实行行为应当如何处罚的问题。正确区分罪数形态对司法实践至少存在两个方面的积极意义。一是有利于定罪，也就是准确地定罪。因为准确定罪不仅包括认定行为是否构成犯罪、是构成此罪或是彼罪，还包括准确地认定行为构成一罪或者数罪。④ 二是有利于合理量刑。根据罪刑关系的基本原理，对一罪只能一罚，对数罪虽然也可能只科处一个刑罚。但大多数数罪都应当数罪并罚，倘若一罪和数罪的混乱，必然造成量刑上的畸轻或者畸重，导致实质正义的丧失。在帮助型正犯各罪中，行为人实施的犯罪事实同时触犯了两个或

---

① 张明楷：《罪数论与竞合论探究》，《法商研究》2016 年第 1 期。

② 参见刘宪权：《罪数形态理论正本清源》，《法学研究》2009 年第 4 期。

③ 参见郭莉：《罪数判断标准研究》，《法律科学》（西北政法大学学报）2010 年第 5 期。

④ 参见张明楷：《刑法学》（5 版），法律出版社 2016 年版，第 456 页。

者两个以上的罪名的例子比比皆是。例如，行为人向组织作弊人员提供试题、答案的，同时触犯了非法提供试题、答案罪与组织考试作弊罪，该行为同时触犯了泄露国家秘密罪。如何使得刑法上的考量更合理，避开评价不足或者过剩的现象。罪数判断标准是罪数理论的核心内容，也是帮助型正犯罪数问题展开的前提，有着举足轻重的意义。

（一）罪数区分标准的学说

对犯罪本质的认识差异，影响了一罪和数罪之间的区分，其形成的主要标准有行为主张说、法益说、犯意说、构成要件说和综合说。在行为主张说看来，犯罪就是实施了危害社会的行为，一罪和数罪之间的差异就在于行为实施的数量，实施一个行为就是一罪，否则为数罪。法益说与行为说不同，是以侵害法益的个数区分一罪和数罪。犯意说则根据的是犯意的数量进行区分，因为它认为犯罪是行为人的危险性格。构成要件说是目前获得支持较多的一种学说，以犯罪事实该当构成要件的个数区分一罪和数罪，犯罪事实该当一个构成要件的为一罪，否则为数罪，数次符合一个犯罪构成要件的也为数罪。综合说主张综合考量法益、犯意、行为等以决定罪数，罪数论必须构筑在实质的犯罪观念上，而非在形式的构成要件上。从而，考量罪数时，应以法益为中心，同时综合斟酌意思、行为等要素。[1] 以上主要是域外刑法理论形成的观点。在我国，由于犯罪构成的特殊性，罪数区分的标准与上述的几种学说有所不同，主要采用的是以主客观统一的犯罪构成的数量为标准鉴别一罪和数罪，而对犯罪构成的认识主要是分则条文对个罪规定的具体犯罪构成，根据不同的评价标准分为两组不同的范畴，即独立的犯罪构成与派生的犯罪构成、基本的犯罪构成与修正的犯罪构成，其中派生的犯罪构成包括了加重犯罪构成和减轻的犯罪构成，而修正的犯罪构成主要有共同犯罪的犯罪构成、未完成形态的犯罪构成以及数罪的犯罪构成等。[2] 另外，有学者结

---

[1]　参见陈子平：《刑法总论》（增修版），中国人民大学出版社2009年版，第452页。

[2]　参见袁建伟：《共犯罪数问题研究》，武汉大学出版社2014年版，第49页。

合罪数种类提出了个别化说，是根据罪数的不同种类采取不同的区分标准，以一罪和数罪的区分为逻辑起点，将罪数分为单纯的一罪、包括的一罪、科刑的一罪。具体地看，构成要件说适用于区分是否成立单纯一罪，将行为说和法益说结合起来适用于包括一罪的区分，而科刑上的一罪以行为说为标准。①

综上来看，行为说和单纯的法益因存有理论缺陷没有被坚持作为一罪和数罪的区分标准。行为说在判断行为的单复数上争议颇多，有自然意义标准说、社会意义标准说和法律意义标准说，并且复数行为也可能只构成一罪。单纯的法益说忽视犯罪成立的行为和构成要件，并不可取。构成要件应该分为形式的和实质的，形式的构成要件说未必就造成侵害法益，而实质的构成要件说通常结合形式的构成要件论，把法益的侵害作为判断的标准。因此，以法益为中心的实质构成要件说与综合说并无原则的区别。但是，罪数种类的复杂性，即使是综合说也未必能应对。反之，个别化说既针对不同的罪数采用不同的标准，更便利于司法实践的适用。

（二）不同罪数种类下的一罪和数罪

按照日本刑法的罪数种类，以犯罪事实该当构成要件的不同情形，分为单纯的一罪、包括的一罪和科刑的一罪。单纯的一罪本来就被评价为一个违法行为的犯罪，无需特别对构成要件加以评价，包括继续犯、法条竞合。包括的一罪系指某犯罪事实外观上虽数次该当构成要件，却应包括性地以此为构成要件之评价的情况，如连续犯、集合犯，科刑的一罪理论上成立数个犯罪，但科刑上以一罪处理之情况。譬如，想象竞合与牵连犯。有学者把刑法分则规定的数额犯、多次犯与情节犯作为包括的一罪处理。②与此不同的是，我国刑法理论的传统观点认为，一罪的类型有实质的一罪、法定的一罪和处

---

① 参见平野龙一：《刑法总论》（2版），有斐阁1975年版，第408页。
② 参见张明楷：《刑法学》（5版），法律出版社2016年版，第479页。

断的一罪，他们包括了各自的犯罪类型。[①] 总体来看，对于不同的罪数种类而言，采用不同区分标准结论是不同的（如表4—4）。

表4—4 不同区分标准下的罪数

形态标准		行为说	法益说	犯意说	构成要件说	犯罪构成说
实质的一罪	想象竞合犯	一罪	数罪	一罪	数罪	数罪
	继续犯	一罪	一罪	一罪	一罪	一罪
	结果加重犯	一罪	数罪	一罪	数罪	数罪
法定的一罪	结合犯	数罪	数罪	数罪	数罪	数罪
	集合犯	数罪	数罪	数罪	数罪	数罪
处断的一罪	连续犯	数罪	一罪	一罪	数罪	数罪
	牵连犯	数罪	数罪	一罪	数罪	数罪
	吸收犯	数罪	数罪	数罪	数罪	数罪

从中可以看出，在法益说、构成要件说和犯罪构成说的判断标准下，想象竞合犯、继续犯和结果加重犯虽为实质的一罪，但罪数却各不相同，而依照行为说和犯意说是一罪。结合犯和集合犯在所有的区分标准下呈现的均为数罪，却又产生于法定的一罪这一上位概念在体系上的冲突，"既然依照罪数的评价标准判断是数罪，为何在体系的定位上又归入属于一罪范畴的科刑一罪，其间道理何在，不免令人困惑"[②]。同理，处断的一罪在各种区分标准上的数罪也遭受同样的质疑。在帮助型正犯的罪数问题上，仅有想象竞合犯和法条竞合的两种类型，法条竞合是本来一罪的类型之一。对此问题，在下文会展开论述。

[①] 国内刑法学教材在罪数的种类问题上，有学者借鉴日本的罪数种类，采用单纯的一罪、包括的一罪、科刑的一罪，例如，张明楷：《刑法学》（5版），法律出版社2016年版，第462—482页。大部分学者采用的是实质的一罪、法定的一罪及处断的一罪的罪数种类，参见高铭暄、马克昌：《刑法学》（7版），北京大学出版社2016年版，第184—196页；齐文远：《刑法学》（3版），北京大学出版社2016年版，第177—188页。

[②] 郭莉：《罪数判断标准研究》，《法律科学》（西北政法大学学报）2010年第5期。

二、帮助型正犯与一罪

帮助型正犯的一罪常见于法条竞合、想象竞合以及牵连犯的情形。其中，主要的区分发生在想象竞合和法条竞合之间，而牵连犯涉及的重点是处断的问题。首先，想象竞合犯和法条竞合的界限分歧并未随着时间的流逝而减退，其争论的观点之多也说明了二者对刑法理论和司法实践的重要影响。对想象竞合犯和法条竞合最为直观区分（也称为形式标准的区分），即当一个犯罪行为同时触犯了数个法条，根据法条之间是否具有重合、交叉关系来决定是想象竞合犯或法条竞合。而实质的区分标准则是通过法益的同一性和不法的包容性来判断想象竞合犯和法条竞合。法益的同一性只有一种情形是绝对的，一个行为侵害了两个以上犯罪的保护法益时，只能认定为想象竞合，反观之的情形就是一行为侵害了相同的法益时，既可能成立想象竞合犯也可能是法条竞合。在不法的包容性中，"任何一个法条都不能充分、全面评价行为的不法内容，只能是想象竞合犯。"[①] 因此，二者混淆会扰乱实务的视听，其后果是显而易见的。毕竟，想象竞合的适用原则是"从一重处断"，而法条竞合是"特别法优于一般法"，特别法通常来看是轻于一般法的。当然，特别法和轻法、重法和一般法并不具有对应关系，这一点必须说明，但不可否认它们之间的不确定性却会"阻滞了罪刑法定与罪责刑相适应原则的贯彻，也伤及刑事司法的权威"[②]。其次，牵连犯的适用和处罚原则是罪数形态中争议较多的问题之一，历来刑法理论和司法实践就有一罪和数罪处罚的分歧，对此将置于一罪进行讨论。最后，帮助型正犯的分则法条呈现多种关系，即交叉关系、包容关系、对立关系以及中立关系。不同关系的法条之间的竞合关系也是不相同。例如，在对立关系的法条中，既不可能存在法条竞合也不可能存在想象竞合。[③] 而在中立关系的法条之间，形成德国通说的观

---

① 张明楷：《法条竞合与想象竞合的区分》，《法学研究》2016 年第 1 期。

② 左坚卫：《法条竞合与想象竞合的界分》，载赵秉志：《刑法论丛》，法律出版社 2009 年版，第 180—200 页。

③ 参见张明楷：《法条竞合与想象竞合的区分》，《法学研究》2016 年第 1 期。

点既可能成立法条竞合，也可能被认定为想象竞合。因此，法条关系的多样性促成了帮助型正犯内部各罪的竞合以及与其他类型犯罪的竞合两种形式。

（一）帮助型正犯与想象竞合犯

与共犯体系的区分制和单一制一样，在犯罪竞合的判断上也存在单一刑罚原则和区别原则。单一刑罚原则的典型如瑞士刑法、奥地利刑罚及其德国少年法，顾名思义就是不区分一行为或者数行为，无所谓犯罪单数和复数之分别，直接宣告一个刑罚即可。[①] 不同的是，实行区别原则的德、日刑法认为，"如果同一行为侵犯数个刑罚法律或者数次侵犯同一刑罚法律，那么，只科处一个刑罚，认定为想象竞合犯，而数行为触犯数个罪名以实质竞合依数罪并罚执行"[②]。一罪的想象竞合犯是发生在帮助型正犯中，最常见的一类。根据其发生于帮助型正犯各罪内部或是帮助型正犯与其他犯罪之间，采用列举的方式将司法实践中常易遇到且有争议的想象竞合犯或者说在想象竞合犯与法条竞合犯之间摇摆不定的情形，进行深入的分析。

帮助型正犯各罪内部的想象竞合犯，主要是说帮助型正犯的部分犯罪之间存在想象竞合的现象。（1）一个行为同时构成资助危害国家安全犯罪活动罪与帮助恐怖活动罪时，认定为想象竞合犯以资助恐怖活动罪论处较为适宜。依据"从一重罪处罚"的原则，两罪总的量刑幅度基本相同，但资助恐怖活动罪在其两个量刑幅度中均增加了"并处罚金"，同时对单位主体采取了双罚制，因而较资助危害国家安全罪而言，属于重罪。[③]（2）当行为人采取转移、隐瞒毒赃的行为方式掩饰、隐瞒毒品犯罪所得财物的性质和来源的时，第191条洗钱罪、第312条掩饰、隐瞒犯罪所得、犯罪所得收益罪以及第349条窝藏、转移、隐瞒毒品、毒赃罪之间是想象竞合的关系。从形式上

---

① 参见林钰雄：《新刑法总则》，中国人民公安大学出版社2009年版，第432页。

② 汉斯·海因里希·耶赛克、托马斯·魏根特：《德国刑法教科书总论》，徐久生译，中国法制出版社2001年版，第978页。

③ 参见詹勇：《论资助危害国家安全犯罪活动罪》，《河南公安高等专科学校学报》2008年第5期。

来看，三条文之间存在交叉关系，可以同时考虑想象竞合和法条竞合。但是，从法益的同一性看，洗钱罪的保护法益是金融管理秩序，掩饰、隐瞒犯罪所得、犯罪所得收益罪的保护法益是司法机关的正常活动。虽然洗钱行为会妨害司法，但这只是客观事实，并不意味着刑法规定洗钱罪就是为了保护司法活动，故按照想象竞合犯的"从一重罪处罚"认定为洗钱罪。[①] 而洗钱罪与窝藏、转移、隐瞒毒品、毒赃罪之间也应该是想象竞合的关系，并非法条竞合。(3) 掩饰、隐瞒犯罪所得、犯罪所得收益行为人的行为对象中既有犯罪所得及其收益又有犯罪工具的，而行为人只实施了一个掩饰、隐瞒行为，则构成包庇罪和本罪的想象竞合犯，按照想象竞合犯的处罚原则，应以包庇罪定罪处罚。(4) 行为人帮助犯罪人伪造无罪、罪轻的证据的，同时触犯了包庇罪与帮助伪造证据罪，属于想象竞合犯。(5) 第320条提供伪造、变造的出入境证件罪与诈骗罪，非法所得数额较大，应根据想象竞合犯择一重罪处罚原则，适用提供伪造、变造的出入境证件罪处理。违法所得数额巨大的，也同时构成这两个罪，同样属想象竞合犯。通过比较两罪的法定刑，同样应以提供伪造、变造出入境证件罪定罪处罚。情节特别严重（违法所得数额应较大）也同时构成这两罪，也属想象竞合犯，应以诈骗罪处罚。(6) 行为人帮助犯罪人伪造无罪、罪轻的证据的，同时触犯了包庇罪与帮助伪造证据罪，属于想象竞合，包庇罪的法定刑重于帮助毁灭、伪造证据罪的法定刑，也应按包庇罪论处。具体承办案件和指示、指挥承办案件的司法工作人员通过毁灭、伪造证据的方法实施枉法行为的，同时触犯了徇私枉法罪与帮助毁灭、伪造证据罪。但由于只有一个行为，应认定为想象竞合犯，从一重罪（徇私枉法罪）论处。

常见的帮助型正犯之各罪与其他犯罪间的想象竞合：(1) 在《刑法修正案（九）》出台以前，非法提供试题、答案的案件，大多是以非法获取国家秘密罪或故意泄露国家秘密罪认定。现今行为同时触犯了故意泄露国家秘密罪的，属于想象竞合犯，从一重罪处罚，非法提供试题、答案罪的法定刑

---

① 参见张明楷：《刑法学》（5版），法律出版社2016年版，第793页。

重于故意泄露国家秘密罪，多了罚金刑。（2）帮助信息网络犯罪活动罪第3款规定，有前两款行为，同时构成其他犯罪的，依照处罚较重的规定定罪处罚。"同时构成其他犯罪"是刑法分则条文少有的规定，在《刑法修正案（九）》之前只有两款此规定，而之后陆增了八款类似的规定，其中就包括了第287条之二的第3款。这一款规定对于想象竞合和法条竞合的区分是有作用的，尽管有学者认为"这一款规定意在表明大竞合的主张，也就是无须严格区分想象竞合和法条竞合的情形"①。但是，提供互联网技术等帮助的行为构成另一信息网络的共同正犯或者帮助犯时，仍应该认为是想象竞合关系。典型的就是"快播案"，快播公司在提供纯粹的用户与用户之间的P2P技术服务，有可能构成拒不履行信息网络安全管理义务罪，或者提供的是对他人利用信息互联网传播淫秽物品犯罪的技术帮助行为，有可能认定为帮助信息网络犯罪活动罪，但是，快播公司接入了缓存服务器下载存储了大量淫秽视频，并随时提供给用户下载，已经属于传播淫秽电子信息的作为行为和实行行为。按照"同时构成其他犯罪的，依照处罚较重的规定定罪处罚"的规定，最终以传播淫秽物品牟利罪认定。（3）当行为人采取引诱、介绍卖淫者到卖淫场从事卖淫活动的方式为组织卖淫者招募人员，其行为便同时触犯了协助组织卖淫罪与引诱、介绍卖淫罪。此时，应按照想象竞合犯的理论，从一重罪论处。（4）行为人事先与黑社会性质组织存在共谋，事后实施包庇、纵容黑社会性质组织行为的。行为人既成立包庇、纵容黑社会性质组织罪，也构成其所包庇、纵容黑社会性质组织所实施的犯罪的共犯，由于其所触犯的这两个犯罪在犯罪构成上既不存在包容与被包容的关系，也不存在交叉关系，因而不属于法条竞合，而是想象竞合犯，依照想象竞合犯"从一重处断"的处罚原则，最终择一重罪定罪量刑。

---

① 陈洪兵：《〈刑法修正案（九）〉中"同时构成其他犯罪"相关条款的理解适用："大竞合论"立场再提倡》，《政治与法律》2016年第2期。

（二）帮助型正犯与法条竞合

由于犯罪的错综复杂性，刑法为了避免处罚上的漏洞，从不同的角度、不同侧面规定各种犯罪行为，形成了条文之间的交叉和重叠。因此，使得同一个犯罪行为出现数个法条所规定的构成要件在内容上具有包含关系或者交叉的情形，就是法条竞合。法条竞合要解决的是一个犯罪行为同时符合数个法条应适用哪个法条的问题，是一种法律适用的选择问题。①

常见于帮助型正犯各罪的两种法条竞合：（1）因犯罪主体不同而形成的竞合。①帮助毁灭、伪造证据罪（第306条）与辩护人、诉讼代理人毁灭证据、伪造证据、妨害作证罪（第307条），前者的犯罪主体是在刑事诉讼中，辩护人、诉讼代理人，相对于后者而言是特殊法条，"特殊主体承担着特定职责，实施相同的行为造成的社会危害性大小有别"。②包庇黑社会性质组织罪（第294条）与包庇罪（第310条）在犯罪构成上存在着包容与被包容的关系，而这正是法条竞合犯最基本的表现形式。其中，包庇黑社会性质组织罪是特别法条，犯罪主体是国家机关工作人员，而包庇罪是普通法条，按照"特别法条优于普通法条适用"的法条竞合处理原则，这种情形最终应以包庇黑社会性质组织罪论处。（2）因客观方面的犯罪对象不同而发生的竞合。①包庇罪（第310条）与包庇毒品犯罪分子罪（第349条）。②包庇罪、掩饰、隐瞒犯罪所得、犯罪所得收益罪（第312条）与洗钱罪（第191条）之间形成了普通法条与特别法条的竞合关系。即洗钱罪是特别法条，涵盖的范围比较狭小；掩饰、隐瞒犯罪所得、犯罪所得收益罪是普通法条，涵盖的范围很广泛，足以将各种洗钱犯罪涵盖在内，对于刑法第191条洗钱罪条款具有补缺和兜底的功能。③提供虚假证明文件罪（第229条）与违规披露、不披露重要信息罪（第161条），作为中介组织的会计师事务所，与公司双方串通向股东和社会公众提供虚假的财务会计报告，则中介组织及其人员提供虚假财务会计报告的行为构成违规披露、不披露重要信息罪的共犯，属于法

---

① 参见齐文远：《刑法学》（3版），北京大学出版社2016年版，第179页。

条竞合，即提供虚假证明文件罪与违规披露、不披露重要信息罪二者之间具有包容与被包容的竞合关系。行为人的行为同时符合了帮助犯罪分子逃避处罚罪和徇私枉法罪的构成要件，属于法条竞合犯，应按照重法予以惩治，即按照徇私枉法罪定罪处罚，因为徇私枉法罪中"包庇"的内容不加任何限制，凡是司法工作人员在刑事诉讼中向犯罪分子通风报信、提供便利的行为都可以纳入"包庇"的范畴。除了上述的两种法条竞合，因法律的例外规定而发生的竞合也是法条竞合的类型之一，但帮助型正犯各罪中没有这样的情形。

（三）帮助型正犯与牵连犯

目前世界各国刑法典除了日本、西班牙等少数国家还保留牵连犯的规定外，其余大都已经找不到牵连犯的身影。[1] 有研究认为，理论上认为我国刑法分则存在牵连犯的立法模式，包括数罪（第 198 条第 2 款）、包容犯（第 171 条第 3 款）、转化犯（第 253 条第 2 款）等。其中，包容犯与转化犯等规定，则为将牵连犯作一罪处断的立法模式。[2] 对于牵连犯的界分标准，主观说认为，只要行为人主观上将某种行为作为目的行为的手段行为或者作为原因行为的结果行为，就存在牵连关系。客观说指出，只要客观上两种行为之间具有手段行为和目的行为、原因行为与结果行为之间的关系，就具有牵连关系。而折中说提出的是主观和客观都具有牵连关系时，才具有牵连关系，如"实行某个犯罪之际，或者作为所伴随的结果来加以实施，并且行为者也认识到这点"[3]。类型说则根据刑法规定与司法实践，将牵连犯的手段与目的、原因与结果的关系类型化。[4] 结合我们自身刑法的实际，对牵连犯的识别观点形成因果关系说、通常方法结果说、不可分离说以及构成要件说。由于因果关系说与客观说、通常方法说与折中说是大致接近的，因而不必

---

① 参见刘宪权：《我国刑法理论上的牵连犯问题研究》，《政法论坛》2001 年第 1 期。

② 参见张小虎：《论牵连犯的典型界标》，《中国刑事法杂志》2013 年第 5 期。

③ 野村稔：《刑法总论》，全理其、何力译，法律出版社 2001 年版，第 459 页。

④ 参见甘添贵：《罪数理论之研究》，元照出版有限公司 2006 年版，第 212 页。

赘述。

在想象竞合犯的讨论中，提到《刑法修正案（九）》徒增了"同时构成其他犯罪的"的条文。在牵连犯的分则立法中，主要有三种情形，分别是：（1）第 198 条第 2 款的数罪规定，即保险诈骗罪，有前款第四项、第五项所列行为，同时构成其他犯罪的，依照数罪并罚的规定处罚。（2）第 171 条第 3 款的包容犯，即伪造货币并出售或者运输伪造的货币的，依照本法第一百七十条的规定定罪从重处罚。（3）第 253 条第 2 款的转化，即犯前款罪而窃取财物的，依照本法第二百六十四条的规定定罪从重处罚。而一罪的牵连犯只存在于后两种情形中，但是，能不能说牵连犯只能在上述的三个犯罪中存在，毕竟，牵连犯并不是由法律明文规定的一罪。这一点从对牵连犯的处断原则看出，即凡刑法分则条款对特定犯罪的牵连犯明确规定了相应处断原则的，无论其所规定的是何种处断原则，均应严格依照刑法分则条款的规定，对特定犯罪的牵连犯适用相应的原则予以处断，典型的就是第 198 条第 2 款、第 171 条第 3 款、第 253 条第 2 款。此外，对于其他牵连犯即刑法分则条款未明确规定处断原则的牵连犯，应当适用从一重处断原则定罪处罚，不实行数罪并罚。[1] 纵观帮助型正犯的所有犯罪及其条文，虽有"同时构成其他犯罪"的条文，例如，第 229 条提供虚假证明文件罪、第 286 条之一拒不履行信息网络安全管理义务罪等只是规定了想象竞合犯或者数罪并罚的情形，难以找到类似于前述分则规定的三种牵连犯的模式。但是，这并不能否定有其他牵连关系的犯罪成立牵连犯。质言之，也就是有牵连关系也不一定就能成立牵连犯，毕竟"牵连犯的成立应以存在牵连关系的两种行为均独立构成犯罪为前提"[2]。

常见于帮助型正犯的牵连犯之情形：（1）向他人提供伪造、变造的出入境证件的行为人同时又以此目的而伪造、变造出入境证件的，应根据牵连犯

---

[1] 参见高铭暄、王秀梅：《试论我国刑法中若干新型犯罪的定罪问题》，《中国法学》1999 年第 1 期。

[2] 卢勤忠：《信用卡信息安全的刑法保护：以窃取、收买、非法提供信用卡信息罪为例的分析》，《中州学刊》2013 年第 3 期。

择一重罪处罚原则，选择提供伪造、变造的出入境证件罪处罚，而不能数罪并罚。（2）容留他人吸食毒品并向被容留的吸毒人员出售毒品，或出售毒品后又容留购毒人员吸食毒品的，应按牵连犯理论，以贩卖毒品罪定罪处罚。（3）行为人用于资助恐怖主义的资金的来源和性质是合法的，但是必须通过洗钱的方式来掩盖资金的用途或与恐怖活动组织或恐怖分子的联系。行为人的目的是为了资助恐怖活动组织、实施恐怖活动的个人或恐怖活动培训，其采用的方法行为又触犯了洗钱罪，是牵连犯。（4）行为人为了伪造信用卡而实施窃取、收买、非法提供信用卡信息资料的行为，并在之后伪造了信用卡的，同时构成窃取、收买、非法提供信用卡信息罪和伪造金融票证罪，属于牵连犯，应当从一重罪处断——以伪造金融票证罪定罪。（5）为介绍贿赂而教唆贿赂或因教唆贿赂而又介绍贿赂，构成目的行为与方法行为，原因行为与结果行为的牵连。具有两个有牵连关系的意图，实施了两个具有牵连关系的行为，触犯两个不同罪名，构成牵连犯。（6）行为人因受贿而犯包庇、纵容黑社会性质组织罪，且其受贿行为同时满足受贿罪的构成要件的，受贿行为是行为人实施包庇、纵容黑社会性质组织行为的原因，而行为人实施的包庇、纵容黑社会性质组织则是其受贿行为的结果，亦即受贿行为与包庇、纵容黑社会性质组织行为之间存在着原因与结果的牵连关系。因而这种情形实际上已经成立包庇、纵容黑社会性质组织与受贿罪的牵连犯。

三、帮助型正犯与数罪

在理论上，认定数罪，主要是划分同一个犯罪人或者同一群犯罪人是一罪还是数罪，理论上和法律上的数罪，都是指同一犯罪主体所实施的犯罪。[1] 在多数情况下数罪是明了的，但是，同一主体实施的行为，并不都是清晰可辨的，有的表面是一罪，实际是数罪，反之则亦然。帮助型正犯的数罪研究就是要解决同一行为人实施帮助性实行行为的事实成立两个或者两

---

① 参见齐文远：《刑法学》（3 版），北京大学出版社 2016 年版，第 189 页。

个以上的犯罪问题，其目的最终也是为了处刑的合理性。毕竟，"犯人犯数个犯罪，同时被交付裁判的场合，因为从规范上看应受的非难大，从政策上看犯罪反复的危险性大，所以对具备一定条件的，规定并合、加重刑罚"①。当前理论上对数罪的处理原则大致有并科主义、吸收主义、限制加重主义，其中，日本刑法采用的是加重单一刑主义，德国刑法采用的是加重综合刑主义。②

　　然而，不可否认的是处理原则的前提是数罪的确认。常见于帮助型正犯的数罪：（1）恐怖主义融资和洗钱是两种不同行为，其触犯的罪名却存有联系。在资金来源非法的情况下，行为人通过洗钱掩饰非法资金的来源、性质以及用途，可能触犯帮助恐怖活动罪和洗钱罪，既危害国家和社会安全，又破坏了金融管理秩序，侵犯不同的直接客体，应当予以数罪并罚。（2）既是黑社会性质的组织者，又实施了包庇、纵容黑社会性质组织成员的行为，对行为人应该数罪并罚，即以包庇、纵容黑社会性质组织罪与组织、领导、参加黑社会性质组织罪并罚。在第 294 条第 4 款规定犯前三款罪又有其他犯罪行为的，依照数罪并罚的规定处罚。（3）在受贿罪的司法实践中，存在国家工作人员在斡旋受贿的过程中，不仅自己受贿，而且在请托人和直接经办的国家工作人员之间居间贿赂。由于该情形中两种犯罪行为没有牵连、吸收关系，因此，对行为人应当数罪并罚，即以受贿罪和介绍贿赂罪数罪并罚。此外，有的行为人在介绍贿赂的过程中，私自截取了贿赂物。有学者认为，此种情形中，介绍贿赂人是出于两个犯罪故意，即介绍贿赂故意和侵占故意，实施了两个行为，即介绍贿赂行为和侵占行为，触犯两个不同罪名，构成两个独立的犯罪，即介绍贿赂罪和侵占罪，对这种情况应实行数罪并罚。

---

① 西原春夫：《刑法总论》，成文堂 1978 年版，第 382 页。
② 参见陈家林：《外国刑法基础理论与研究动向》，华中科技大学出版社 2013 年版，第 304 页。

第五章 帮助型正犯的刑罚适用

　　刑事责任是基于实施犯罪行为而产生，而刑罚又是刑事责任的主要实现形式。在刑罚的正当理由之外，还应该考察对犯罪人科处什么样的刑罚才是合理的。刑罚适用对于刑法使命的完成具有决定性的意义，只有刑罚适用的科学性得以确保，才能体现刑法的目的性价值，从而为法治秩序的全面确立创造条件。[①] 量刑的公正就是刑罚的正当，因为"判断刑罚正义的核心在于刑罚的量是否公正"[②]。在刑事案例司法判决中，量刑是否公正、在同等情况下是否得到同等判决，是与定罪实体法运用的准确性、合理性有同样重要的地位。[③] 而狭义的刑罚适用，通常也称为量刑或者刑罚裁量，意在认定犯罪的基础上，决定对被告人是否判处刑罚、判处什么刑罚以及所判刑罚是否立即执行的活动。[④] 本书主要针对由于认识或者其他原因以至于所判刑罚与行为人的罪责是否相符合的问题，研究的立场囿于狭义的刑罚适用范围。首先从明确帮助型正犯刑罚适用的原则出发，围绕量刑情节的规范适用以及刑种的具体适用展开讨论，终其目的是实现其刑罚适用立场的理性回归。寻求定罪和量刑之间的平衡，既要改变重定性轻量刑、重犯罪论轻刑罚论、重打击轻改造的传统观念，又要注重刑罚适用的效果。

[①]　王利宾：《论刑罚适用的反思与重构》，《政治与法律》2010 年第 10 期。

[②]　臧冬斌：《量刑的合理性与量刑方法的科学性》，中国人民公安大学出版社 2008 年版，第 53 页。

[③]　参见王瑞君：《量刑情节的规范识别和适用研究》，知识产权出版社 2016 年版，第 6 页。

[④]　参见《马克昌文集》，武汉大学出版社 2012 年版，第 406 页。

第一节　帮助型正犯的刑罚适用原则

刑罚适用的原则受到刑罚适用的价值引导，刑罚适用的价值受到刑罚立法价值的决定和支配，二者在根本上是一致的，都昭示秩序、安全、正义等主旨。因此，刑罚适用的原则一方面受到刑罚立法价值和适用价值的指引，从帮助型正犯的罪名变动来看，集中在危害社会管理秩序罪一章，这在一定程度上反映了刑法对秩序价值的强调以及强化社会管理的需要。刑罚适用原则更重要的一面是要实实在在地作用于具体的个案中，也就是影响、指导法官个体对个案的刑罚适用。具体来看，其一，帮助型正犯刑罚适用的基础和前提是依照法律的规定，即便法律规定尚有不足，也不能突破法律的规定进行解释和适用。其二，罪刑均衡和刑罚个别化统一的原则表明，刑罚适用既要以犯罪行为的社会危害性为依据，同时又要考虑犯罪人的人身危险性。其三，全面评价原则是因个案情况复杂，同一案件不同被告人出现不同的量刑情节或者单一被告人案件出现多个量刑情节，均应对其进行评价，不应该有所遗漏。其四，效率与效益原则。从效益出发，既要求"刑罚能产生一种或者多种预防犯罪的效益，又要求刑罚成本与刑罚适用程度的最小化"[1]。而从刑罚效率出发，更要注重"充分、合理地运用司法资源，缩短诉讼周期，简化诉讼程序，充分实现刑罚伸张正义、预防犯罪之目的"[2]。

一、法定性原则

刑罚适用应该根源于法律的规定，量刑情节的认定、取舍不能由法官随意而为，必要时要有明确的法律依据或者得到法律的授权。也就是说，法官在适用刑罚时的裁量权是建立在法律规定的基础上的。法定性原则是罪刑法

---

[1]　蔡一军：《刑罚配置中经济性原则的考量与实现》，《广西社会科学》2010 年第 2 期。

[2]　邓修明：《论我国刑罚适用的价值取向》，《人民司法》2002 年第 8 期。

定原则在刑罚适用活动中的要求和体现，亦即合法性、合宪性原则。司法实践中，违法法定性原则适用刑罚的现象仍然是存在的，甚至有时是在司法者的动机是善意的、判决具有一定的合理性，但突破了法定性原则的判决仍然是合法性欠缺的判决。[1] 刑罚适用的法定性原则，既包括了严格依照实体法的刑罚适用和程序法的刑罚适用两个方面。实体法刑罚适用的重要表现是针对帮助型正犯具体个案的基本犯罪事实，从罪量要素的适用、量刑情节的适用以及基准刑的确定到宣告刑，都是按照刑法以及相关司法解释、司法解释性文件的规定执行的。法官的自由裁量权也只能在此法定范围内行使。程序法的刑罚适用则是依照程序法的相关规定进行的。以下的两个案例均是帮助型正犯个案审判有违法律规定的体现。

案例 1：被告人李某某向国家工作人员介绍贿赂，情节严重，行为已经构成介绍贿赂罪。案发后如实供述其犯罪事实，当庭自愿认罪、认罚，积极退赃，依法可酌情从轻处罚。根据被告人的犯罪事实、情节及悔罪情况，结合被告人居住地司法行政机关出具的社区影响评估意见书，对其可适用缓刑。最终判处被告人李某某犯介绍贿赂罪，判处有期徒刑一年、缓刑一年，并处罚金人民币 2 万元。检察院抗诉指出：李某某犯罪行为均发生在 2007年至 2014 年，属于 2015 年 11 月 1 日之前实施的犯罪，根据从旧兼从轻原则，对本案犯罪事实，量刑时应当适用修订前的规定，不应当对其判处罚金。二审法院经查明，认为李某某的介绍贿赂行为均发生在《刑法修正案（九）》实施之前，根据从旧兼从轻原则，应适用修正前的刑法，不应判处罚金。于是作出如下处理：撤销阜阳市颍州区人民法院（2017）皖 1202 刑初381 号刑事判决；原审被告人李某某犯介绍贿赂罪，判处有期徒刑一年，缓刑一年。[2] 在此案中，一审法院违反了刑法第 12 条有关溯及力的规定，犯罪行为发生在新刑法规定生效以前，判决生效却在新的刑法规定之后，新的刑法规定重于原有的规定。按照从旧兼从轻的原则，适用行为时的法律。同

---

[1] 袁登明：《刑罚适用疑难问题精解》，人民法院出版社 2012 年版，第 19 页。
[2] 安徽省阜阳市中级人民法院二审刑事判决书（2017），皖 12 刑终 601 号。

样是介绍贿赂的另外两个案例，法院依法适用刑法规定的从旧兼从轻原则。介绍贿赂的行为发生在 2010 年至 2012 年期间，2017 年检察院向法院起诉，一审法院判决被告人谢某某的行为已经构成介绍贿赂罪，判处有期徒刑九个月，缓刑一年。①2014 年 7 月在被告人李军峰的介绍下，李某某收受屈某的贿赂帮其丈夫开脱罪责，收受贿赂 81 万。为此，一审法院以介绍贿赂罪判处被告人李军峰有期徒刑八个月；违法所得人民币 51 万元依法予以追缴。

案例 2：黄革雄受贿适用法律错误一案中，被告人黄某某是受人请托向镇长林志高转达受贿款 2 万元，促成其他国家工作人员收受贿赂 10 万元。一审法院认为黄革雄在担任湄州镇联防队负责人协助镇政府工作期间，利用职务便利，为他人谋取利益，收受他人贿赂人民币 2 万元，其行为已构成受贿罪。判处被告人黄革雄犯受贿罪，有期徒刑六年，并处没收财产人民币 1 万元；继续向黄革雄追缴违法所得款人民币 2 万元，予以没收，上缴国库。二审法院经审理查明，原判认定的事实清楚，证据确凿，但适用法律不当，应该予以纠正。二审法院作出如下判决：维持福建省莆田市荔城区人民法院 (2011) 荔刑初字第 71 号刑事判决的第二项，即黄革雄违法所得的判决部分。撤销福建省莆田市荔城区人民法院 (2011) 荔刑初字第 71 号刑事判决的第一项，即对黄革雄的判决部分。最终判处上诉人黄革雄犯受贿罪，有期徒刑一年六个月；犯介绍贿赂罪，有期徒刑二年六个月；总和刑期四年，决定执行有期徒刑三年六个月。②该案件的一审法院对基本犯罪事实认定清楚，基本犯罪事实与刑法罪名的不对应，而所谓"法律适用不当"也就是对违反法律规定的纠正。

二、罪刑均衡与刑罚个别化的统一原则

刑罚如何适用是刑法学的重大理论问题，罪刑均衡原则和刑罚个别化原

---

① 参见西藏自治区隆子县人民法院一审刑事判决书（2017），藏 0529 刑初 2 号。
② 参见福建省莆田市中级人民法院二审刑事案件（2011），莆刑终字第 213 号。

则是历史上出现的两个截然相反的刑罚适用原则。即罪刑均衡原则是刑事古典学派的主张，他们认为刑罚必须与犯罪行为的社会危害性相均衡，因为犯罪是行为人基于独立自由意志实施的危害社会的行为，社会危害性是犯罪行为的本质特征。罪刑均衡原则主要包括三个特征：(1) 刑罚的轻重程度与社会危害性的均衡。(2) 刑罚轻重的尺度与刑罚对犯人造成的痛苦或者侵害相互均衡。(3) 不同性质的犯罪在刑罚实施上应该有所差别，考虑到个罪的特殊性，以采取不同的刑罚措施。罪刑均衡原则在 2013 年发布的《最高人民法院关于常见犯罪的量刑指导意见》第 3 项的规定中有所体现，对严重暴力犯罪、毒品犯罪等严重危害社会治安犯罪与对犯罪情节较轻的犯罪是有区别的。前者在确定从宽的幅度时，应当从严掌握，后者则应当充分体现从宽。刑罚个别化原则的产生是在 19 世纪末 20 世纪初犯罪现象高涨的时期，由刑事实证学派（新派）所主张。在他们看来，与刑罚相当的不是社会危害性，而应该是犯罪人的人身危险性。因为决定犯罪的是犯罪人的素质和所处的环境，犯罪行为仅仅是犯罪人人身危险性的外在表现。受当时形势的影响，刑罚的适用原则由罪刑均衡过渡到刑罚个别化。以此来看，两大刑罚适用原则的根本区别在于罪刑均衡强调的是犯罪行为是刑罚处罚的对象，而个别化原则重视刑罚处罚的对象为行为人本身的危险性。这一根源上的分歧才导致二者在刑罚适用问题上的产生的根据不同，罪刑均衡把犯罪行为在客观上造成的实际危害即行为的社会危害性作为刑罚处罚的依据，而刑罚个别化在裁量刑罚上坚持以行为人的反社会危险性程度作为根据和基本标准，刑罚必须与行为人的人身危险性相适应。

刑罚适用原则理论发展至今，通过大多数国家刑法的规定来看，"刑罚的适用始终以犯罪行为的社会危害性为依据，同时要考虑犯罪人的人身危险性"这已然成为主流的观点，即罪刑均衡与个别化的统一原则。《德国刑法典》(2002 年修订) 第 46 条规定对行为人有利和不利的情况都是法院在量刑时需要权衡的情况。对于行为而言，其所表露的思想、意图、违反义务的程度、行为的方式以及行为的结果；而就行为人来说，其行为动机、目的、履历、人身以及经济情况、行为后的态度（主要是指行为人为了补偿损害所作的措施）等，分别称为可以归结于行为的量刑事项和可以归结为行为人的量刑事项两种。《法国刑法典》总则第 111—1 条规定刑事犯罪依其严重程度，分为重罪、轻罪及违警罪；第 111—2 条法律规定重罪与轻罪，并确定对罪犯适用之刑罚。在第二章刑罚制度的第二节刑罚个人化方式中第 132—24 条规定法院在法律规定的限度内，依据犯罪情节及罪犯之人格，宣告刑罚并规定刑罚制度。根据《意大利刑法典》的规定，法官在适用刑罚时拥有一定的裁量权，可以根据具体情况在法律规定的刑种和量刑幅度内作出选择。法官在运用自己裁量权时主要应考虑的是"犯罪的严重程度"，犯罪的严重程度主要从第 132 条规定的下列因素中推出：（1）犯罪的性质、种类、手段、对象、时间、地点以及其他任何方式；（2）犯罪对被害人造成的损害或者危险的程度；（3）故意或者过失的程度。除此之外，"罗科法典"还要求法官在量刑时考虑犯罪人的"犯罪能力"，从《罗科法典草案说明报告》的解释来看，犯罪能力是指违反刑事法规的个人资质，可以从犯罪的动机和犯罪人的性格、刑事前科、犯罪人所处的个人生活、家庭生活以及社会环境的生活。[①]《俄罗斯联邦刑法典》第 60 条是有关处刑原则的一般规定，包括了犯罪的性质、社会危害性程度、犯罪人的身份，同时考虑加重和减轻刑罚的情节，而所处刑罚对改造判刑人的影响和对家庭生活条件的影响也必须予以充分的考量。[②] 该处刑原则可以说是量刑一般原则和个别化的结合。2008 年发布的《人民法院量刑指导意见》规定了有关量刑的指导原则，其中的内容主要围绕犯罪行为的社会危害程度、被告人的主观恶性及人身危险性对量刑的考量，目的是实现惩罚、预防犯罪，可以说是罪刑均衡与个别化统一原则的体现。

　　不论是罪刑均衡还是个别化原则都与公正性的要求相关。在社会的普遍观念中，公正的实质被理解为正确、真实、不偏私。在道德范畴中，公正的本质包括两个方面：平等和区别对待。首先，法院必须使用统一的尺度，即

---

① 参见《最新意大利刑法典》，黄风译，法律出版社 2007 年版，第 32 页。
② 参见 Л.В.伊诺加莫娃·海格:《俄罗斯联邦刑法总论》，黄芳、刘阳、冯坤译，中国人民大学出版社 2010 年版，第 205 页。

对同一性质的犯罪行为要适用相同的刑罚种类和相同的量刑标准。其次，法院必须考虑案件的所有具体情节，包括该犯罪行为的独有特点和犯罪人的个人情况，以便在最终结果上保证所适用的刑罚和案件的情节相当。在分则规定的帮助型正犯各罪中，部分正犯来源于正犯化的帮助型正犯，原本成立帮助犯，因法律的拟制成为正犯。首先，在刑罚设置上与原生的实行犯应该有所差异。其次，之所以被拟制为正犯，与其他行为成立的帮助犯不仅在刑罚设置上，适用上也应该保持一定的均衡性。最后，均衡性对正犯化的帮助型正犯应该要求控制在一定的比例内，因为法律拟制本身存有较大的不合理性。帮助型正犯各罪尽管被独立规定在分则的罪名中，不能在适用于总则有关从犯的从宽处罚情节，拟制为正犯，不论是刑罚配置或者是具体个案量刑的适用，也应该考虑到其与原正犯量刑之间的均衡性。对于罪质相同、情节相同刑事案件的量刑，因地因时不同而有一定差异是难以避免的。但是，理应避免轻重悬殊、差异过大，尽可能保持一致。公正具有多层次性，不仅包括实体和程序的公正，还包括"比较的公正"，即通过类似案件处理结果的相互比较来体现公正。

罪刑均衡和个别化统一原则适用的典型，体现在赵某某窃取、非法提供信用卡信息一案中。[①] 本案的基本案情如下：南京某职校学生赵某某，对网络技术有一定程度的热爱和钻研，在加入 QQ 群请教别人有关网络技术问题的过程中，结识了施某某和岳某某。2011 年的 4—5 月，仅一个月的时间，赵某某伙同施某某通过黑客技术从某购物网站上窃取信用卡信息，共计 6000 余条。二被告将所窃取的信息提供给岳某某，而岳某某和施某某二人又将该信息资料出售另一被告方某某，用于伪造信用卡，赵某从中获得非法利益 20000 余元。案外人持伪造的信用卡在上海消费被抓捕。同年 9 月，赵某某被公安机关抓获。经法院审理认为，被告人赵某某与施某某利用网络技术，从境外购物网站窃取信用卡信息非法提供给他人使用的行为，其数量巨

---

① 来源中国法院网，最高人民法院公布的典型案例，https://www.chinacourt.org/article/detail/2014/11/id/1490660.shtml［2014-11-24］。

大，应该按窃取、非法提供信用卡信息罪处罚。经查明，赵某某犯罪时未满十八周岁，应当依法减轻处罚；到案后能如实供述自己的罪行，依法应当从轻处罚；在审理时能自愿认罪，属于酌定从轻量刑情节；此外，该被告人在犯罪后有积极的悔罪表现，在观护帮教期间表现良好，可以对其宣告缓刑。据此，法院判处被告人赵某某构成窃取、非法提供信用卡信息罪，判处有期徒刑二年，缓刑二年，并处罚金人民币2万元；违法所得予以追缴。判决生效后，公检法司召开联席会议决定共同对该被告人探索进行该区第一例未成年人的轻罪封存，使得被告人能继续完成学业。同时，在联合有关网络安全技术部门，对其进行帮教。被告人在缓刑考验期间，利用自己在网络方面的知识，对发现的网络安全漏洞进行及时的报告和弥补。

此案中，罪刑均衡主要是基于被告人赵某某窃取、非法提供信用卡信息行为，并且数量巨大适用刑罚，确立基准刑。根据2009年两高《关于办理妨害信用卡管理刑事案件具体应用法律若干问题的解释》第3条规定窃取、收买、非法提供他人信用卡信息资料，足以伪造可进行交易的信用卡，或者足以使他人以信用卡持卡人名义进行交易，涉及信用卡5张以上的，应当认定为刑法第一百七十七条之一第一款规定的"数量巨大"，处三年以上十年以下有期徒刑，并处2万元以上20万元以下罚金。先考虑被告人为未成年人并且到案后如实供述，属于法定的减轻情节，应该在三年以下判处刑罚。审理过程中自愿认罪成为酌定的量刑情节，可以从轻处罚。最终，法院判处有期徒刑二年，缓刑二年，并处罚金人民币2万元。从法院宣告缓刑可以看出，被告人判处三年以下有期徒刑，未满十八周岁属于应当型的法定从轻量刑情节，其行为同时满足情节较轻、有悔罪表现、无再犯罪之危险以及对其宣告缓刑不会对居住社区造成重大不良影响。这些均是源自个别化处刑原则的考量，在判决以后，司法机关的帮教和支持，更是刑罚个别化原则的生动再现。

三、全面评价原则

全面评价原则是个案量刑具体运用的基本要求，对所有可能反映犯罪行为的社会危害性程度和人身危险性程度的主客观事实进行全面评价,不能出现遗漏和疏忽。具体案件的情况往往是较为复杂的,同时存在多个法定量刑情节、多个酌定量刑情节,全面评价除了要不能遗漏所有的量刑情节外,还应该在适用量刑情节时遵循一定的评价次序。而量刑情节的评价顺序规定在《量刑指导意见》中,以便在适用的过程中能准确而合理的运用。

基本案情的介绍:1991年6月,被告人李全与其姘妇冯琼(在逃)等人,共谋组织妇女卖淫。同年9月至1993年8月,先后单独或共同在三台县诱骗、邀约、组织妇女到广东省增城县新塘、石湾等镇的酒店、旅馆、发廊卖淫。先后有30余人参加,引诱、邀约、容留80余人卖淫,间接造成1人死亡。其中,被告人李全、段凤英各诱骗、邀约、容留8名妇女组织卖淫;谢方英参与卖淫并诱骗组织11名妇女卖淫;宋建琼诱骗、招募、引诱7名妇女组织卖淫;魏明华容留、引诱6名妇女组织卖淫;魏桐引诱、容留5名妇女组织卖淫;谢锐(累犯)、文春红、胡晓华(犯罪时未满18周岁)各诱骗、邀约4名妇女组织卖淫;杜金莲先协助李全、冯琼引诱2名妇女,后又单独引诱3名妇女组织卖淫;唐选琼引诱3名妇女组织卖淫;景丽伙同他人邀约2名妇女组织卖淫;杨继伟单独和协助段凤英引诱5名妇女参与卖淫;吉家明引诱、安排4名妇女交由谢方英组织卖淫;邹遂贤先后在新塘镇、石湾镇租房和联系场所提供4名妇女卖淫;周小红、谢琼英各引诱2名妇女参与卖淫;魏光荣(不满18岁、事后立功)协助、伙同他人引诱3名妇女参与卖淫;陈真强引诱1名妇女参与卖淫;吴小红协助唐选琼组织卖淫;黄小蓉伙同多名妇女多次共同卖淫;张泽胜随同谢方英和被骗妇女同去参与卖淫。[①]

此案件的基本犯罪事实异常复杂,涉及共犯、累犯、未成年人犯罪、立功、自首、部分被告认罪态度较好的情节、间接致人死亡的情节、严重暴力殴打卖淫女的情节等。全面评价该案,不能有所遗漏。(1)根据2017年发布的《最高人民法院、最高人民检察院关于办理组织、强迫、引诱、容留、介绍卖淫刑事案件适用法律若干问题的解释》(以下简称《解释》)第2条规

---

① 四川省高级人民法院二审刑事裁定书(1995),刑终字第640号。

定，组织他人卖淫，造成被组织卖淫的人自残、自杀或者其他严重后果的；卖淫人员累计达十人以上的；属于"情节严重"的情形。被告人李某和谢某某的组织卖淫达到"情节严重"，基准刑的确立应该在法定刑"十年以上有期徒刑、无期徒刑，并处罚金或者没收财产"的范围内。《解释》第10条组织、强迫、引诱、容留、介绍他人卖淫的次数，作为酌定情节在量刑时考虑，被告人李某和谢某某多次组织卖淫，酌定从重情节。(2) 宋某某、魏某、谢锐、文某某、唐选琼、胡晓华诱骗、引诱、邀约、招募、容留、控制多名妇女卖淫，均已构成组织他人卖淫罪，且谢锐系累犯，应当从重处罚。胡晓华犯罪时不满18岁，且认罪态度好，应当从轻或者减轻处罚。(3) 杜金莲引诱多名妇女控制卖淫，又协助他人引诱多名妇女卖淫，分别构成组织他人卖淫罪和引诱他人卖淫罪，数罪并罚。(4) 杨继伟、吉家明、周小红、谢琼英、魏光荣、陈真强引诱、邀约、容留多名妇女卖淫，均已构成引诱他人卖淫罪。被告人魏某某犯罪时未满18岁，是应当从轻或者减轻的法定量刑情节，该被告人犯罪后又有立功表现，属于可以从轻或者减轻处罚的法定量刑情节。(5) 景丽邀约多名妇女卖淫，邹遂贤为多人提供和安排卖淫场所，均已构成容留他人卖淫罪。景丽有残酷殴打致伤卖淫女的情节，应从重处罚。在《解释》第9条规定引诱、容留、介绍他人卖淫，具有其他情节严重的情形，应当认定为刑法第三百五十九条第一款规定的"情节严重"，法定刑在五年以上有期徒刑，并处罚金。(6) 吴小红协助他人控制多名妇女卖淫，已构成协助组织他人卖淫罪，但属情节轻微。黄小蓉多次与他人共同合伙卖淫，其行为虽属违法，但不构成犯罪。张泽胜经查无犯罪行为。

全面评价原则，除了在共同犯罪案件中对不同的被告人的犯罪情节进行全面的评价外，同一被告人在一个案件中，同时出现多个量刑情节，如何适用的问题。域外国家直接在刑法条文中规定了量刑情节适用的规则，典型的有法国，常见于适用于自然人之刑罚或者适用于法人之刑罚的刑罚之适用方式的规定中。2017年由最高人民法院发布的《关于常见犯罪的量刑指导意见》中也规定了，量刑情节不止一个时，只出现单一的从轻或者从重就采用同向相加的方法，而从重和从轻同时出现的以逆向相减的方法确定量刑情节对基准刑的调节比例。当其他量刑情节与老年人犯罪、未成年人犯罪、又聋又哑的人或者盲人犯罪、限制行为能力的精神病人犯罪、防卫过当、避险过当、犯罪预备、犯罪未遂、犯罪中止，从犯、胁从犯和教唆犯等量刑情节同时出现，优先适用后者进行基准刑的调节，再以此适用前者。一个被告人犯数罪，又具有适用于各个个罪的立功、累犯等量刑情节的，先适用此量刑情节，经基准刑的调节后确定各个个罪应判决的刑罚，再依法实行数罪并罚。以此细化的方法、位阶是全面评价原则之体现。

四、效率和效益原则

从效率和效益原则出发审视帮助型正犯的刑罚适用，理应从两个方面入手：其一，"以最小成本（资源投入成本和社会代价成本）产生最大化的收益（一般预防和特殊预防）"[①]。如此看来，仍然是强调实体法本身的效益。在治理犯罪的过程中，刑罚是最为主要的且最为重要的法律手段，刑罚是否适当、科学，将会产生不一样的社会效果。恰当的刑罚将会在打击犯罪、伸张社会正义、抚慰被害人、教育被告人等方面产生积极的意义；反之，则可能导致不能做到罚当其罪，被告人及其亲属不能心悦诚服，社会公众认为失之公正，进而影响社会安宁，社会效果可谓低下。其二，程序性正义的彰显以及恢复性司法的合理适用，既有程序效率的体现，也有恢复性司法产生的效率与效益之维。总的来说，刑罚适用是否遵循重罪重罚、轻罪轻罚的规则，应该具体化为双重基准的立足，即"犯罪事实和犯罪人两方面因素都影响量刑"[②]。从效益出发，既要求"刑罚能产生一种或者多种预防犯罪的效益，又要求刑罚成本与刑罚适用程度的最小化"[③]。而从刑罚效率出发，更多的是要注重"充分、合理地运用司法资源，缩短诉讼周期，简化诉讼程序，充分

---

① 参见敦宁：《自由刑的效益之维》，《甘肃政法学院学报》2014 年第 6 期。

② 夏勇：《关于量刑根据的反思》，《法治研究》2012 年第 4 期。

③ 蔡一军：《刑罚配置中经济性原则的考量与实现》，《广西社会科学》2010 年第 2 期。

实现刑罚伸张正义、预防犯罪之目的"①。因此，刑事司法人员应当树立刑罚经济观念，明确使用刑罚需要付出巨大的成本，必须摒弃重刑主义，却又不是无条件地接受轻刑主义。

效益作为经济学的一个专业术语，被用于刑罚问题的研究，是源于法理学对法律效益的挖掘，与刑罚经济性的探讨高度一致。刑罚的经济性实质也是成本—收益的关系问题，如何付出刑罚最小的成本获得最大的收益。有问题的是何为刑罚的成本？何为刑罚的收益？而刑罚的收益主要围绕的是惩罚犯罪或者预防犯罪，抑或二者兼有的问题展开探讨。追溯刑罚经济性的早期研究发现，边沁对刑罚的节俭性非常重视，也就是刑罚成本的基本问题，刑罚的严厉程度超过了其目标则不仅为过分的恶，更是会制造大量公正目标得以实现的障碍。②而刑罚效益为何？理论上主要形成三种观点：其一，从刑罚适用的结果与目的之间的契合度入手，认为刑罚适用产生的结果与刑罚目的契合度越高，其效益就越高，反之也成立。其中，刑罚目的是立法者对刑罚产生效果的预设。其二，国家启动刑罚使得犯罪受到应有惩罚以及威慑社会大众不去实施犯罪或者不再实施犯罪，而这一动用刑罚获取其效果的过程主要包括刑罚的制定、刑罚的强制力和刑罚的实际适用执行三个方面的内容。③其三，刑罚设置及其运行是否产生预防、惩罚以及改造犯罪的实效。④以上围绕刑罚效益的三种观点均有瑕疵，第一种观点把刑罚目的与立法者的目的相互混同，效益更多体现的投入与产出的关系，用刑罚的目的来衡量刑罚实际运行的效果有失妥当。第二种观点只关注了刑罚运行产生的惩罚效果，较少考虑其预防或者社会防卫的效果，这是不全面的。第三种观点认识到了效果既有惩罚也有预防是正确的，尤其是预防犯罪是最为重要的实效。然其片面性是只关注了刑罚设置的运行成本，没有计入动用刑罚自身

---

① 邓修明：《论我国刑罚适用的价值取向》，《人民司法》2002年第8期。

② 参见边沁：《立法理论：刑罚学原理》，孙力等译，中国人民公安大学出版社1993年版，第150页。

③ 参见陈正云：《刑法的经济分析》，中国法制出版社1997年版，第278页。

④ 参见姜忠：《论刑罚效益的实现途径》，《法学论坛》2008年第2期。

的成本。因此，更为妥当的刑罚效益应该是后两种观点的结合，即刑罚的惩罚和预防的双重效益。

第二节　帮助型正犯的“量刑情节”之规范适用

"情节分为定罪情节和量刑情节，基本情节或者加重、减轻情节属于定罪情节，作为罪与非罪的界限，而量刑情节则区分为法定量刑情节和酌定量刑情节，是划分重罪与轻罪的情节。"[1]法定量刑情节指的是刑法、刑法司法解释明文规定的量刑情节，而酌定量刑情节的定义至今未能形成统一的共识，根据《量刑指导意见》列举的酌定量刑情节，可以认为"其是指除去法定的量刑情节以及符合犯罪构成的情节之外，由法官在量刑时通过自由裁量进行认定和适用并对量刑结果可能产生影响的各种情节"[2]。量刑情节是量刑的核心问题，在量刑理论体系中占有重要地位。理论看来，量刑情节可以决定宣告刑、变更法定刑，甚至是突破法定刑、决定免予刑罚。[3]因此，量刑情节及其适用的规范是否适当，直接影响量刑机制的科学性和公正性。在有关量刑情节是什么的问题上，出现多种定义。总体来看，主要从量刑适用的主体、功能以及判断的标准几个方面对其进行界定。也就是指由法律规定的或者可以从法律推断出来的、定罪情节之外的、与案件事实密切相关的、表明行为社会危害性程度或者行为人人身危险性程度的、人民法院对犯罪分子量刑时据以决定刑罚从重、从轻、减轻或者免除的各种事实情况。[4]按照帮助行为的原本逻辑应该作为帮助犯的客观成立条件，它是法定量刑情节、从宽情节、应当型量刑情节以及总则性量刑情节。而对于已经脱离帮助犯的禁

---

[1]　陈兴良:《作为犯罪构成要件的罪量要素:立足于中国刑法的检讨》,《环球法律评论》2003 年第 3 期。

[2]　卢建平、朱贺:《酌定量刑情节法定化的路径选择及评析:以我国〈刑法〉第 383 条第3 款为例》,《政治与法律》2016 年第 3 期。

[3]　蒋明:《量刑情节研究》,中国方正出版社 2004 年版,第 26—28 页。

[4]　皮勇、王刚、刘胜超:《量刑原论》,武汉大学出版社 2014 年版,第 443 页。

锢被独立规定于分则中的帮助型正犯各罪而言，已然不能适用有关帮助犯的量刑情节。所以说，帮助型正犯的量刑情节已具备一定的特征。

一、帮助型正犯的法定量刑情节之具体适用

帮助型正犯的法定量刑情节之具体适用包括总则性法定量刑情节的适用和分则性法定量刑情节的适用两个方面。总则性法定量刑情节是由总则条文明确规定，对分则各罪可适用的量刑情节，当然可以适用于帮助型正犯的各罪。而分则性法定量刑情节就是规定在刑法分则中，仅对该条所规定的犯罪适用的量刑情节。[1] 帮助型正犯的法定量刑情节之适用，既要关注总则性法定量刑情节之适用，也要重视分则各罪中法定量刑情节适用的问题。

根据现行刑法的规定，总则性法定量刑情节共计 16 个，分布在 15 个总则条文中，主要有：（1）第 10 条已在外国受过刑罚处罚的，可以免除或者减轻处罚。（2）第 17 条已满十四周岁不满十八周岁的人犯罪，应当从轻或者减轻处罚。（3）第 17 条之一已满七十五周岁的人故意犯罪的，可以从轻或者减轻处罚；过失犯罪的，应当从轻或者减轻处罚。（4）第 18 条第 3 款尚未完全丧失辨认或者控制自己行为能力的精神病人犯罪的，应当负刑事责任，但是可以从轻或者减轻处罚。（5）第 19 条又聋又哑的人或者盲人犯罪，可以从轻、减轻或者免除处罚。（6）第 20 条防卫过当，应当减轻或者免除处罚。第 21 条避险过当，应当减轻或者免除处罚。（7）第 22 条预备犯，可以比照既遂犯从轻、减轻处罚或者免除处罚。（8）第 23 条未遂犯，可以比照既遂犯从轻或者减轻处罚。（9）第 24 条中止犯，没有造成损害的，应当免除处罚；造成损害的，应当减轻处罚。（10）第 27 条从犯，应当从轻、减轻处罚或者免除处罚。（11）第 28 条胁从犯应当按照他的犯罪情节减轻处罚或者免除处罚。（12）第 29 条教唆不满十八周岁的人犯罪的，应当从重处罚。教唆未遂的，可以从轻或者减轻处罚。（13）第 65 条累犯，应当从重处罚。

---

[1]　敦宁：《量刑情节适用的理论与实践》，中国人民公安大学出版社 2012 年版，第 4 页。

(14) 第 67 条自首，可以从轻或者减轻处罚。其中，犯罪较轻的，可以免除处罚。(15) 第 68 条立功，可以从轻或者减轻处罚；有重大立功表现的，可以减轻或者免除处罚。于分则的所有各罪而言，均有适用总则性法定量刑情节的可能，最终根据案件事实来决定是否适用。

在分则规定的帮助型正犯各罪中，分别是：(1) 第 177 条之一第 3 款非法提供信用卡信息罪，银行或者其他金融机构的工作人员利用职务上的便利，犯第二款罪的，从重处罚。(2) 第 307 条第 2 款司法工作人员犯帮助毁灭、伪造证据罪的，从重处罚。(3) 第 349 条第 2 款缉毒人员或者其他国家机关工作人员掩护、包庇走私、贩卖、运输、制造毒品的犯罪分子的，依照前款的规定从重处罚。(4) 第 392 条第 2 款在被追诉前，介绍贿赂人主动交代介绍贿赂行为的，可以减轻处罚或者免除处罚。司法解释性文件规定的帮助型正犯法定量刑情节，主要是 2013 年两高、公安部、司法部《印发〈关于依法惩治性侵害未成年人犯罪的意见〉的通知》对介绍、帮助他人奸淫幼女、威胁儿童的行为，直接以强奸罪、猥亵儿童罪的共犯处罚。组织、强迫、引诱、容留、介绍未成年人卖淫的行为构成犯罪，应当从重处罚。对未成年人规定了一些特殊的保护，例如，以下三类人实施了前述的行为，更要依法从严处罚。

综上来看，帮助型正犯各罪在分则中规定的法定量刑情节较总则规定的法定量刑情节是很少的，只规定在包括了非法提供信用卡信息罪、帮助毁灭、伪造证据罪、包庇毒品犯罪分子罪以及介绍贿赂罪的四个犯罪中。以法定从重量刑情节为主，从轻的量刑情节只发生在介绍贿赂犯罪中。反观审判实践可知，酌定量刑情节的适用比法定量刑情节更为广泛，尤其在从轻处理的情形下。最为常见的当属于，判决中出现的"认罪态度较好，可酌情予以从轻处罚"、"悔罪态度较好，可酌情予以从轻处罚"、"案发后积极退赃，可以酌情予以从轻处罚"等。在一个帮助型正犯各罪的案例中，也可能同时出现法定量刑情节和酌定量刑情节的情形。例如，重庆市合川区人民法院审理的帅某介绍贿赂案，经审理认为：被告人帅川向国家机关工作人员介绍贿赂 11 万元，情节严重，其行为构成介绍贿赂罪，依法应在三年以下有期徒刑或者拘役幅度内处以刑罚。被告人帅川主动到案，如实供述其介绍贿赂的犯罪事实，系自首，依法可对其介绍贿赂罪减轻处罚。被告人积极退赃，可酌情对其从轻处罚。[①] 又如，陈冠雄帮助信息网络一案，法院认为，被告人陈某某明知他人利用信息网络实施犯罪，仍然提供技术支持，情节严重，其行为已构成帮助信息网络犯罪活动罪。公诉机关指控成立，本院予以支持。被告人归案后能如实供述自己的犯罪事实，系坦白，依法可以从轻处罚。被告人陈某某取得了被害人的谅解，可酌情从轻罚。[②]

二、帮助型正犯的酌定量刑情节之具体适用

酌定量刑情节缺乏法律的明确性规定，这一点正好与法定的量刑情节相反，其总体表现出酌定从重、酌定从轻和酌定减轻三种形式，而法定量刑情节则包括了应当型的从重、从轻、减轻或者免除处罚以及可以型的从重、从轻、减轻或者免除处罚。以此看出，酌定量刑情节不是应当型的从重、从轻、减轻之处罚情节，也不是免除的应当型和可以型之处罚情节。在 2017 年发布的《最高人民法院关于实施修订后的〈关于常见犯罪的量刑指导意见〉的通知》中，仍旧采用了列举的方式说明酌定情节的范围。早前围绕酌定量刑情节展开的讨论主要集中于主观酌定量刑情节、客观酌定量刑情节以及自然的酌定量刑情节等类型，具有一定的理论价值和实践意义。现阶段获得较多赞同的观点是，根据犯罪前后及其过程的阶段划分，主要区分为罪前、罪中以及罪后三种酌定量刑情节。[③] 另有学者根据刑法理论和《量刑指导意见》所列举的具体酌定量刑情节各自纳入罪前、罪中、罪后的酌定量刑情节，即将被告人一贯的表现、初犯、偶犯、前科劣迹看作罪前的酌定量刑情节；罪中酌定量刑情节包括重大自然灾害期间、特殊犯罪方法和手段、特

[①]　参见重庆市合川区（市）人民法院一审刑事判决书（2012），合法刑初字第 606 号。

[②]　浙江省浦江县人民法院一审刑事案件（2016），浙 0726 刑初 968 号。

[③]　卢建平、朱贺：《酌定量刑情节法定化的路径选择及评析：以我国〈刑法〉第 383 条第 3 款为例》，《政治与法律》2016 年第 3 期。

别危害后果、针对弱势人员的犯罪、亲属间犯罪以及被害人过错；罪后酌定量刑情节有事后减少犯罪损失、当庭自愿认罪、退赃、退赔、赔偿被害人经济损失以及被害人的谅解。① 下文就围绕着酌定量情节所处的阶段，对其在帮助型正犯各罪的司法适用中进行探讨。

（一）罪前酌定量刑情节在帮助型正犯各罪的司法适用

罪前酌定量刑情节关注的通常是被告人罪前的一贯表现、是否系初犯、偶犯、是否有前科等。通过对案例的检阅发现，适用于帮助型正犯各罪的司法实践，通过对相关案件的审判来体现。案例一：在法院审判张某非法提供答案一案中，二审期间公安机关出具情况说明，证实其提供线索并协助公安机关抓获李某某，再次立功。其认罪悔罪且系初犯，请求对其从轻处罚。法院也认为，上诉人张某向他人非法提供法律规定的国家考试试题答案，已构成非法提供答案罪，依法应予惩处。关于上诉人张某所提的其具有法定从轻及酌定从轻的量刑情节，应当对其从轻处罚的上诉理由。② 案例二：在刘篾芳等介绍卖淫案中，法院审理后认为，该案中的八名被告人均可以认定为介绍卖淫罪，其行为符合介绍卖淫罪的犯罪事实，其中，被告人刘某某、杜某某、叶某、徐某、刘某介绍他人卖淫的次数较多，且有介绍未成年人卖淫的行为，属于情节严重。被告人杜某某还有介绍卖淫的犯罪前科，要酌情从重处罚，而刘某某、杜某某、叶某、徐某某等人的自愿认罪，系酌定从轻处罚之情节。③

案例一很显然二审法院有关酌定量刑情节的是罪前的"初犯"和罪后的"悔罪"相互结合。然而，应当减轻的结论只能认为是"立功"这一法定量刑情节所产生，并不是酌定量刑情节的效果，而酌定量刑情节产生的结果并不鲜见。案例二意在说明对共同犯罪案件中，酌定量刑情节适用的个别化问

---

① 参见许美：《酌定量刑情节规范适用研究》，华东政法大学学位论文，2014 年。

② 参见辽宁省锦州市中级人民法院二审刑事判决（2018），辽 07 刑终 23 号。

③ 来源于中国法院网：最高人民法院发布的典型案例，https://www.chinacourt.org/article/detail/2015/05/id/1637979.shtml.〔2018-07-09〕。

题，同案犯之间可以适用各自的酌定量刑情节，这一点应该是没有争议的，并且从重和从轻的酌定量刑情节在同一案件、同一被告人的适用并不冲突。有问题的是法院裁定有酌定量刑情节的从轻、从重并没有量化的标准，并不能直接体现。

（二）罪中酌定量刑情节在帮助型正犯各罪的司法适用

罪中酌定量刑情节主要是发生在犯罪过程中的一些人为或者自然因素，作为酌定量刑情节进行考量，比如特殊的犯罪方法和手段、极为特殊的危害后果、被害人过错以及针对弱势人群的犯罪，也包括了部分犯罪中比较常见于亲属间的犯罪等。因自然原因形成的罪中酌定量刑情节主要是犯罪发生在重大自然灾害期间。罪中酌定量刑情节在帮助型正犯各罪的审判实践，可以从重、可以从轻的情形都会出现。自然灾害期间的刑事判决只能产生的是从重的效果，检索发现大多是在盗窃案的判决中。犯罪手段的出现在刑事判决中，常见于侵害人身权利的案件。与此相同的是，针对弱势人群的犯罪，最常发生在财产犯罪案件的审理中。罪中酌定量刑情节在帮助型正犯各罪的审判实践中，帮助隐匿或者妨害司法领域的帮助逃避等案件存在亲属间犯罪这样的酌定量刑情节。案例一：利慧青等租赁娱乐场所容留多人吸毒案，2016年1月，被告人利某某、蔡某某等人在广东省东莞市长安镇的某KTV租赁包房两间，专用于容留他人吸食毒品，另有被告邬某某等人负责包房的收费、记账等工作。吸毒人陈某某于2016年的2月29日18时到该包房内吸食氯胺酮（俗称"K粉"），次日19时公安机关到该包房当场抓获利某某、蔡某某以及吴某某等数十人，并当场缴获氯胺酮0.58克。至案发时，上述2间包房营业约15天，收入约8万元。法院认为，三被告人容留他人吸毒的行为均已构成容留他人吸毒罪。利用娱乐场所容留他人吸毒，且人数众多，属于从重处罚的酌定量刑情节。① 案例二：孙某某窝藏案的审理法院认为，

---

① 　源于中国法院网：最高人民法院公布的典型案例，https://www.chinacourt.org/article/detail/2017/06/id/2898739. shtm〔2018-07-09〕。

被告人孙某某明知是犯罪的人而为其提供财务，帮助其逃匿，其行为符合窝藏罪的构成要件，构成窝藏罪。鉴于被告人孙某某系初犯，且本案系近亲属间的包庇行为，可酌情对其从轻处罚。[①] 亲属间的关系显然成为该案酌定从轻的量刑情节。

（三）罪后酌定量刑情节在帮助型正犯各罪的司法适用

罪后酌定量刑情节，顾名思义就是在犯罪完成后出现了部分酌定的量刑情节，最为常见的有当庭自愿认罪、减少犯罪损失、积极退赃、退赔、赔偿被害人经济损失以及被害人的谅解等。通过审判实践的情况来看，罪后酌定量刑情节在帮助型正犯各罪中适用的频率最高。而在同一个案件中，几种罪后的酌定量刑情节既可以是独立适用，也可以同时适用。例如，案例一：胡朵等妨害公务、窝藏一案，因被告人积极赔偿经济损失，予以酌定从轻量刑。被告人胡某、秦某、陈某某、成某、杭某某、成某某以暴力方法阻碍国家机关工作人员依法执行公务，其行为均已构成妨害公务罪。被告人胡某某明知是犯罪的人而为其提供隐藏处所，帮助其逃匿，其行为已构成窝藏罪。事后几位被告人积极赔偿受损车辆的损失，酌情对其从轻处罚。[②] 案例二：在汤某某、刘某某等提供侵入、非法控制计算机信息系统程序、工具案件中，被告人汤某某、刘某某、万某、陆某某提供了专门用于侵入、非法控制计算机信息系统的程序、工具给他人，被告人汤某某、刘某某情节特别严重，被告人万某、陆某某的行为属于情节严重，可以认定构成提供侵入、非法控制计算机信息系统的程序、工具罪，并应该依法均应予惩处。四被告人到案后如实供述自己的犯罪事实，依法可以从轻处罚，并且自愿认罪、积极退赃，其中，被告人刘某某在共同犯罪中作用相对较小、被告人汤某某、陆某某主动与游戏经营者协商解决外挂纠纷，并取得谅解，均可酌情从轻处罚。[③] 案例三：在谢文忠介绍贿赂一案中，一审法院认为被告人谢某某的

---

① 参见山东省潍坊高新技术产业开发区人民法院一审刑事判决书（2017），鲁 0791 刑初 10 号。
② 参见安徽省蚌埠市龙子湖区人民法院一审刑事判决书（2017），皖 0302 刑初 372 号。
③ 江苏省泰州市姜堰区人民法院（原江苏省姜堰市人民法院）（2018），苏 1204 刑初 2 号。

行为已经构成介绍贿赂罪，鉴于案发后认罪态度较好，主动退回自己收受的 2.7 万元，且系初犯，故本院决定对其量刑时酌情从轻考虑。[1] 案例四：原审被告人刘某甲在明知是赃物的情况下，还先后 5 次为上诉人谭某某运输盗得的赃物牛 10 头、羊 5 只，共价值 78200 元，非法获利 8100 元；原审被告人蒋某甲、王某甲、程某某在明知是赃物的情况下，以明显低于市场价收购上诉人谭某某的盗窃所得，其行为均已构成掩饰、隐瞒犯罪所得罪，亦应依法惩处。原审被告人蒋某甲、王某甲、程某某在案发后，坦白认罪，积极退赔被害人的经济损失，有悔罪表现，可酌情从轻处罚。

上述的帮助型正犯各罪的审判案件中，事后被告人积极赔偿被害人的经济损失、自愿认罪、积极退赃、取得被害人谅解、悔罪表现等罪后酌定量刑情节既有单一适用的情形，也有同时适用的情形，并且同时适用却未必就囿于罪后酌定量刑情节之间，还有罪前酌定量刑情节、罪中酌定量刑情节和罪后量刑情节的并存适用现象。

不论酌定量刑情节处在罪前、罪中或者罪后的阶段，均可以同时适用于同一个帮助型正犯各罪的审判实践中。然而，值得注意的是酌定量刑情节的适用具有不确定性，这也是部分学者提出酌定量刑情节法定化的必要性所在。并且另有学者认为《中华人民共和国刑法修正案（九）》新增第 383 条第 3 款将酌定量刑情节法定化的尝试，主张应在刑法总则中实现酌定量刑情节的法定化，对法定量刑情节进行分层处理，对量刑有影响的因素予以充分的考量，同时借以司法解释的规定和量刑指导意见规范酌定量刑情节在具体个案中的适用。[2] 在秦某帮助犯罪分子逃避处罚案件中，法院经审理认为，被告人秦某系有查禁犯罪活动的职责，其利用职务上的便利向犯罪分子亲属泄露案情、通风报信的行为属于帮助犯罪分则逃避处罚的基本犯罪构成事实，其行为构成帮助犯罪分子逃避处罚罪。被告人秦某在归案后能如实供述罪行，并能当庭自愿认罪，悔罪态度较好，被告人秦某受贿数额不大，违

---

[1]　参见西藏自治区隆子县人民法院一审刑事判决书（2017），藏 0529 刑初 2 号。

[2]　卢建平、朱贺：《酌定量刑情节法定化的路径选择及评析：以我国〈刑法〉第 383 条第 3 款为例》，《政治与法律》2016 年第 3 期。

法所得也已全部退交，且没有犯罪前科，平时工作表现良好的辩护意见，法院予以采纳。在此案中，平时工作良好就是行为人一贯的表现，与无犯罪前科同时出现理应作为酌定从轻或者减轻的量刑情节。然而，本案的审理结论并不明确地认为是酌定量刑情节，因为判决中法院只是对此辩护意见予以采纳，没有明确可以酌定从轻或者减轻。也就是说，酌定量刑情节的事实未必在个案中就一定得以认可，这在一定程度上也反映了酌定量刑情节适用的不确定性。与之相反表现在《德国刑法典》第 330 条 b 规定的积极的悔过（1）法院可以在第 325 条 a 第 2 款、第 326 条第 1 款至第 3 款和第 4 款的情形中根据其酌量轻处罚（第 49 条第 2 款）或者根据这一规定免除刑罚，如果行为人在显著的损害产生之前，自愿防止该危险或者消除由他人所造成的状态。此外，在该法第 46 条 a 规定的行为人与被害人和解、损害补偿和第 49条特别的法律轻处根据将酌定从轻、减轻的量刑情节规定做了详尽的规定。

三、量刑情节调节基准刑之适用

量刑情节的适用以基准刑之确立为前提和基础，因为"情节的适用，其前提是基准刑的确定，因为只有确定了基准，才可能反复处断，最终决定宣告刑"[①]。基准刑虽针对具体罪行分别确定，但不是按照法定刑的中点抽象、简单地确定，却必须以法定刑为必要。这无疑就在法定刑、基准刑、量刑情节和宣告刑之间建立了联系，以此先后的逻辑顺序展开讨论，重点在于适用量刑情节前的基准刑确立和之后的宣告刑。除了帮助型正犯各罪的基准刑因单独适用从重、从轻、减轻的量刑情节对宣告刑的影响外，还包括了量刑情节竞合时的适用问题。"基准刑是法官在审理具体案件的过程中最先确定下来的刑点，它的确定依据是刑法的标准，就是分则规范中的罪量标准和刑量标准"[②]。

---

① 林维：《论量刑情节的适用和基准刑的确定》，《法学家》2010 年第 2 期。
② 王敏：《标准：基准刑确定的根据》，《政治与法律》2010 年第 3 期。

其一，帮助型正犯各罪的法定刑之概览。基准刑的确立以法定刑的存在为前提，量刑情节的适用又以基准刑的确立为基础。因此，对帮助型正犯各罪的法定刑梳理是必要的。总体来说，帮助型正犯各罪的法定刑设置，表现出与其他类型犯罪的共性和个性。刑种的设置上自由刑占据绝对主导性地位，所有罪名均无一例外地配置了自由刑。具体来说，主要呈现出以下的特征和规律：(1) 衔接式和交叉式并存的法定刑。针对具体个罪的多个罪刑位阶之间究竟采用衔接式还是采用交叉式的规定，前者称为衔接式法定刑，后者则为交叉并存式法定刑。[①] 不论是衔接式抑或是交叉式，都有各自的优势和局限性，例如，衔接式法定刑更符合罪刑法定的要求，它在一定程度上严格限制了法官的自由裁量权，反之则为交叉并存式法定刑的优缺点。在帮助型正犯各罪中，区分为衔接式主刑和交叉式附加刑结合的入罪化帮助型正犯，以及交叉式主刑和交叉式附加刑相加的正犯化帮助型正犯两种情形（图5—1）。(2) 入罪化的帮助型正犯的三级法定刑幅度分别为：第一级法定刑幅度是 3 年以下有期徒刑 15 个 /5 年以下有期徒刑 4 个；第二级法定刑幅度是 3—7 年有期徒刑 5 个 /3—10 年有期徒刑 5 个 /5 年以上 4 个 /5—10 年 1 个；第三级法定刑幅度是 10 年以上有期徒刑、无期徒刑 1 个。正犯化的帮助型正犯三级分布则为：第一法定刑幅度是 3 年以下有期徒刑 5 个 /5 年以下 3 个 /5—10 年 1 个；第二法定刑幅度是 3—7 年 3 个 /3—10 年 1 个 /5 年以上 2 个 /5—10 年 1 个；第三法定刑幅度是 7 年以上 1 个。纵向上，它们的法定刑幅度都是三级。横向上，除了第二级法定刑幅度种类相同外，其他均是有差别的。(3) 财产刑设置和非财产刑设置各自占有一定的比例（表5—1）。

---

① 参见于阳：《准确理解法定刑幅度的"交叉式"》，《中国社会科学报》2014 年 8 月 20 日。

入罪化的帮助型正犯之法定刑模式

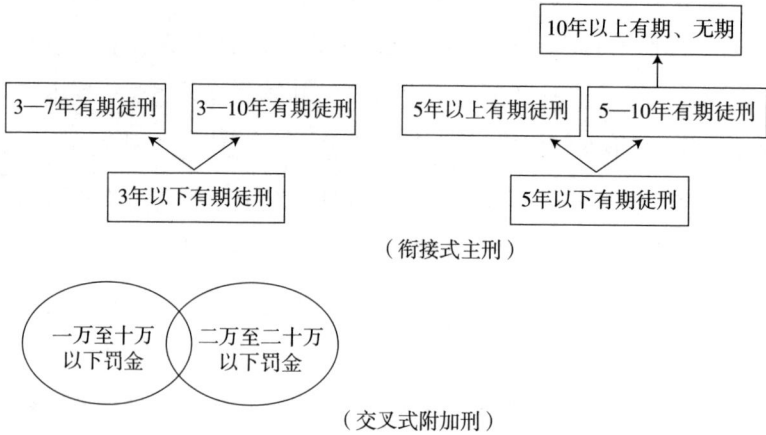

（衔接式主刑）

（交叉式附加刑）

正犯化的帮助型正犯之法定刑模式

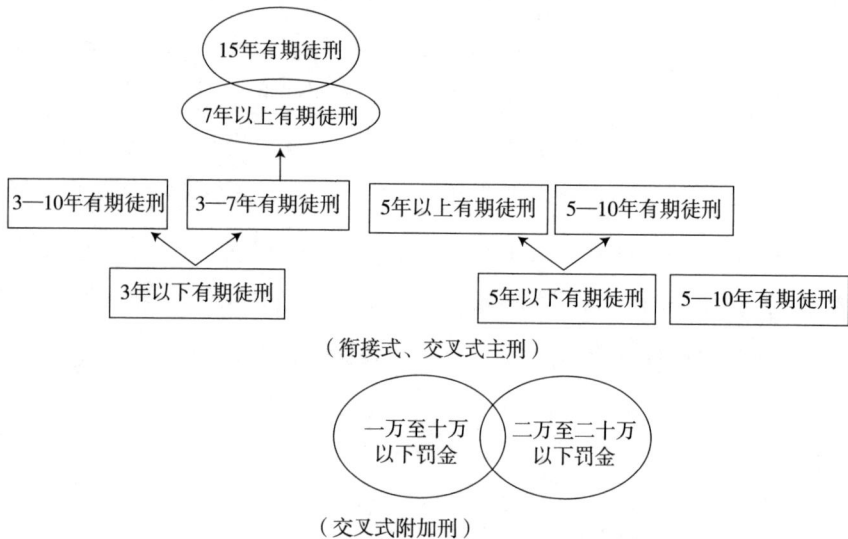

（衔接式、交叉式主刑）

（交叉式附加刑）

图 5—1　帮助型正犯各罪的法定刑模式

表 5—1　帮助型正犯各罪的财产刑模式

非财产刑的帮助型正犯	财产刑的帮助型正犯			
	可以并处没收财产刑	并处罚金或者没收产	罚金刑	
			并处型	并处或者单处型
第 188 条违规出具金融票证罪； 第 290 条资助非法聚集罪； 第 294 条包庇、纵容黑社会性质组织罪； 第 306 条辩护人、诉讼代理人毁灭证据、伪造证据、妨害作证罪； 第 307 条帮助毁灭、伪造证据罪； 第 310 条窝藏、包庇罪； 第 311 条拒绝提供间谍犯罪、恐怖主义犯罪、极端主义犯罪证据罪； 第 349 条包庇毒品犯罪分子罪； 第 349 条窝藏、转移、隐瞒毒品、毒赃罪； 第 362 条包庇罪； 第 405 条违法提供出口退税凭证罪； 第 417 条帮助犯罪分子逃避处罚罪； 第 431 条第 2 款为境外非法提供军事秘密罪	第 107 条资助危害国家安全犯罪活动罪；第 111 条为境外非法提供国家秘密、情报罪	第 120 条之一帮助恐怖活动罪，情节严重的	第 120 条之一帮助恐怖活动罪； 第 229 条提供虚假证明文件罪，情节严重的； 第 320 条提供伪造、变造的出入境证件罪； 第 354 条容留他人吸毒罪； 第 355 条非法提供麻醉药品、精神药品罪； 第 359 条容留、介绍卖淫罪； 第 392 条介绍贿赂罪	第 286 条之一拒不履行信息网络安全管理义务罪； 第 287 条之二帮助信息网络犯罪活动罪
			第 177 条之一妨害信用卡管理罪； 第 191 条洗钱罪； 第 284 条之一非法出售、提供试题、答案罪； 第 285 条提供侵入、非法控制计算机信息系统的程序、工具罪； 第 312 条掩饰、隐瞒犯罪所得、犯罪所得收益罪； 第 363 条为他人提供书号出版淫秽书刊罪； 第 375 条非法提供武装部队专用标志罪	

其二，确定帮助型正犯个罪的基准刑。以基准刑为起点，适用量刑情节的从重、从轻、减轻。有关基准刑的表现形式是"点"还是"幅"，早前的理论是有争议的，在提倡"幅"理论的学者看来，"量刑基准"精确到"点"或者某个具体的数值只是一种理想状态，然而，犯罪事实和法律的不确定会

使得理想状态落空。因此，量刑基准在多数情况下，仍应该是一个幅度，当然不包括绝对法定刑的情况。① 而在最早的《人民法院量刑指导意见》出台以后，明确了根据基准刑就是基本犯罪事实确定量刑的起点，"点"的理论自然就成为了通说。2008年，最高人民法院发布《人民法院量刑指导意见（试行）》规定了基准刑是指根据犯罪行为的社会危害程度所应当判处的刑罚，并且对确定基准刑的原则和方法也做了规定。基准刑确定的原则将所有分则的犯罪区分为数额犯和非数额犯两种，数额犯主要将数额的大小与相应的法定刑幅度相对应，以此确定基准刑，非数额犯确定基准刑的依据则是犯罪行为的社会危害程度。基准刑确定的方法主要有三条：（1）在没有其他犯罪事实和量刑情节下，基本犯罪事实确定的量刑起点即为基准刑；（2）可能会导致基准刑增加的因素主要是在基本犯罪事实之外，能反映社会危害程度的犯罪数额、犯罪后果以及犯罪次数等；（3）除了增加基准刑，还有减少基准刑的情节，例如犯罪未遂、从犯以及防卫过当等。以此看出，基准刑的确定并非只以无情节的"犯罪事实"为依据，法定量刑情节和酌定量刑情节已然也作为其中的考量因素。在一定程度上《人民法院的量刑指导意见》表现出，基本的犯罪事实是包括情节的问题。当下需要注意的通常是基本的犯罪事实与对应的法定刑幅度之间如何对应的难题。

在所有的帮助型正犯各罪中，基准刑已经被明确如何确定的罪名是极少的。最早是在2009年11月最高人民法院发布的《新增十个罪名的量刑指导意见（试行）》的第十项规定中，构成掩饰、隐瞒犯罪所得、犯罪所得收益犯罪的，可根据下列不同情形在相应的幅度内确定量刑起点：（1）情节一般的，量刑起点的确定幅度是拘役至六个月有期徒刑。（2）情节严重与涉及盗窃、抢劫、诈骗、抢夺的机动车5辆或者价值50万元以上的量刑起点相同，都是可在三年至四年有期徒刑幅度内确定量刑起点。不论是情节一般抑或是情节严重，都是在量刑起点确定以后，再根据犯罪数额、次数和其他犯罪情节的严重程度增加刑罚量确定基准刑。此外，确定的基准刑还可能因为出现

---

① 参见周光权：《量刑基准研究》，《中国法学》1999年第5期。

以下的情形，增加 10%—30%：掩饰、隐瞒犯罪所得的救灾、抢险、防汛、优抚、救济、医疗款物及其收益的，以及以两个罪名并列定罪处罚的。2017年最新发布的《最高人民法院关于常见犯罪的量刑指导意见》再次就有关掩饰、隐瞒犯罪所得、犯罪所得收益罪的量刑起点作出规定，在情节一般和情节严重两种情形下，其确定量刑起点的幅度有差别，在一年以下有期徒刑、拘役幅度内是情节一般的量刑起点，在三年至四年有期徒刑幅度内则是情节严重的量刑起点。以此为基准，结合犯罪数额等影响犯罪构成的犯罪事实，最终确定基准刑。而在 2017 年 5 月试行的《最高人民法院关于常见犯罪的量刑指导意见（二)》增加了容留他人吸毒罪和容留、介绍卖淫罪的基准刑确定，一旦认定构成容留他人吸毒罪的，其量刑起点是在一年以下有期徒刑、拘役的幅度，容留他人吸毒的人数、次数等就成为刑罚量增加的因素，在量刑起点的基础上，结合使得刑罚量增加的因素来确定基准刑。对于构成引诱、容留、介绍卖淫罪而言，可以根据下列不同情形在相应的幅度内确定量刑起点，分为情节严重和情节一般两种。前者确定的量刑起点是五年至七年，在此基础上，可以根据引诱、容留、介绍卖淫的人数、次数等其他影响犯罪构成的犯罪事实增加刑罚量，确定基准刑。而在情节一般的情形下，确定量刑起点是在二年以下有期徒刑、拘役幅度内确定量刑起点。旅馆业、饮食服务业、文化娱乐业、出租汽车业等单位的主要负责人，利用本单位的条件，引诱、容留、介绍他人卖淫的，可以增加基准刑的 10%—20%。此外，虽然还有些帮助型正犯各罪的基准刑并未被明确规定，但同样是根据个案的犯罪事实来确定基准刑。

其三，量刑情节适用对基准刑的调节。2009 年 4 月修订的《人民法院量刑指导意见（试行)》规定了三种有关量刑情节调节基准刑的方法：(1)量刑情节不止一个时，只出现单一的从轻或者从重就采用同向相加的方法，而从重和从轻同时出现的以逆向相减的方法确定量刑情节对基准刑的调节比例。(2) 多个从重或者从轻情节与免除情节同时出现，应当综合考虑全案情况和法律规定，决定是否免除处罚。(3) 针对一个行为涉及的不同量刑情节的，禁止重复适用。2017 年发布的《最高人民法院关于常见犯罪的量刑指导意见》规定了量刑情节对基准刑调节的方法：（1）有且仅有一个量刑情节的，直接根据量刑情节的调节比例对基准刑进行调节。（2）量刑情节不止一个时，只出现单一的从轻或者从重就采用同向相加的方法，而从重和从轻同时出现的以逆向相减的方法确定量刑情节对基准刑的调节比例。当其他量刑情节与老年人犯罪、未成年人犯罪、又聋又哑的人或者盲人犯罪、限制行为能力的精神病人犯罪、防卫过当、避险过当、犯罪预备、犯罪未遂、犯罪中止、从犯、胁从犯和教唆犯等量刑情节同时出现时，优先适用后者进行基准刑的调节，再以此适用前者。（3）一个被告人犯数罪，又具有适用于各个个罪的立功、累犯等量刑情节的，先适用此量刑情节，经基准刑的调节后确定各个个罪应判决的刑罚，再依法实行数罪并罚。以个案分析量刑情节对帮助型正犯各罪案件的基准刑之调节，更能深刻地反映问题。

案例一：法院经审理查明，2009 年 10 月至 2011 年 9 月间，某赌博网站电子代理商虞某、黄某甲（均已判）负责组织人员进行"乐豆"的销售和回收并将犯罪所得予以转移。2011 年 3 月至 9 月间，被告人沈春萱作为金融机构的工作人员，不但没有履行发现大额和可疑交易应当立即报告的职责，反而在虞某要求提现转存时提醒虞某当心反洗钱预警，主动借用他人银行卡，帮助虞某对大额转账进行拆分并提取现金转存；没有正当理由，协助黄某甲对大额转账提现转存；没有正当理由，协助虞某、黄某甲在不同的银行账户之间频繁划转。帮助转移金额累计达 3200 余万元。一审法院认为，被告人沈春萱明知是犯罪所得而予以转移，情节严重，其行为已触犯刑律，构成掩饰、隐瞒犯罪所得罪。鉴于本案犯罪事实发生在被告人沈春萱工作期间，案发前与黄某甲、虞某系客户与服务关系，被告人沈春萱没有直接获利，主观恶性小，绝大部分涉案犯罪所得都还在黄某甲、虞某等人使用的银行账户上，后果不严重，可对被告人沈春萱酌情从轻处罚。最终，判处被告人有期徒刑三年，缓刑四年，并处罚金人民币 4 万元。[①]

根据 2015 年 5 月发布的《最高人民法院关于审理掩饰、隐瞒犯罪所得、

---

① 浙江省瑞安市人民法院一审刑事判决书（2014），温瑞刑初字第 504 号。

犯罪所得收益刑事案件适用法律若干问题的解释》规定，掩饰、隐瞒犯罪所得及其产生的收益价值总额达到 10 万元以上的，属于刑法第 312 条的"情节严重"，处三年以上七年以下有期徒刑，并处罚金。本案的涉案金额为 3200 余万，也无法定减轻情节，有且只能在法定刑 3—7 年的幅度内确立基准刑。法院认定三个酌定的量刑情节：其一，是被告人罪前处于工作期，与另案的当事人是客户服务关系，并未获得不正当利益。其二，是犯罪所得仍然在银行账户上，未造成严重的后果。其三，此案强调被告人是金融机构的工作人员，只为了说明"明知"的构罪问题，并不能成为从重的酌定量刑情节。最终的宣告刑是 3 年有期徒刑，酌定量刑情节已然将基准刑调节到最低点，并且宣告缓刑，属于被判处三年以下有期徒刑的犯罪分子"可以宣告缓刑"的情形。

案例二：2017 年 5 月 18 日 10 时许，被告人王某某在榆树市农机校家属楼 5 栋 5 单元 3 楼 302 室其租住的房间内，容留刘某、艾某进行卖淫嫖娼活动，被公安机关查获，对其行政拘留 15 日，罚款人民币 5000 元。2018 年 2 月 6 日 13 时许，被告人王某某在榆树市农机校家属楼 5 栋 5 单元 3 楼 302 室其租住房间内，容留李某、王某进行卖淫嫖娼活动，被公安机关查获。法院认为，被告人王某某曾因实施容留他人卖淫之行为被处以行政处罚，一年内第二次又实施了容留他人卖淫的行为，其已构成容留卖淫罪。对公诉机关的指控予以支持。其到案后，如实供述犯罪事实，属坦白，依法可对其从轻处罚。最终判处有期徒刑六个月，并处罚金人民币 2 万元。

根据《最高人民法院、最高人民检察院关于办理组织、强迫、引诱、容留、介绍卖淫刑事案件适用法律若干问题的解释》第 8 条规定，一年内曾因引诱、容留、介绍卖淫行为被行政处罚，又实施容留、介绍卖淫行为的，按照依照刑法第 359 条第一款的规定定罪处罚。据此可以认为，基准刑是在法定刑"五年以下有期徒刑、拘役或者管制"幅度内确定的。本案又有如实供述犯罪事实，属坦白的法定从轻情节，依法可对其从轻处罚。在 2009 年最高人民法院修订的《人民法院量刑指导意见》中，对于坦白，应当根据坦白的阶段、如实供述罪行的程度以及悔罪程度等情况确定从宽的幅度：

（1）坦白司法机关尚未掌握的同种罪行的，可以减少基准刑的 10%—30%；

（2）坦白司法机关已经掌握的罪行的，可以减少基准刑的 20% 以下。被告人坦白显然属于第二种情形，司法机关已经掌握的罪行，可以减少基准刑的 20% 以下。按照法院判决的六个月有期徒刑，反推基准刑最多确定在八个月。[①]

　　综上来看，在现阶段量刑规范化的要求下，已经明确了法定量刑情节对基准刑的调节，甚至是量化到精确的比例。然而，现有的司法解释仍旧无法将基本的犯罪事实和基准刑的确立相互对应，只能在一定的法定刑幅度内，法官根据案件事实来自由裁量。更为困难的是，酌定量刑情节对基准刑的调节是缺乏规范化的处理，大多数情形下取决于法官的自由裁量权，其与法定"可以从轻"的量刑情节已然不能清晰地区分。

---

① 　吉林省榆树市人民法院一审刑事判决书（2018），吉 0182 刑初 298 号。

结　语

　　帮助型正犯问题是在既有的帮助型犯罪以及共犯正犯化等研究成果的基础上，进行的拓展和延伸，其研究对象主要是分则规定的具有"帮助性质"之实行行为的犯罪。一方面，从当前的犯罪形势来看，肯定帮助型正犯立法在强化刑法社会功能方面的价值和意义；另一方面，立足于法治国的基本构图，又不得不对其成立范围进行合理的限定，以防止秩序的过分强调造成对自由的侵蚀。本书在型构帮助型正犯概念的基础上，采取了从理论自证到实践展开的逻辑进路，系统而全面地阐释了有关此研究的具体适用问题。

　　首先，确定理论上的正犯地位和立法上的正犯类型，完全从正犯视角对帮助型正犯问题进行论证。撇清了长期以来，针对此类现象"似正犯或似共犯"存在的理论"摆动"。贯彻"区分"之基本立场，在生成进路、结构组成与正犯性论证之间建立有机的逻辑链，以巩固帮助型正犯的正犯地位。具体来说，生成路径两分法就是根据分则有关帮助型正犯各罪的形成机制，区分为非共犯帮助性行为入罪化和帮助行为正犯化两种情形。结构二元组成就是经由两种途径的各自"自得物"，即入罪化的帮助型正犯和正犯化的帮助型正犯。从形式客观说的正犯判断理论看来，帮助型正犯各罪完全符合这一形式逻辑，是分则规定构成要件客观方面之实行行为的正犯。然而，通过对比发现，入罪化前的帮助性行为不是犯罪行为，正犯化前的帮助行为属于共犯评价体系的共犯行为，二者的法律效果是有差异的。入罪化的帮助型正犯与规定在分则中的其他单独正犯并没有差别，但是正犯化的帮助型正犯却未必如此。正犯化后作为分则规定了构成要件实行行为的正犯不失妥当性，却不能忽视原本是共犯行为的客观事实。因此，在其正犯性原理上既要坚持形式客观说的基本立场，同时，借鉴实质论的重要作用说为其正犯化进行更为充分的补强和说理。即之所以将共犯行为独立规定为实行行为，是因共犯行为在正犯化前对犯罪结果的实现起到了必不可少或者至关重要的作用。在此原理支撑下的正犯化应该受到立法上的严格限制，对其成立范围应该有所限缩。最终，帮助型正犯这一概念的理论型构和特征的揭示，需要在与其他正犯类型的比较研究中得到阐释。

其次，帮助型正犯在公共安全、社会秩序等犯罪领域的立法扩张，势必会产生正当性的诘问。在刑事政策的目的性指引下，强化刑法的秩序价值，维护公共社会的安全与稳定。而帮助型正犯立法正是基于这一价值理性下，发挥其特有的社会功能，及时回应社会的重大关切、体现积极的一般预防之主张以及风险社会范式下刑法的价值序次。以正犯理论为起点对帮助型正犯进行系统的研究，并不意味着排斥共犯分析范式的适用。不论非共犯帮助性行为的入罪化抑或是帮助行为的正犯化，都与共犯发生关系。帮助行为当然属于共犯评价体系的范畴，而非共犯帮助性行为是共犯拒斥下的行为，也就是所谓的不能被共犯评价的行为。因此，从共犯向度对帮助型正犯立法的必要性探讨，具有重要的意义。非共犯帮助性行为与帮助行为在共犯从属性理论下，从具有帮助性的所有行为中剥离出来。时代变迁不仅创造了生活的便利，也带来了犯罪的异化，共犯从属性的固有思维束缚了对犯罪起到不可或缺之帮助行为的重新认知，由此引发了罪刑均衡的深层危机。因此，部分共犯行为跳脱出原有的窠臼朝向正犯的终极归宿，才得以成行。采用共犯作用分类与帮助型正犯的立法模式之间并不重复，帮助行为正犯化以"对犯罪起到不可或缺作用"的实质理论补强其正犯的确立，重视的是行为的犯罪性考量，而共犯作用分类法将帮助行为人作为主犯处理仅仅体现的是量刑意义的机能发挥。帮助型正犯的立法扩张毋宁是实质刑法观的具体写照，从构成要件行为的实质判断到实质违法性论再到罪责实质化的发展，都与刑法实质化发展存有理论上的暗合。基于上述三个维度，深掘帮助型正犯的正当性基础。

再次，帮助型正犯的成立是在阶层式体系论中展开，从客观不法到罪责评价的逻辑行进。在我国刑法采用的定性加定量犯罪模式下，游离于阶层话语外的"情节"要素绝不能被遗忘。明确"情节"罪量要素的体系性地位，在细化不法构成机能的"定罪情节"和处罚机能的"量刑情节"之基础上，识别出存在于帮助型正犯各罪之错综复杂的"定罪情节"和"量刑情节"，并对两种情节的"积极"和"消极"情形进行精细化地分类研究。针对性地指出帮助型正犯之"情节"的有关问题，其一，在司法解释阙如时，分则条文"情节严重"的明确性标准判断与司法解释创造性提出"情节"要求的合法性评估。其二，罪量要素的规定不区分组织犯和实行犯的失当与对应"情节严重"量刑幅度的混乱。阶层式的展开和"情节"罪量要素的探讨，是犯罪成立的积极层面，而帮助型正犯的"出罪"同样是其犯罪构成的题中之义。与它的"入罪"具有同样重要的地位，体系性出罪机制和具体的"实体—程序"出罪机制全面运行。另就理论争议较大的中立帮助型正犯之出罪进行单独拷问，以另外的视角关注这一问题。

复次，帮助型正犯的未完成形态、共犯形态和罪数形态的讨论，既是要紧贴其犯罪构成的议题，又涵射了它处罚扩大化和提早化的真实意图。未完成形态以"实行着手"为前提，以"犯罪既遂"为样本。在"实行着手"的立场上坚定实质危险说，深入解析德国未遂犯成立的"主客观混合理论"，并认为"实行着手有从客观论向主观论转变的倾向"。结合帮助型正犯各罪的具体现实，在既遂的标准问题上采用行为完成说的观点。以此为基础，对预备犯、未遂犯与中止犯作进一步探讨。共犯形态的重点在于教唆犯和帮助犯，原本只是二次法益侵害的帮助行为跻身为实行行为所引起的法律震动——处罚提早化，而正犯化前的间接帮助、间接教唆、帮助犯的教唆和教唆犯的帮助与正犯化后的状态形成鲜明对比，实则彰显了处罚扩张的法律效果。帮助型正犯之一罪和数罪的分析，意在厘清容易混淆的各罪，以便合理地定罪和量刑。

最后，帮助型正犯的刑罚适用，是常常发生于实践中的困惑。在宏观层面，提出刑罚适用的四个基本原则，其一，帮助型正犯刑罚适用的基础和前提是依照法律的规定，即便法律规定尚有不足，也不能突破它进行肆意解释和适用。其二，罪刑均衡和刑罚个别化统一的原则表明，刑罚适用过程是以犯罪行为的社会危害性为依据，又对犯罪人的人身危险性予以充分的考量。其三，全面评价原则是因个案情况复杂，在同一案件中不同被告人出现不同的量刑情节或者单一被告人案件出现多个量刑情节，均应对其进行评价，不应该有所遗漏。其四，效率与效益原则都有各自的基本诉求，从效益出发，既要求刑罚成本与适用程度之间的最小化，又使其产生一种或者多种预防犯罪的效果。从刑罚效率出发，更多的是要注重"如何更充分、合理地运用紧张的司法资源，提高诉讼的效率，实现刑罚的正义与犯罪预防的目的"之并举。在微观层面，探讨了帮助型正犯各罪的"量刑情节"之规范适用与其对基准刑的调节，具体到法定量刑情节与酌定量刑情节规范适用的运用和分析，最终提出完善性的原则指导及其具体性的见解。

综上，以帮助型正犯之界定为研究起点，对其正当性基础与司法过程中的定罪、量刑问题，展开系统而深入的研究。型构帮助型正犯的基本概念，扩容正犯的基本类型以及在理论的逻辑演变中实现自洽等一系列"作为"，都旨在为其各罪的认定与量刑的适当做好铺垫。

参考文献

一、中文文献

（一）中文译著

[1] И.М.拉基莫夫：《犯罪与刑罚哲学》，王志华、丛凤玲译，中国政法大学出版社 2016 年版。

[2] 贝卡里亚：《论犯罪与刑罚》，黄风译，中国大百科全书出版社 1993 年版。

[3] 博登海默：《法理学、法律哲学与法律方法论》，邓正来译，中国政法大学出版社 2004 年版。

[4] 波斯纳：《法理学问题》，苏力译，中国政法大学出版社 2002 年版。

[5] 川出敏裕、金光旭：《刑事政策》，钱叶六等译，中国政法大学出版社 2016 年版。

[6] 大谷实：《刑法讲义总论》（2 版），黎宏译，中国人民大学出版社 2008 年版。

[7] 大谷实：《刑法各论》（2 版），黎宏译，中国人民大学出版社 2008 年版。

[8] 大谷实：《刑事政策学》，黎宏译，中国人民大学出版社 2009 年版。

[9] 大塚仁：《刑法概说各论》（3 版），冯军译，中国人民大学出版社 2009 年版。

[10] 冯·李斯特：《德国刑法教科书》，徐久生译，北京大学出版社 2021

年版。

　　[11] 德雷斯勒:《美国刑法精解》,王秀梅等译,北京大学出版社 2009 年版。

　　[12] 费尔巴哈:《德国刑法教科书》(14 版),徐久生译,中国方正出版社 2010 年版。

　　[13] 弗莱彻:《反思刑法》,邓子滨译,华夏出版社 2008 年版。

　　[14] 高桥则夫:《共犯体系和共犯理论》,冯军、毛乃纯译,中国人民大学出版社 2010 年版。

　　[15] 高桥则夫:《规范论和刑法解释论》,戴波、李世阳译,中国人民大学出版社 2011 年版。

　　[16] 胡萨克:《过罪化及刑法的限制》,姜敏译,中国法制出版社 2015 年版。

　　[17] 哈特·托尼·奥诺尔:《法律中的因果关系》(2 版),张绍谦、孙战周译,中国政法大学出版社 2005 年版。

　　[18] 哈耶克:《自由秩序原理》,邓正来译,三联书店 1997 年版。

　　[19] 汉斯·海因里希·耶塞克、托马斯·魏根特:《德国刑法教科书》(上、下),徐久生译,中国法制出版社 2017 年版。

　　[20] 汉斯-约格·阿尔布莱希特:《重罪量刑:关于刑量确立与刑量阐释的比较性理论与实证研究》,熊琦、魏武、赵书鸿等译,法律出版社 2017 年版。

　　[21] 黑格尔:《法哲学原理》,范扬等译,商务印书馆 2014 年版。

　　[22] 乌尔斯·金德霍伊泽尔:《刑法总论教科书》(6 版),蔡桂生译,北京大学出版社 2015 年版。

　　[23] 金日秀、徐辅鹤:《韩国刑法总论》(11 版),郑军男译,武汉大学出版社 2008 年版。

　　[24] 甲克斐则:《责任原理与过失犯论》,谢佳君译,中国政法大学出版社 2016 年版。

　　[25] 考夫曼、哈斯默尔:《当代法哲学和法律理论导论》,郑永流译,法律出版社 2013 年版。

[26] 库兹涅佐娃、佳日科娃:《俄罗斯刑法教程总论》(上、下卷),黄道秀译,中国法制出版社 2002 年版。

[27] 肯绍尔:《解读刑事司法中的风险》,李明祺等译,中国人民公安大学出版社 2009 年版。

[28] 克里斯蒂:《犯罪控制工业化》,胡宛如译,北京大学出版社 2014 年版。

[29] 罗克辛:《德国刑法学总论:犯罪原理的基础构造》,王世洲译,法律出版社 2014 年版。

[30] 罗克辛:《德国刑法学总论:犯罪行为的特别表现形式》(第 2 卷),王世洲、王错、劳东燕等译,法律出版社 2013 年版。

[31] 罗克辛:《德国最高法院判例:刑法总论》,何庆仁、蔡桂生译,中国人民大学出版社 2014 年版。

[32] 罗克辛:《刑事政策与刑法体系》(2 版),蔡桂生译,中国人民大学出版社 2011 年版。

[33] 拉伦茨:《法学方法论》,陈爱娥译,商务印书馆 2003 年版。

[34] 李斯特、施密特:《德国刑法教科书》(修订本),徐久生译,法律出版社 2006 年版。

[35] 李斯特:《论犯罪、刑罚与刑事政策》,徐久生译,北京大学出版社 2016 年版。

[36] 李普斯坦:《强力与自由:康德的法哲学与政治哲学》,毛安翼译,知识产权出版社 2016 年版。

[37] 罗宾逊:《刑法中的结构与功能》,何秉松等译,中国民主法制出版社 2005 年版。

[38] 罗宾逊:《刑罚的分配原则:谁应受罚,如何量刑?》,沙丽金译,中国人民公安大学出版社 2009 年版。

[39] 卢曼:《社会的法律》,郑伊倩译,人民出版社 2009 年版。

[40] 拉德布鲁赫:《法学导论》,米健译,商务印书馆 2013 年版。

[41] 木村龟二:《刑法学词典》,顾肖荣等译,上海翻译出版公司 1991

年版。

[42] 莫里森：《理论犯罪学：从现代到后现代》，刘仁文译，法律出版社 2004 年版。

[43] 诺里：《刑罚、责任与正义》，杨丹译，中国人民大学出版社 2009 年版。

[44] 帕克：《刑事制裁的界限》，梁根林译，法律出版社 2008 年版。

[45] 庞德：《通过法律的社会控制》，沈宗灵译，商务印书馆 2008 年版。

[46] 平野龙一：《刑法的基础》，黎宏译，中国政法大学出版社 2016 年版。

[47] 齐白：《全球风险社会与信息社会中的刑法》，周遵友、江溯等译，中国法制出版社 2012 年版。

[48] 前田雅英：《刑法总论讲义》（6 版），曾文科译，北京大学出版社 2017 年版。

[49] 日高义博：《违法性的基础理论》，张光云译，法律出版社 2015 年版。

[50] 施特拉腾韦特、库伦：《刑法总论：犯罪论》，杨萌译，法律出版社 2006 年版。

[51] 史密斯、霍根：《英国刑法》，李贵方等译，法律出版社 2000 年版。

[52] 松宫孝明：《刑法总论讲义》（4 版），中国人民大学出版社 2013 年版。

[53] 松原芳博：《刑法总论重要问题》，王昭武译，中国政法大学出版社 2015 年版。

[54] 山口厚：《刑法各论》（2 版），王昭武译，中国人民大学出版社 2011 年版。

[55] 塔玛纳哈：《法律工具主义：对法治的危害》，陈虎、杨洁译，北京大学出版社 2017 年版。

[56] 维克托·塔德洛斯：《刑事责任论》，谭淦译，中国人民大学出版社 2009 年版。

[57] 威廉·B.埃瓦尔德：《比较法哲学》，于庆生、郭宪功译，中国法制出版社 2016 年版。

[58] 韦塞尔斯：《德国刑法总论》，李昌珂译，法律出版社 2008 年版。

[59] 西原春夫:《犯罪实行行为论》，戴波、江溯译，北京大学出版社 2006 年版。

[60] 西田典之:《日本刑法总论》（2 版），王昭武、刘明祥译，法律出版社 2013 年版。

[61] 西田典之:《共犯理论的展开》，江溯、李世阳译，中国法制出版社 2017 年版。

[62] 西田典之:《日本刑法各论》（3 版），刘明祥、王昭武译，中国人民大学出版社 2007 年版。

[63] 希尔根多夫:《德国刑法学：从传统到现代》，江溯、黄笑岩等译，北京大学出版社 2015 年版。

[64] 休斯:《解读犯罪预防：社会控制、风险与后现代》，刘晓梅、刘志松译，中国人民公安大学出版社 2009 年版。

[65] 格吕恩特·雅科布斯:《行为、责任、刑法机能性描述》，冯军译，中国政法大学出版社 1997 年版。

[66] 野村稔:《刑法总论》，全理其、何力译，法律出版社 2001 年版。

[67] 伊东研佑:《法益概念史研究》，秦一禾译，中国人民大学出版社 2014 年版。

[68] 曾根威彦:《刑法学基础》，黎宏译，法律出版社 2005 年版。

[69] 佐伯仁志:《刑法总论的思之道·乐之道》，于佳佳译，中国政法大学出版社 2017 年版。

（二）中文著作

[1] 陈兴良:《共同犯罪论》（3 版），中国人民大学出版社 2017 年版。

[2] 陈兴良:《刑法的知识转型：学术史》（2 版），中国人民大学出版社 2017 年版。

[3] 陈兴良:《刑法适用总论》（3 版），中国人民大学出版社 2017 年版。

[4] 陈兴良:《刑法哲学》（6 版），中国人民大学出版社 2017 年版。

[5] 陈兴良:《教义刑法学》（3 版），中国人民大学出版社 2017 年版。

[6] 陈家林：《外国刑法基础理论与研究动向》，华中科技大学出版社 2013年版。

[7] 陈家林：《外刑法通论》，中国人民公安大学出版社 2009 年版。

[8] 陈家林：《外国刑法理论的思潮与流变》，中国人民公安大学出版社 2017 年版。

[9] 陈志军：《共同犯罪的理论与实践》，中国人民公安大学出版社 2012年版。

[10] 陈伟强：《共同犯罪刑事责任研究》，清华大学出版社 2013 年版。

[11] 陈子平：《刑法总论》（增修版），中国人民大学出版社 2009 年版。

[12] 车浩：《阶层犯罪论的构造》，法律出版社 2017 年版。

[13] 车浩：《刑法教义的本土形塑》，法律出版社 2017 年版。

[14] 邓子滨：《中国实质刑法观的批判》（2 版），法律出版社 2017 年版。

[15] 冯军：《刑事责任论》（修订版），社会科学文献出版社 2017 年版。

[16] 冯军、孙学军：《通过刑事司法的社会治理》，人民出版社 2016 年版。

[17] 冯军：《刑事裁判理论与实务》，中国人民公安大学出版社 2011 年版。

[18] 范德繁：《犯罪实行行为论》，中国检察出版社 2005 年版。

[19] 高铭暄、马克昌：《刑法学》（8 版），北京大学出版社 2016 年版。

[20] 高铭暄、赵秉志：《新中国刑法立法文献资料总览》，中国人民公安大学出版社 2015 年版。

[21] 高铭暄、赵秉志：《刑罚总论比较研究》，北京大学出版社 2009 年版。

[22] 高铭暄、陈璐：《〈中华人民共和国刑法修正案（八）〉解读与思考》，中国人民大学出版社 2011 年版。

[23] 甘添贵：《罪数理论之研究》，中国人民大学出版社 2008 年版。

[24] 何荣功：《实行行为研究》，武汉大学出版社 2007 年版。

[25] 何荣功：《自由秩序与自由刑法理论》，北京大学出版社 2013 年版。

[26] 黄荣坚：《基础刑法学》（上、下册，3 版），中国人民大学出版社 2009 年版。

[27] 韩玲：《共同犯罪的罪过形式研究》，大连海事大学出版社 2007 年版。

[28] 江溯：《犯罪参与体系研究：以单一正犯体系为视角》，中国人民公安大学出版社 2010 年版。

[29] 江溯：《刑法中的帮助行为》，中国社会科学出版社 2013 年版。

[30] 季卫东：《通往法治的道路》，法律出版社 2014 年版。

[31] 季卫东：《法治的构图》，法律出版社 2012 年版。

[32] 柯耀程：《变动中的刑法思想》，中国政法大学出版社 2003 年版。

[33] 柯耀程：《刑法的思与辩》，中国人民大学出版社 2008 年版。

[34] 柯耀程：《刑法竞合论》，中国人民大学出版社 2008 年版。

[35] 黎宏：《刑法学》，法律出版社 2012 年版。

[36] 黎宏：《日本刑法精义》（2 版），法律出版社 2008 年版。

[37] 黎宏：《结果本位刑法观的展开》，法律出版社 2015 年版。

[38] 李洁：《刑法的目的理性批判》，法律出版社 2014 年版。

[39] 李洁：《罪与刑立法规定模式》，北京大学出版社 2008 年版。

[40] 李洁、王志远、王充：《犯罪构成的解构与结构》，法律出版社 2010 年版。

[41] 刘明祥：《刑法中错误论》，中国检察出版社 2004 年版。

[42] 刘明祥、张天虹：《故意与错误论研究》，北京大学出版社 2016 年版。

[43] 刘艳红：《走向实质的刑法解释》，北京大学出版社 2009 年版。

[44] 刘艳红：《实质刑法观》，中国人民大学出版社 2009 年版。

[45] 林钰雄：《新刑法总则》，中国人民公安大学出版社 2009 年版。

[46] 梁根林主编：《当代刑法思潮论坛刑法体系与犯罪构造》，北京大学出版社 2016 年版。

[47] 梁根林主编：《当代刑法思潮论坛 刑法教义与价值判断（第 2 卷）》，北京大学出版社 2016 年版。

[48] 梁根林主编：《当代刑法思潮论坛 刑事政策与刑法变迁（第 3 卷）》，北京大学出版社 2016 年版。

[49] 卢建平：《刑事政策学》（2 版），中国人民大学出版社 2013 年版。

[50] 卢建平：《刑事政策与刑法完善》，北京师范大学出版社 2014 年版。

[51] 劳东燕：《刑法中的学派之争与问题研究》，法律出版社 2015 年版。

[52] 劳东燕：《风险社会中的刑法：社会转型与刑法理论的变迁》，北京大学出版社 2015 年版。

[53] 林东茂：《刑法综览》，中国人民大学出版社 2009 年版。

[54] 林山田：《刑法通论》（增订 10 版），北京大学出版社 2012 年版。

[55] 林亚刚：《刑法学教义：总论》（2 版），北京大学出版社 2017 年版。

[56] 刘士心：《刑法中的行为理论》，人民出版社 2012 年版。

[57] 刘凌梅：《帮助犯研究》，武汉大学出版社 2003 年版。

[58] 李成：《共同犯罪与身份关系研究》，中国人民公安大学出版社 2007 年版。

[59] 马克昌：《比较刑法原理》，武汉大学出版社 2012 年版。

[60] 马克昌：《犯罪通论》，武汉大学出版社 1999 年版。

[61] 马克昌：《刑罚通论》，武汉大学出版社 1999 年版。

[62] 马克昌、莫洪宪：《中日共同犯罪比较研究》，武汉大学出版社 2003 年版。

[63] 马克昌、卢建平：《外国刑法学总论》（2 版），中国人民大学出版社 2016 年版。

[64] 朴宗根：《正犯论》，法律出版社 2009 年版。

[65] 齐文远：《刑法学》（3 版），北京大学出版社 2016 年版。

[66] 齐文远、周详：《刑法司法解释立法化问题研究》，中国人民公安大学出版社 2010 年版。

[67] 齐文远、童德华、周详：《全球化视野下的中国刑法原理》，法律出版社 2018 年版。

[68] 钱叶六：《共犯论的基础及其展开》，中国政法大学出版社 2014 年版。

[69] 任海涛：《共同犯罪立法模式比较研究》，吉林大学出版社 2011 年版。

[70] 苏彩霞：《刑法解释的立场与方法》，法律出版社 2016 年版。

[71] 王志远：《共犯制度的根基与拓展：从主体间到单方化》，法律出版社 2011 年版。

[72] 王志远：《从"印证"到"论证"我国传统定罪思维批判》，法律出版社 2016 年版。

[73] 吴波：《共同犯罪停止形态研究》，上海人民出版社 2012 年版。

[74] 吴光侠：《主犯论》，中国人民公安大学出版社 2007 年版。

[75] 童德华：《规范刑法原理》，中国人民公安大学出版社 2005 年版。

[76] 童德华：《外国刑法导论》，中国法制出版社 2010 年版。

[77] 童德华：《刑法中客观归属论的合理性研究》，法律出版社 2012 年版。

[78] 童德华：《刑法中的期待可能性论》，法律出版社 2015 年版。

[79] 许玉秀：《当代刑法思潮》，民主法制出版社 2005 年版。

[80] 夏勇：《和谐社会目标下"犯罪化"与"非犯罪化"的标准》，法律出版社 2016 年版。

[81] 谢望原：《网络犯罪与安全》，法律出版社 2017 年版。

[82] 谢望原：《刑事政策与刑法专论》，中国人民大学出版社 2017 年版。

[83] 于志刚：《共同犯罪的网络异化研究》，中国方正出版社 2010 年版。

[84] 叶良芳：《实行犯研究》，浙江大学出版社 2008 年版。

[85] 张明楷：《外国刑法纲要》（3 版），清华大学出版社 2020 年版。

[86] 张明楷：《刑法学》（6 版），法律出版社 2021 年版。

[87] 张明楷：《构成要件体系与构成要件要素》，北京大学出版社 2010 年版。

[88] 张明楷：《责任刑与预防刑》，北京大学出版社 2015 年版。

[89] 张明楷：《行为无价值论与结果无价值论》，北京大学出版社 2012 年版。

[90] 张明楷：《刑法分则的解释原理》，中国人民大学出版社 2011 年版。

[91] 赵秉志：《刑法立法研究》，中国人民大学出版社 2014 年版。

[92] 赵秉志：《〈中华人民共和国刑法修正案九〉理解与适用》，中国法制出版社 2015 年版。

[93] 赵秉志：《危害国家安全罪暨相关犯罪的法律适用》，中国法制出版社 2016 年版。

[94] 赵秉志、袁彬：《刑法最新立法争议问题研究》，江苏人民出版社 2016 年版。

[95] 赵秉志：《当代刑法问题新思考》，中国法制出版社 2016 年版。

[96] 赵秉志：《当代德国刑事法研究》，法律出版社 2017 年版。

[97] 赵春玉：《刑法中的法律拟制》，清华大学出版社 2018 年版。

[98] 周光权：《法治视野中的刑法客观主义》（2 版），法律出版社 2013 年版。

[99] 周光权：《行为无价值论的中国展开》，法律出版社 2015 年版。

[100] 张旭：《英美刑法论要》，清华大学出版社 2006 年版。

[101] 张伟：《帮助犯研究》，中国政法大学出版社 2012 年版。

[102] 周少华：《刑法之适应性：刑事法治的实践逻辑》，法律出版社 2012 年版。

[103] 周佳铭：《刑法中的实行行为论纲》，中国人民公安大学出版社 2011 年版。

（三）中文期刊论文

[1] 奥村正雄：《论实行行为的概念》，王昭武译，《法律科学》（西北政法大学学报）2013 年第 2 期。

[2] 白洁：《拟制正犯范围之限制》，《法学杂志》2013 年第 7 期。

[3] 陈兴良：《刑法修正案的立法方式考察》，《法商研究》2016 年第 3 期。

[4] 陈兴良：《犯罪范围的扩张与刑罚结构的调整：〈刑法修正案（九）〉述评》，《法律科学》（西北政法大学学报）2016 年第 4 期。

[5] 陈家林：《正犯体系与正犯概念研究》，《中国刑事法杂志》2005 年第 1 期。

[6] 陈毅坚、孟莉莉：《"共犯正犯化"立法模式正当性评析》，《中山大学法律评论》2010 年第 2 期。

[7] 陈毅坚：《正犯的概念及其发展》，《法学杂志》2010 年第 6 期。

[8] 程红、吴荣富：《刑事立法活性化与刑法理念的转变》，《云南大学学报》

（法学版）2016 年第 4 期。

[9] 程红：《形式解释论与实质解释论对立的深度解读》，《法律科学》（西北政法大学学报）2012 年第 5 期。

[10] 车浩：《刑事立法的法教义学反思：基于〈刑法修正案（九）〉的分析》，《法学》2015 年第 10 期。

[11] 大谷实：《日本刑法中正犯与共犯的区别：与中国刑法中的"共同犯罪"相比照》，王昭武译，《法学评论》2002 年第 6 期。

[12] 冯军：《论刑法解释的边界和路径：以扩张解释与类推适用的区分为中心》，《法学家》2012 年第 1 期。

[13] 冯军：《刑法中的责任原则：兼与张明楷教授商榷》，《中外法学》2012 年第 1 期。

[14] 冯军：《刑法教义学的规范化塑造》，《法学研究》2013 年第 1 期。

[15] 冯殿美：《实行行为的着手及其认定：兼论西原春夫的犯罪着手学说》，《法学论坛》2008 年第 4 期。

[16] 高铭暄：《风险社会中刑事立法正当性理论研究》，《法学论坛》2011 年第 4 期。

[17] 何荣功：《论实行行为的概念构造与机能》，《当代法学》2008 年第 2 期。

[18] 何荣功：《社会治理"过度刑法化"的法哲学批判》，《中外法学》2015 年第 2 期。

[19] 何荣功：《"预防性"反恐刑事立法思考》，《中国法学》2016 年第 3 期。

[20] 胡云腾：《谈〈刑法修正案（九）〉的理论与实践创新》，《中国审判》2015 年第 20 期。

[21] 江溯：《区分制共犯体系的整体性批判》，《法学论坛》2011 年第 6 期。

[22] 姜敏：《法益保护前置：刑法对食品安全保护的路径选择：以帮助行为正犯化为研究视角》，《北京师范大学学报》（社会科学版）2013 年第 5 期。

[23] 金光旭：《日本刑法中的实行行为》，《中外法学》2008 年第 2 期。

[24] 罗克辛：《对批判立法之法益概念的检视》，陈璇译，《法学评论》2015 年第 1 期。

[25] 罗克辛：《正犯与犯罪事实支配理论》，劳东燕译，《刑事法评论》2009 年第 2 期。

[26] 黎宏：《论中立的诈骗帮助行为之定性》，《法律科学》（西北政法大学学报）2012 年第 6 期。

[27] 刘艳红：《论正犯理论的客观实质化》，《中国法学》2011 年第 4 期。

[28] 刘艳红：《网络犯罪帮助行为正犯化之批判》，《法商研究》2016 年第 3 期。

[29] 刘艳红：《象征性立法对刑法功能的损害：二十年来中国刑事立法总评》，《政治与法律》2017 年第 3 期。

[30] 刘艳红：《刑法类型化概念与法治国原则之哲理》，《比较法研究》2003 年第 3 期。

[31] 刘艳红：《网络中立帮助行为可罚性的流变及批判：以德日的理论和实务为比较基准》，《法学评论》2016 年第 5 期。

[32] 刘艳红：《网络时代刑法客观解释新塑造："主观的客观解释论"》，《法律科学》2017 年第 3 期。

[33] 刘仁文、杨学文：《帮助行为正犯化的网络语境》，《法律科学》2017 年第 3 期。

[34] 林亚刚：《危害行为若干争议问题研究》，《河北法学》2013 年第 8 期。

[35] 刘明祥：《主犯正犯化质疑》，《法学研究》2013 年第 5 期。

[36] 刘明祥：《论我国刑法不采取共犯从属性说及利弊》，《中国法学》2015 年第 2 期。

[37] 刘明祥：《间接正犯概念之否定：单一正犯体系的视角》，《法学研究》2015 年第 6 期。

[38] 刘宪权：《论信息网络技术滥用行为的刑事责任：〈刑法修正案（九）〉相关条款的理解与适用》，《政法论坛》2015 年第 6 期。

[39] 刘宪权：《刑事立法应力戒情绪：以〈刑法修正案（九）〉为视角》，《法学评论》2016 年第 1 期。

[40] 劳东燕：《刑事政策与刑法解释中的价值判断：兼论解释论上的"以刑

制罪"现象》,《政法论坛》2012 年第 4 期。

[41] 劳东燕:《风险社会与变动中的刑法理论》,《中外法学》2014 年第 1 期。

[42] 齐文远、杨柳:《网络平台提供者的刑法规制》,《法律科学》2017 年第 3 期。

[43] 齐文远:《应对中国社会风险的刑事政策选择:走出刑法应对风险的误区》,《法学论坛》2011 年第 4 期。

[44] 齐文远、苏彩霞:《刑法中的类型思维之提倡》,《法律科学》(西北政法大学学报) 2010 年第 1 期。

[45] 齐文远:《修订刑法应避免过度犯罪化倾向》,《法商研究》2016 年第 3 期。

[46] 皮勇:《论网络服务提供者的管理义务及刑事责任》,《法商研究》2017 年第 5 期。

[47] 曲新久:《中国刑法现代化的基本走向》,《政法论坛》2007 年第 4 期。

[48] 钱叶六:《双层区分制下正犯与共犯的区分》,《法学研究》2012 年第 1 期。

[49] 钱叶六:《我国犯罪构成体系的阶层化及共同犯罪的认定》,《法商研究》2015 年第 2 期。

[50] 茹士春:《论帮助行为单独定罪:以协助组织卖淫罪与组织卖淫罪的切分为例》,《中国刑事法杂志》2011 年第 1 期。

[51] 苏彩霞:《实质的刑法解释论之确立与展开》,《法学研究》2007 年第 2 期。

[52] 苏彩霞:《刑法拟制的功能评价与运用规则》,《法学家》2011 年第 6 期。

[53] 苏彩霞:《我国刑法立法解释立场的实证考察》,《浙江大学学报》(人文社会科学版) 2010 年第 2 期。

[54] 苏彩霞:《刑法解释方法的位阶与运用》,《中国法学》2008 年第 5 期。

[55] 苏彩霞:《刑法价值判断的实体性论证规则》,《华东政法大学学报》2008 年第 1 期。

[56] 童德华:《刑法中的行为:机能、概念与犯罪论体系》,《法学评论》

2001 年第 6 期。

[57] 童德华：《正犯的基本问题》，《中国法学》2004 年第 1 期。

[58] 童德华、资琳：《刑法解释中的合理性诉求》，《法制与社会发展》2009 年第 2 期。

[59] 童德华：《主体间性理论对刑法现代化的再造》，《当代法学》2017 年第 3 期。

[60] 童德华：《新中国刑法立法方式的知识路径选择及其反思》，《暨南学报》（哲学社会科学版）2017 年第 1 期。

[61] 金德·霍伊泽尔：《故意犯的客观和主观归责》，樊文译，《刑事法评论》2008 年第 2 期。

[62] 王志远：《论我国共犯制度存在的逻辑矛盾：以教唆、帮助自杀的实践处理方案为切入点》，《法学评论》2011 年第 5 期。

[63] 王志远：《德日共犯制度实践思维当中的"主体间"与"单方化"：我国共犯制度思维合理性的域外视角审视》，《法律科学》（西北政法大学学报）2013 年第 6 期。

[64] 王志远：《〈刑法修正案（九）〉的犯罪控制策略视野评判》，《当代法学》2016 年第 1 期。

[65] 王志远：《我国现行共犯制度下片面共犯理论的尴尬及其反思》，《法学评论》2006 年第 6 期。

[66] 王志远：《实质违法观的续造：客观归责理论的真正贡献》，《吉林大学社会科学学报》2011 年第 3 期。

[67] 汪红飞：《帮助型犯罪问题研究》，《浙江万里学院学报》2003 年第 5 期。

[68] 王昭振：《类型思维：刑法中规范构成要件要素存在的法理根据》，《法制与社会发展》2009 年第 1 期。

[69] 王钰：《功能责任论中责任和预防的概念：兼与冯军教授商榷》，《中外法学》2015 年第 4 期。

[70] 王钰：《罪责观念中自由和预防维度：以相对意志自由为前提的经验功能责任论之提倡》，《比较法研究》2015 年第 2 期。

[71] 王霖：《网络犯罪参与行为刑事责任模式的教义学塑造：共犯归责模式的回归》，《政治与法律》2016 年第 9 期。

[72] 王群：《当下中国刑事立法何以谦抑化》，《北京理工大学学报》（社会科学版）2017 年第 1 期。

[73] 夏勇：《定罪犯罪构成与设罪犯罪构成》，《中国刑事法杂志》2002 年第 5 期。

[74] 夏勇、罗立新：《论非共犯的帮助犯》，《法学杂志》2000 年第 3 期。

[75] 杨兴培：《共同犯罪的正犯、帮助犯理论的反思与批评》，《法治研究》2012 年第 8 期。

[76] 谢望原：《共同犯罪成立范围与共犯转化犯之共犯认定》，《国家检察官学院学报》2010 年第 4 期。

[77] 谢望原、张宝：《〈刑法修正案（九）〉的亮点与不足》，《苏州大学出版社》（哲学社会科学版）2015 年第 6 期。

[78] 谢彤：《帮助行为可以在共同犯罪中起主要作用》，《华东政法学院学报》2002 年第 1 期。

[79] 于志刚：《网络犯罪与中国刑法应对》，《中国社会科学》2010 年第 3 期。

[80] 于志刚：《网络空间中犯罪帮助行为的制裁体系与完善思路》，《中国法学》2016 年第 2 期。

[81] 于志刚：《共犯行为正犯化的立法探索与理论梳理：以"帮助信息网络犯罪活动罪"立法定位为角度的分析》，《法律科学》2017 年第 3 期。

[82] 阎二鹏：《扩张正犯概念体系的建构：兼评对限制正犯概念的反思性检讨》，《中国法学》2009 年第 3 期。

[83] 阎二鹏、吴飞飞：《帮助犯因果关系检讨：以共犯处罚根据论为视角》，《法治研究》2012 年第 8 期。

[84] 阎二鹏：《共犯行为正犯化及其反思》，《国家检察官学院学报》2013 年第 3 期。

[85] 阎二鹏：《行为概念的厘清：以行为论机能之反思与再造为视角》《法制与社会发展》2013 年第 5 期。

[86] 阎二鹏:《法教义学视角下帮助行为正犯化的省思:以〈中华人民共和国刑法修正案(九)〉为视角》,《社会科学辑刊》2016年第4期。

[87] 于冲:《帮助行为正犯化的类型研究与入罪化思路》,《政法论坛》2016年第4期。

[88] 于冲:《网络犯罪帮助行为正犯化的规范解读与理论省思》,《中国刑事法杂志》2017年第1期。

[89] 于改之、蒋太珂:《刑事立法:在目的和手段之间:以〈刑法修正案(九)〉为中心》,《现代法学》2016年第2期。

[90] 张明楷:《论帮助信息网络犯罪活动罪》,《政治与法律》2016年第2期。

[91] 张明楷:《共犯对正犯故意的从属性之否定》,《中国检察官》2010年第23期。

[92] 张明楷:《论〈刑法修正案(九)〉关于恐怖犯罪的规定》,《现代法学》2016年第1期。

[93] 张明楷:《法益保护与比例原则》,《中国社会科学》2017年第7期。

[94] 张明楷:《网络时代的刑事立法》,《法律科学》(西北政法大学学报),2017年第3期。

[95] 赵秉志:《中国刑法的最新修正》,《法治研究》2015年第6期。

[96] 赵秉志、袁彬:《中国刑法立法改革的新思维:以〈刑法修正案(九)〉为中心》,《法学》2015年第10期。

[97] 周光权:《积极刑法立法观在中国的确立》,《法学研究》2016年第4期。

[98] 周光权:《转型时期刑法立法的思路与方法》,《中国社会科学》2016年第3期。

[99] 周光权:《犯罪支配还是义务违反:快播案定罪理由之探究》,《中外法学》2017年第1期。

[100] 周光权:《论正犯的观念》,《人民检察》2010年第7期。

[101] 周详:《教义刑法学的概念及其价值》,《环球法律评论》2011年第6期。

[102] 周详:《刑法形式解释论与实质解释论之争》,《法学研究》2010年

第 3 期。

[103] 周详:《规则功利主义违法观之提倡:刑法学派之争视角的展开》,《清华法学》2013 年第 1 期。

[104] 张伟:《我国犯罪参与体系下正犯概念不宜实质化:基于中、日、德刑法的比较研究》,《中国刑事法杂志》2013 年第 3 期。

[105] 赵微、王昭振:《有组织犯罪界定及其组织行为实行行为化:基于犯罪学与刑法学的视角转换》,《法学家》2008 年第 3 期。

[106] 周啸天:《正犯与主犯关系辨正》,《法学》2016 年第 6 期。

[107] 郑伟:《就这样动摇了共同犯罪的根基:论组织卖淫罪与协助组织卖淫罪的怪异切分》,《法学》2009 年第 12 期。

[108] 张小虎:《犯罪实行行为之解析》,《政治与法律》2007 年第 2 期。

[109] 张勇、王杰:《帮助信息网络犯罪活动罪的"从犯主犯化"及共犯责任》,《上海政法学院学报》(法治论丛) 2017 年第 1 期。

[110] 邹佳铭:《论我国刑法中的危害行为:实然与应然》,《法学杂志》2010 年第 8 期。

[111] 竹怀军:《我国实行犯过度行为理论的构建与适用》,《武汉大学学报》(哲学社会科学版) 2006 年第 4 期。

[112] 张亚平:《实行行为观念之提倡》,《海南大学学报》(人文社会科学版) 2007 年第 2 期。

（四）中文学位论文

[1] 廖北海:《德国刑法学中的犯罪事实支配理论研究》,武汉大学学位论文,2009 年。

[2] 朱平:《刑法实行行为论》,中国政法大学学位论文,2007 年。

[3] 黄渝景:《犯罪实行行为论》,西南政法大学学位论文,2011 年。

[4] 李柱石:《帮助行为正犯化研究》,武汉大学学位论文,2017 年。

[5] 谢晓:《我国刑法帮助行为正犯化研究》,西南政法大学学位论文,2016 年。

［6］刘长斌:《帮助行为的"正犯化"研究》，华东政法大学学位论文，2016 年。

二、外文文献

［1］ Andrew Ashworth.Jeremy Horder, *Principles of Criminal Law,* 7th Edition. Oxf-ord:Oxford University Press, 2013.

［2］ Andrew Ashworth,Lucia Zedner H., *Preventive Justice*, Oxford:Oxford University Press, 2014.

［3］ Lucia Zedner, *Criminal Justice*, Oxford:Oxford University Press, 2004.

［4］ David Garland,Richard Sparks, *Criminology and Social Theory*, Oxford:Oxford University Press, 2000.

［5］ Duff・R.A., *Answering for Crime:Responsibility and Liability in the Criminal Law*, London:Bloomsbury Publishing PLC, 2007.

［6］ Francis・A.Allen, *The Habits of Legality:Criminal Justice and the Rule of Law* , Oxford:Oxford University Press, 1996.

［7］ Thomas Andrew Green, *Freedom and Criminal Responsibility in American Legal Thought*, Cambridge:Cambridge University Press, 2014.

［8］ Keith Ronald,Zhiqiu Lin, *New Crime in China:Public Order and Human Rights*, London:Routledge, 2005.

［9］ Sarat Austin, *Justice and Injustice in Law and Legal Theory*, Ann Arbor:University of Michigan Press, 2009.

［10］ Hagan Jonh, *Modern Criminology:Crime,Criminal Behaviour and its control*, Chicago:Nelson-Hall, 1985.

［11］ Waller Irvin, *Rights for Victims of Crime:Rebalancing Justice*, Lanham, MD: Rowman & Littlefield Publishers, 2010.

［12］ Kirchengast・T., *The Criminal Trial in Law and Discourse, London:Palgrave Macmillan UK*, 2010.

［13］ Lawrence L.M., "Accomplice Liability:Derivative Responsibility", *Loyola of Los Angeles Law Review*, 2003, 36(04).

［14］ Michael S.Moore, "Causing,Aiding,and the Superfluity of Accomplice Liability", 2007, 156(02).

［15］ Martin Benton,Newhall・J., "Techology and the Guilty Mind:When do Technology Providers Become Criminal Accomplices?"*Journal of Criminal Law & Criminol- ogy,* 2015, 105(01).

［16］ Bobby Duffy,Rhonda Wake,Tamara Burrows,Pamela Bremner."Closing the Gaps Crime and Public Perceptions International Review of Law", *Computers & Technology*, 2008, 22(01-02).

［17］ McFatter R.M., "Purposes of Punishment:Effects of Utilities of Criminal Sanctions on Perceived Appropriateness", *The Journal of Applied Psychology*, 1982, 67(03).

［18］ Michael Chatterton, "Social Security as a Criminal Sanction", *Journal of Social Welfare and Family Law*, 2004, 26(01).

［19］ Alfred Blumstein, "Research on Deterrent and Incapacitative Effects of Criminal Sanctions", *Journal of Criminal Justice*, 1978, 6(01).

［20］ Girgis S., "The Mens Rea of Accomplice Liability:Supporting Intentions, *Yale Law Journal*, 2013, 123(02).

［21］ Brown, Darryl・K., "Criminal Law Reform and the Persistence of Starict Liability", *Duke Law Journal*, 2012, 62(02).

［22］ Seo Hyo-won, "The Applicability of the Accomplice Rules to the One-sided Adversarial Crimes", *Kyungpook National Uniwersity Law Journal*, 2017, 65 (57).

［23］ Kerr OS, "Forword:Accounting for Technological Chang", *Harvard Journal of Law & Public Policy*, 2013, 36(02).

［24］ Coakes Elayne, "Technological Change and Societal Growth:Analyzing the Future", *Hershey:IGI Global*, 2012, 34(06).

[25] Kois Lauren · E., Chauhan Preeti."Criminal Responsibility:Meta-analysis and Study Space", *Behavioral sciences&the law,* 2018, 36(08).

[26] Szczucki · K., "Ethical Legitimacy of Criminal law", *International Journal of Law Crime and Justice*, 2018,(53).

[27] Young Cho Gi, "Intellectual Accomplice and the Causality of Accomplice", *Journal of Criminal Law*, 2014, 26(03).

[28] Heo Hwang, "A Study of the Complicity Through Omission", *Kyungpook National University Law Journal*, 2018, 61(05).

[29] Kim Jong Goo, "Accomplice Liability through Neutral Behavior in the US Criminal Law", *Journal of Criminal Law*, 2012, 24(02).

[30] Kim Jong Goo, "A Study on the Changes of Accomplice Liability Forms and the Rule of Accomplice's Dependancy on the Principal under Anglo-American Law", *Journal of Criminal Law*, 2009, 21(04).

[31] Morse SJ.Reason, "Results,and Criminal Responsibility", *University of Illinois Law Review*, 2004, (02).

[32] Sanford H · Kadish, "Complicity,Cause and Blame:A Study in the Interpretation of Doctrine", *California Law Review*, 1985, 73(02).

[33] Kreutzer Jacob, "Causation and Repentance: Reexamining Complicity in Light of Attempts Doctrine", *N.Y.U. J.L.&Liberty*, 2008, 3(164).

[34] Rogers Audrey, "Accomplice Liability for Unintentional Crimes: Remaining Within the Constraints of Intent", *LOY. L.A. L. REV.1998*, 31(01).

[35] Husak Douglas, "Abetting a Crime", *Law and Philosophy* ,2014, 33(01).

[36] Lawn Grass, "Requisites for the Establishment of Aiding and Abetting by Omission: Focused on Precedents in Japan", *Korean Criminological Review*, 2017, 8 (04).

[37] Tarbagaev A · N., Moskalev G · L., "Aiding Terrorist Activities(Article 205(1) of the Criminal Code of Russian Federation)", *Vestnik of Saint Petersburg UniversityLaw Vestnik Sankt Peterburgskogo Universiteta Pravo*, 2017, 8(03).

［38］ Van Der Wilt.H., "Srebrenica:On Joint Criminal Enterprise,Aiding and Abetting and Command Responsibility", *Netherlands International Law Review*, 2015, 62(02).

［39］ Van Der Wilt · H., "Joint Criminal Enterprise:Possibilities and Limitations", *Journal of International Criminal JusticeM*, 2007, 5(01).

［40］ Jens David Ohlin, "Three Conceptual Problems with the Doctrine of Joint Criminal Enterprise", *Journal of International Criminal Justice*, 2007, 5(01).

［41］ Sablina Mayya, "Differentiating a Crime Committer and Accomplice: Legislation and Law Enforcement", *Pravo Zhurnal Vysshei Shkoly Ekonomiki*, 2015, 28(01).

［42］ Blumstein Alfred, "Science and Technology and the President's Crime Commission: Past and Future", *Criminology&Public Policy*, 2018, 17(02).

［43］ Kim Bongsu, "A Critical Study on the Establishment of Joint-Principal Offender about the Collaboration Crime", *Korean Journal Of Criminology*, 2017, 29(02).

［44］ Junghwan Han, "Multiple Negligence and Co-principal Offenders", *Korean Lawyers Association Journal*, 2016, 65(06).

［45］ Geol Kwon, "The Scope of Cooperation in the Joint Principal Offender", *Law Review*, 2004, 15(04).

［46］ Lee Soo Hyun, "A Study on the Establishment of Joint-principal Offender about Combinative principle Offender", *InHa Law Review*, 2011, 14(02).

［47］ Lee Soo Jin, "A Study on the Relationship between Stage of the Crime and 'Continuous Influence' of the Functional Dominant Act", *Journal of Criminal Law*, 2016, 28(02).

［48］ Baek Jeong Min, "A Study on the Separation from Joint Principal Offenders", *Journal of Criminal Law*, 2012, 24(01).

［49］ Kwon Young Bub, "Newly Reviewing Corpus Delicti of Co-principal and Essential Contribution, "*Anam Law Review*, 2014, 44(08).

[50] Kwon Oh, "A Study on Essence and Scope of 'the Indirect-Principal Offender' in Kerean Criminal Law", *Journal of Criminal Law*, 2003, 19(05).

[51] Point Sung Hun, "Starting Time of the Commitment Which can Set the Indirect Principal Offender", *Law Review*, 2004, 16(07).

[52] Anonymous, "Aiding and Abetting Suicide", *British medical journal (Clinical research ed.)*, 1984, 289(06).

责任编辑：洪　琼

图书在版编目（CIP）数据

帮助型正犯研究／陆敏　著．— 北京：人民出版社，2022.6

ISBN 978－7－01－023697－1

I.①帮…　II.①陆…　III.①团伙犯罪－研究　IV.① D914.1

中国版本图书馆 CIP 数据核字（2021）第 171864 号

帮助型正犯研究
BANGZHUXING ZHENGFAN YANJIU

陆敏　著

人 民 出 版 社 出版发行

（100706　北京市东城区隆福寺街 99 号）

北京汇林印务有限公司印刷　新华书店经销

2022 年 6 月第 1 版　2022 年 6 月北京第 1 次印刷

开本：710 毫米 ×1000 毫米 1/16　印张：18.75

字数：300 千字

ISBN 978－7－01－023697－1　定价：69.00 元

邮购地址 100706　北京市东城区隆福寺街 99 号

人民东方图书销售中心　电话（010）65250042　65289539